KB265509

균형이 희망이다

균형이 희망이다

균형이 희망이다

참여정부 국가균형발전위원장 이민원 지음 / 이환희 엮음

북카라반
CARAVAN

차례

프롤로그 6

I 절실한 지방화

1장 왜 균형발전이 필요한가

1. 우리나라의 불균형발전은 정도를 넘어섰다 20

2. 지방이 사라지고 있다 25

3. 불균형으로 한국경제도 심각해졌다 37

2장 지방분권과 균형발전의 사명

1. 지방분권의 역할 52

2. 균형발전 정책의 이념 포지셔닝 63

3. 균형발전 정책의 사명에 따른 참여정부의 정책 79

2 균형발전의 갈등과 모색

1장 공공기관 지방이전과 혁신도시로 새로운 도약

1. 공공기관 지방이전, 혁신도시 96

2. 행정중심복합도시 111

3. 해결 방법 116

2장 수도권 규제에 대한 갈등

1. 균형발전 주장에 대한 역공: 수도권 규제 철폐와 대수도론 등장 132

2. 수도권 규제 철폐론자들의 쟁점 151

3. 수도권 규제의 역할 156

4. 문제 해결의 모색 160

3장 균형발전에 대한 오해와 진실들

1. 균형발전에 관한 오해 166

2. 오해의 기저에는 무엇이 있을까? 193

4장 지역혁신 체계 구축을 위한 지역 인재 양성

1. 지역발전에 필수적인 지역 인적자원 개발 198

2. 지역 인적자원 개발 204

3. 지방대학 혁신 역량 강화 사업 212

5장 지역언론이 살아야 지역이 산다

1. 지방분권 시대의 지역방송: 지상파 방송의 위성방송 전송 반대 220

2. 지역언론을 위협하는 미디어관련 정책 231

3. 정부와 지역언론에 주어진 과제 237

6장 지방분권이 지역경제에 끼치는 영향

1. 지방분권은 지역을 활성화하는가 248

2. 지방분권과 지역기업의 관계 252

3. 지역의 비전: 광주·전남 263

3 균형발전의 위기를 돌파할 새로운 모색

1장 이명박 정부의 균형발전 정책 해체 시도

1. 이명박 정부 지역발전 정책의 기조 280

2. 정책 기조가 탄생시킨 정책 293

3. 현 정책 이후의 우려 297

2장 새 균형발전 정책을 위한 성찰

1. 진보 진영의 비판과 자성 302

2. 정책 방향을 정립하는 정책 307

3. 지역발전의 조건을 갖추는 차원에서의 대책 314

4. 지역발전의 수단 321

5. 향후 중점을 두어야 할 과제 327

에필로그 337   참고문헌 341   각주 346

수도권에 거주하는
지방 출신 시민들에게 보내는
호소문

고향의 초등학교는 내가 다닐 때만 해도 재학생이 700여 명이었다. 그러나 그 학교는 지금 폐교가 되어 아이들 대신 잡초만 무성하다. 어디 내 모교만 그렇겠는가. 지방은 무너지고 서울은 날로 비대해지는 것이 현실이다. 국가를 이렇게 운영해도 되는 걸까? 이렇게 방치하다가는 많은 사람의 고향은 사라질 텐데, 왜 국가의 정책을 만들고 운영하는 사람들은 이런 현실을 보지 못하는가. 독도가 소중한 우리 영토이듯 지방 또한 소중한 영토이다. 독도를 지키는 심정으로 우리의 지방도 지켜내야 한다.

그래서 시작한 일이 '지방분권국민운동'이다. 지방을 살려야 나라가 산다는 취지에 공감한 전국의 많은 동지들과 참으로 치열하게 지방 살리기 운동을 펼쳤다. 마침내 2002년 국가균형발전특별법, 지방분권특별법, 신행정수도건설특별법 등 지방화 3법의 시안을 만들어 공론화시켰고 이를 국회에 제출했다. 이 법안을 계기로 국회에서는 여당과 야당, 수도권과 비수도권 등 세력 간에 격렬한 논쟁이 벌어졌다. 특히 정치인들은 이해득실 따져가며 민감한 반응을 보였다. 비수도권 세력은 이 법안들을 만드는 데 동참하는 열정을 보이면서도 법의 통과에는 소극적이었고, 수도권 세력은 이 법을 저지하는 데 총력을 기울이는 등 그야말로 치열한 싸움을 벌였다.

다음 글은 무너지는 지방의 현장에서 사라지는 고향을 생각하며 지방분권특별법, 국가균형발전특별법, 신행정수도건설법의 통과를 도와 달라고 수도권에 거주하는 지방 출신 시민들에게 보냈던 호소문이다.

고향을 살려주십시오

여러분의 고향이 죽어갑니다
할아버지 할머니, 아버지 어머니, 아들 딸, 손자 손녀가
노란 가을 들판을 바라보며 풍성한 한가위를 맞이하고,
고드름 처마 밑에서 방패연을 날리던
여러분의 고향은 이제 죽어갑니다
손자 손녀가 사라지고 아버지 어머니가 사라지고
할아버지 할머니만 외로이 남았습니다

할아버지 할머니 오래 사세요
아무리 말해보아도 흐르는 시간을 어떡합니까

사람이 살지 않는 고향!

고향은 죽어갑니다

사람이 돌아오지 않는 고향은 이대로 영영 사라지고 맙니다

사랑하는 우리의 형제 이웃이었던
지금은 잠시 고향을 떠나 계신 서울 시민
어느 고을인가의 향우회원 여러분

고향에는 사람이 살아야 합니다
그래야 고향이 삽니다
그래야 우리네 조상들이 대한 독립 만세 불러 찾은
조국 강토를 그답게 지켜낼 것입니다
이제 고향을 살리는 일에 동참합시다

어려웠던 시절 그 가난했던 시절
여러분은 형제자매 부모를 떠나 서울로! 서울로!
눈물로 오늘의 한국을 일구어 냈습니다
이제 고향을 살리는 일에 동참합시다

비록 몸은 서울에 있지만 모두의 정성을 모아
마음 따스해지는 고향으로! 고향으로!
잠시 잊었던 내 고향의 희망이 됩시다

할아버지 할머니만이 외로이 살아가는
여러분의 고향에 사람이 살게 합시다

고향 들녘에서 어느샌가 사라져버린 아이들의 웃음소리,
울음소리 동네 사람들의 정겨운 소음이 퍼져 가게 합시다

고향을 살리고자
고향 살리기 3대 특별법을 만들었습니다
사람들이 일하는 공장을 보내고
사람들이 근무하는 각종 기관들을 보내어
꿈에도 그리운 고향에 웃음을 주고자
그런 법을 만들었습니다

지방분권특별법
국가균형발전특별법
신행정수도이전법
고향 살리기 3대 특별법입니다

이 법들을 국회에서 통과시키는 일은
여러분의 힘으로만 가능합니다
그동안 가쁜 숨을 몰아쉬며
조국 근대화를 위해 일했던 열정을
다시 한번 쏟을 때입니다

고향의 국회의원들에게 말해주세요
이 나라 모든 국회의원에게 말해주세요

직접 소리 높여 외쳐주세요

정치도 떠나고 이념도 떠나고
지역감정도 떠나고 지역이기주의도 떠나서

통과시키라
통과시키라

당신의 관심으로 내일의 고향이 웃습니다
온 정성을 다해서 말해주세요

통과시키라
통과시키라

　최근 유럽에서 시작된 경제 위기에 대한 기사가 연일 지면을 가득 채우고 있는 가운데, 유럽중앙은행에서 근무한 적이 있는 스페인의 한 경제학 교수의 인터뷰 기사가 어느 일간지에 실렸다.[1] 유로존의 진짜 문제가 무엇이냐는 기자의 질문에, 그 교수는 '역내 불균형'이라면서 허약한 남유럽 국가들의 경제를 강하게 만드는 것을 위기의 근본적인 해법으로 제시했다. 이렇게 불균형 해소가 문제의 해법이라는 주장을 발견하면 눈이 번쩍 뜨인다. 아, 나의 동지가 또 있구나! 반갑고 안심이 된다. 나는 그동안 '지방이 살아야 나라가 산다'는 구호를 외치며 살아왔다. 모든 판단의 근거를 지방화에 두는 나는 지나친 지방 근본주의자일지도 모른다. 그러나 국가가 앞장서서 지방을 배격하는 현실에 맞서 지방화를 부르짖는 지방 근본주의자가 몇 명은 있어야 나라꼴이 유지되지 않겠는가.

이 책은 그동안 지방화를 부르짖으며 때로는 수도권 팽창에 맞서는 궐기대회에서, 때로는 학회의 학술회의에서, 또 때로는 학회지에 발표했던 글들을 모아서 묶은 것이다. 편집에 사용한 글들은 이 책 끝에 제시했다. 유사한 주제로 여러 자리에서 서로 다른 청중들을 향해 발언한 내용들이라 글을 모아 놓고 보니 중복된 부분이 많았다. 결국 전체 글을 모두 분해해 내가 그동안 주장해온 내용을 분류하고 재구성할 수밖에 없었다. 경제학을 공부하고 있는 아들 이환희가 원고의 편집 및 재구성을 맡아 진행했다. 글들을 재구성해놓고 글을 발표했던 당시의 생동감이나 맛이 다소 떨어지고, 전후 문맥이 어색한 부분도 있다. 독자 여러분의 양해를 구한다.

이 책은 나의 지난 '지방분권과 균형발전운동'의 결과물이다. 서로 믿고 의지하며 대한민국의 지방화를 위해 살아왔던 지방분권운동 동지들에게 이 책을 통해서나마 큰 감사의 뜻을 전한다.

김중석 사장님(강원도민일보), 김형기 교수님(경북대), 나간채 교수님(전남대), 안성호 교수님(대전대), 이재은 교수님(경기대), 조수종 교수님(충북대), 황한식 교수님(부산대) 등 지방분권운동 원년의 선배님들 자치분권전국연대 활동을 오랫동안 함께하면서 신뢰와 존경의 관계를 맺어 온 김두관 경남지사님, 그리고 너무 많아 일일이 이름을 거명할 수 없는 전국의 자치분권 운동 동료 및 후배님들께 크게 감사한다.

참여정부 시절 국가균형발전위원회에서 생사고락을 함께했고, 청와대 정책실장으로 가시면서 감당키 어려운 대한민국 균형발전의 총책 국가균형발전위원장의 짐을 지워주신 한림대학교 성경륭 교수님과의 인연 또한 결코 잊지 못할 것이다. 국가균형발전위원회에서 근무하는 동안 만난 수많은 소중한 분들 역시 나의 지방화 운동의 큰 채찍질이 되었다.

활동의 터전인 광주, 전남 지역사회의 여러 존경하는 선배님들, 동료들, 후배님들의 은혜 또한 잊을 수 없다. 이뿐만 아니라 지방화에 대한 열정을 십분 이해하시고 적극적으로 후원해주시는 광주대학교 김혁종 총장님, 떠올리는 것만으로도 기분 좋은 동료 교수님들의 따뜻한 격려를 가슴깊이 새기겠다.

이 순간, 평생을 고달프게 사시다가 돌아가신 어머님이 떠오른다. 이런저런 일들로 가슴에 짠한 한으로 남아있는 어머니다. 구순을 바라보시는 아버님께서는 내가 국가균형발전위원장에 내정됐다는 소식을 듣고 호통을 치시는 기개를 가지셨다. "다음 정권이 들어서면 혁신도시고 뭐고 다 갈아엎을 텐데, 이제 그 책임이 다 너한테 날아올 텐데 한치 앞을 못 내다보고 좋다고 그 자리를 덥석 받느냐"고 호통을 치시던 아버지. "그래도 시골 촌부에게 장관급 아들이라니… 넘치는 영광"이라고 말끝을 흐리시며 좋아하시던 아버지.

가난하기 짝이 없던 나를 사위로 맞아 지나치게 고생하는 딸의 모습을 보면서도 싫은 내색 한번 않으시고, 이 서방 잘되는 것이 소망이라는 장모님. 늘 조바심이면서도 대범하게 나를 믿어주는 내 힘의 원동력인 아내에게도 고마움을 전한다. 대한민국 최전방에서 고생하는 아들 지승에게는 늘 미안한 마음이다. 마지막으로 나의 지난 10여 년의 글을 모아 파편처럼 분해하고 다시 조립해 한 권의 책으로 만들어준 환희에게 무한히 감사한다.
응석받이 자식이 성장해 애비의 글을 모아 책으로 만들어주니 대견스러운
마음이 가득하다.

2012년 새해 벽두에

이민원

I

절실한 지방화

우리나라는 그동안 중앙집권 체제 아래에서 물량 투입을 위주로 한 성장 정책을 통해 1인당 국민소득이 1만 달러가 넘는 성과를 달성했다. 한편 중앙집권 체제는 심각한 악영향을 끼치기도 했다. 경제적으로는 공간적 불균형의 심화와 소득의 정체를 낳았고, 정치적으로는 지역감정에 의존하는 선거 풍토를 낳아 민주주의의 발전을 크게 저해했다. 행정적으로는 중앙정부의 간섭과 지방의 의존성이 초래하는 비효율로 국가와 지방이 쇠락하는 함정에서 벗어나지 못하고 있다.

중앙집권 체제가 불러온 이 문제점들은 중앙집권 체제를 해체해야만 해결할 수 있다. 중앙집권 체제의 해체는 곧 지방분권화다. 지방분권화에 성공하면 수도권의 생산성 정체를 돌파할 여지를 지방에서 찾아낼 수 있고, 지역감정과 지역이기주로 찌든 나라를 쇄신할 수 있으며, 중앙에 읍소하는 의존성이 지역의 역동적 발전을 가로막는 현상을 제거해 지역에 맞는 발전을 도모할 수 있게 될 것이다.

하지만 현재의 지방은 지역자립의 여력이 없다. 기업들이 지방으로 발길을 돌리려 해도 지방의 여건은 기업의 욕구를 충족시키지 못하며, 수십 년간 의존적으로 살아온 지방의 분위기를 하루아침에 바꿀 수도 없다. 더구나 지방은 경제적 자립을 위한 소득의 창출 기반이 열악해 소득을 창출할 수 있는 씨앗을 심어주지 않으면 안 된다. 또한 지역 간, 도농 간의 극심한 격차를 그대로 두고서 지역 자립의 효과를 기대하기란 참으로 어려운 실정이다.

그래서 중앙과 지방 사이, 도시와 농촌 사이의 균형발전이 필요하다. 노무현 정부는 이 과제를 지방분권을 통해 이루기로 결정하고 지방의 특성을 살리는 분업화와 지방의 힘을 돋워주는 분산 정책을 중심으로 한 국가균형발전 정책을 제시했다. 국가균형발전 정책은 지방의 자립 능력을 배가해 혁신이 주도하는 발전을 추구하면서 과거의 불균형을 시정하려는 정책이다. 지방은 자신의 잠재력을 최대한 개발하는 선택을 하며 정부는 이 선택에 대해 집중적으로 지원하자고 했던 것이다.

이 국가균형발전 정책은 사라져가는 지방, 주눅 든 지방민들에게는 구원의 소식이었다. 지금까지 어느 정부인들 지방을 내팽개치겠다고 했겠냐만, 참여정부의 균형발전 의지는 높고도 강했고 제도로서 뒷받침되었기에, 지금껏 절망에 빠져 있던 지방은 희망의 흥분으로 들썩거렸던 것이다.

하지만 진보 진영은 성장 정책이라며 공격했고 보수 진영은 아예 도외시했다. 균형발전에 대한 이념적 정리가 필요했다. 지방화 정책이 정착하려면 지방의 단결이 절실한데 정책의 시행 과정에서 지역이 분열하고 있었다. 특정 지역에 파이를 주면 지역은 금방 분열한다. 그러니 균형발전 정책과 관련해서 미심쩍은 것들을 명확히 해둘 필요가 있다. 첫째, 우리나라 불균형발전의 현실을 정확히 들여다보고 균형발전의 필요성을 명확히 하자. 둘째, 강렬했던 선분권 논의에 대한 답으로 분권은 균형에서 어떤 의미인가를 살펴보자. 셋째, 균형발전의 사상적, 철학적 위치를 정리하자. 균형발전 정책은 다양하게 구성되어 있다. 모든 국민을 이롭게 하자는 정책인데 왜 이념적으로 격돌해야 하는지 의문이다. 균형정책의 이념을 밝혀보자. 덧붙여 구체적인 정책의 색깔은 무엇인지 살펴보자.

01

왜

균형발전이

필요한가

.I.

우리나라의 불균형발전은
정도를 넘어섰다

터무니없이 집중된 수도권

과도한 수도권 집중

도대체 얼마나 수도권 집중이 심각하기에 참여정부는 집권 기간 내내 국가 균형발전에 매달렸을까. 참여정부가 출범하기 직전인 2002년의 수도권 집중도를 보자. 금융 대출의 66%와 조세 수입의 71%가 수도권에서 이루어졌고, 중앙 부처의 100%와 공공기관의 85% 그리고 100대 대기업 본사의 91%가 수도권에 집중되어 있었다. 수도권은 이러한 물적 기반으로 국가 전체의 47.8%에 해당하는 지역내총생산(GRDP)을 차지하고 있었다.

〈그림 1: 수도권 집중도(2002,%)〉

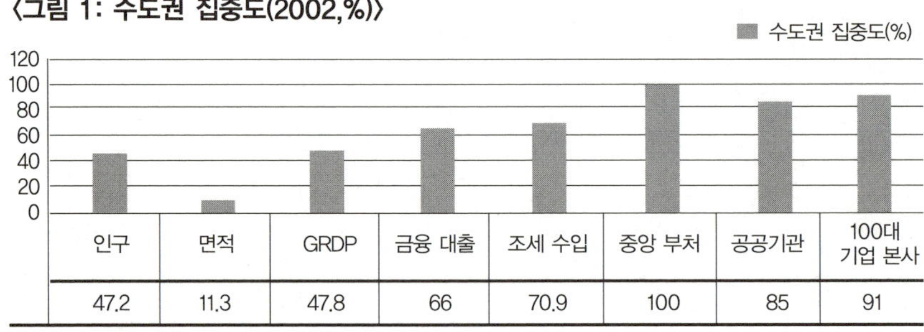

	인구	면적	GRDP	금융 대출	조세 수입	중앙 부처	공공기관	100대 기업 본사
	47.2	11.3	47.8	66	70.9	100	85	91

출처 : 국가균형발전위원회 내부 자료

이 같은 수도권 집중도는 과연 얼마나 심각한 것이며, 수도권은 효율성 있는 생산을 하고 있었을까. 먼저 차지하고 있는 면적에 비해 얼마나 집중되어 있는지부터 보자. 수도권의 면적 비중은 11.3%이다. 10%를 약간 넘는 면적에 적게는 66%에서 많게는 100%의 자원이 집중되어 있다. 분야별로 적게는 5.8배에서 많게는 8.8배가 더 집중되어 있는 것이다. 수도권의 인구 비중은 47.2%에 달해 약 10%의 면적에 절반가량의 인구가 모여 살고 있는데, 면적에 비해 4.2배의 인구가 살고 있는 셈이다.

그럼 88.7%의 면적을 차지하고 있음에도 절반밖에 살고 있지 않고 각종 자원 배치에서 소외된 지방은 국가의 버림을 받은 것인가? 이 사태를 만들어온 국가에 물으면 절대 그럴 리 없다 할 것이다. 자원이 생산성에 따라 흐르다 보니 그리 되었노라고, 그것이 효율적이라고 대답할 것이다.

이제 47.2%의 인구 비중에 비해 수도권에 얼마나 집중되어 있는지 살펴보자. 금융권 대출 비중은 1.4배, 공공기관과 100대기업 그리고 정부 부처의 비중은 2배 정도이다. 하지만 GRDP 비중은 인구 비중과 거의 비슷하다. 이것은 무엇을 말하는가? 살고 있는 인구에 비해 2배 가까운 자원을 투입하고서도 생산 비중은 인구 비중과 유사하다는 것이니, 수도권의 생산성이 그만큼 낮다는 말이다. 국가균형발전은 결국 국가의 생산성을 높이는 수단인 것이다.

커지는 지역 격차

수도권이 비대해지고 지역과의 격차가 심해지면서 지방은 피폐해져갔다. 2002년 지역내총생산액의 비율이 수도권 49.5%인 데 비해, 부산 5.6%, 광주 2.1%, 대전은 2.3%에 불과하다. 문제의 심각성은 이 같은 지역 격차가 시간이 흐르면서 더욱 확대됐다는 것이다.

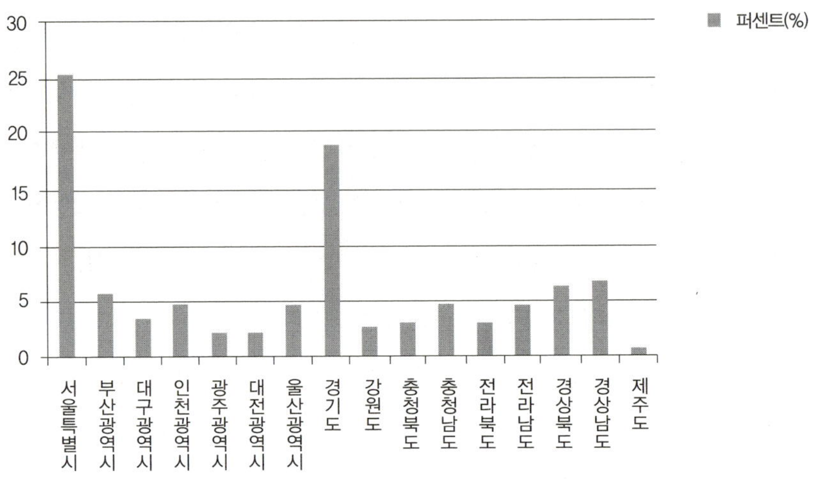

출처: 통계청 KOSIS

질적인 측면에서의 격차

첨단 기술과 고급 인력을 기반으로 한 신산업은 수도권으로 더욱 집중되고 있다. 1990년대 들어 정보통신기술이 급격하게 발달하면서 정보통신기술산업, 사업서비스업, 문화산업 등 지식기반 산업의 수도권 집중이 심화되고 있다. 신산업은 일반 제조업이나 서비스업의 사업체 수나 종사자 수의 집중보다 훨씬 높은 집중도를 보이고 있다. 2001년 현재 산업의 전체 사업체 수와 종사자 수는 수도권에 각각 44.8%, 48.9%가 집중해 있는 반면, 지식기반 산업은 사업체 수의 61.8%, 종사자 수의 64.5%, 첨단산업체 수의 94.5%가 집중돼 있다. 또한 인문 및 사회과학 기술개발업은 종사자의 86%가, 벤처기업은 72.8%가 수도권에 몰려 있다.[2] 문제는 지식을 기반으로 한 경제 시대로 본격적으로 접어들면서 지식기반 산업이 수도권 집중에 더욱 집중된다는 것이다. 이에 따라 지방과의 격차가 더욱 커질 것이다. 물론 지식기반 경제는 새로운 경제이기 때문에 새롭게 경제를 장착해야 하는 지방으로서는 유리할 수도 있다. 그러나 아직 지식기반 잠재력과 경쟁력이 갖추어지지 않은 상태에서 맞게 되는 지식기반 시대는 지방에 불리하게 작용할 가능성이 높다.

수도권 집중의 국제 비교

다른 나라의 수도권 집중

우리나라의 수도권 집중 현상이 얼마나 심각한지는 다른 나라와 비교해보면 더욱 선명해진다. 수도권 집중이 극심하다고 널리 알려진 나라들의 수도권 인구 비율을 보면, 일본이 32.6%로 47.2%인 우리보다 15%포인트가량 낮으며, 프랑스는 18.7%로 약 30%포인트가량 낮고, 영국은 12.2%로 35%포인트가량 낮다.

〈그림 3: 수도권인구비중의 국제비교〉

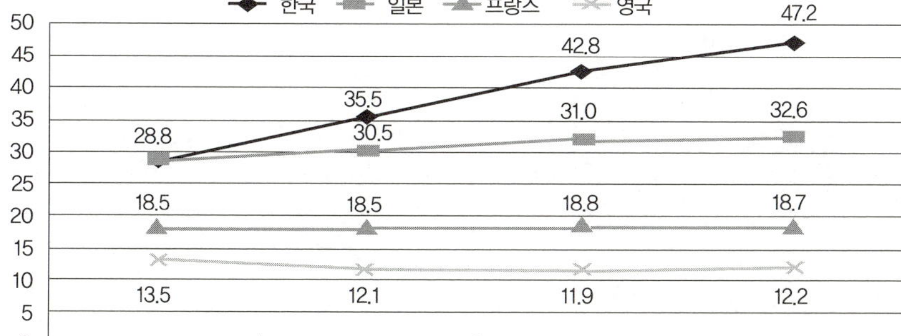

주 : 1) 동경권은 동경 및 인근 7개현을, 파리권은 파리 및 일드 프랑스 지역을, 런던권은 광역대도시권(Greater London)을 의미.
　　2) 파리권은 1968, 1982, 1990, 1999년 인구를, 런던권은 1971, 1981, 1991, 2001년의 인구를 1970, 1980, 1990, 2000년 인구에 가름해 사용했으며, 한국은 2002년 자료로 표시.

여기서 유의해야 할 부분은 추세이다. 우리나라의 수도권 인구 집중은 1970년 28%에서 2002년 47.2%로 가파르게 증가하고 있는 데 반해, 다른 나라들은 거의 증가하지 않고 있다. 40년 전에는 우리나라가 일본의 수도권 집중도와 거의 비슷하거나 오히려 낮았던 것을 볼 수 있는데 현재는 큰 차이가 난다. 이는 수도권 집중의 절대적 정도도 다른 나라보다 심각하지만 그 집중도가 계속 증가하고 있음을 보여준다. 이런 유례없는 증가 추세가 더 큰 문제다.

지방이
사라지고 있다

줄어드는 농촌 인구

농촌 인구는 급감하면서 고령화하고 있다. 1970년 1442만 명이던 농가 인구가 2004년에는 340만 명으로 약 1100만 명이 줄어들었다. 이에 따라 65세 이상 노인 비율은 1970년 5%에 불과했으나 2004년에는 30%가 되었다. 이제 농촌은 생물학적으로 지속가능한 곳이 아니게 되었다. 농촌에 사람이 살지 않으면 국토가 활용되지 않을 것이고 그만큼 우리 국토는 사라져 가는 셈이다.

〈표 1: 농가 인구의 감소와 고령화 추이〉

연도	총인구	농가 인구(천명)	65세 이상 인구	65세 이상 인구 비율(%)
1970	32,241	14,422	713	4.9
1980	38,124	10,827	738	6.8
1990	42,869	6,661	769	11.5
2000	47,008	4,031	876	21.7
2004	48,082	3,415	1,002	29.3

자료: 농림부

지역의 자본 유출

권한과 돈이 중앙에 몰려 있으니 이를 따라 이 나라 경제의 중추 기능이 서울에 집중되는 것은 당연한 일이다. 지역에서 기업들이 경제활동을 하기가 점점 어려워지고 지역의 자금은 중앙으로 살 길을 찾아간다. 결국 지방에 남는 것은 지방 공직자들 같은 고정 수입자들의 호주머니를 노리는 유통업뿐이다.

이 와중에 대자본가들의 물량 공세에 지역의 자본가들은 점점 위축되어간다. 지역 자본가의 위축은 지역 내에서 그 자본가가 담당하는 연관 산업의 위축과 지역 고용의 축소라는 심각한 문제를 가져온다. 지역에서 기업을 받아들이는 이유는 생산에서 상호 연관 관계를 만들어내어 지역 산업의 뿌리를 튼튼히 한다는 점과 지역민의 고용을 늘린다는 점 때문이다. 내부의 연관 관계가 높고 지역민 고용 효과가 낮은 대자본이 지역경제를 장악하게 되면 지역경제는 피폐해질 수밖에 없다.

수도권을 중심으로 한 부동산 가격의 상승 현상도 떡고물 효과를 막는 주요 이유다. 수도권 위주의 성장 전략은 수도권의 부동산 가격을 상승시켜 저소득 지방민의 자산소득을 수도권으로 이전시킨다. 중앙으로의 집중은 가만히 있는 지방민을 더 가난하게 만들고 있다.[3] 2002년 수도권의 공시지가 총액은 749조 원으로 전국의 공시지가 총액 1354조 원의 55.3%를 점하고 있었다. 그러나 2008년에는 공시지가 총액이 2135조 원으로 상승해 전국 총액 3226조 원의 66%에 달하게 되었다. 2002년에 비해 11%포인트 정도 상승한 것이다.

〈표 2 : 수도권 공시지가 추이〉

	총액(조)	전국 대비 비중(%)	전국 총액(조)
2002년	749.1	55.3	1,354.5
2008년	2,135.6	66.2	3,226.7

자료 : 건설교통부(2003)/국토해양부(2009), 부동산 가격 공시에 관한 연차 보고서

이 증가분은 어디서 왔을까? 당연히 비수도권에서 이동했다. 비수도권 성장의 결과물이 비수도권으로 이동하지 않고 수도권으로 이동한 것이다. 비수도권 지가 총액의 11% 남짓이 수도권으로 이동했다. 여기에 주택, 공장, 상가, 빌딩, 사무실, 오피스텔 등등 각종 부동산을 고려하면 그 규모가 훨씬 늘어날 것이다.

붕괴되는 지방 교육

모든 것이 중앙으로 집중되는 상황은 일자리 또한 수도권에 편중시킨다. 이뿐 아니라 학벌주의, 대학 서열화와 함께 지방대학을 경원시하는 현상도 가져와 대학생들의 서울 집중을 부추기고 있다. 실제로 1990년대 이후 지방대학의 입학 지원자는 급격히 줄어들고 있다. 이런 상황에서 지방대학의 입학 정원이 고교 졸업자 수를 31.4%나 상회, 2003년 기준 4년제 지방대학의 충원율은 86.9%(전문대 포함, 81.4%)에 불과하다. 취약한 재정 형편으로 충분치 못한 교원 확보율(2004년 기준 62.7%)과 양질의 취업 기회 부족으로 인한 저조한 취업률(2004년 기준 58.4%)은 열악한 지방대학의 처지를 잘 말해주고 있다.

지방대학이 지역의 발전을 주도하지 못하는 사정은 결국 지역혁신의 실패로 귀착된다. 지역 혁신의 실패는 지역경제의 낙후를 가져오고, 지방 문화의 향유 욕구를 감소시켜 문화에 대한 투자를 소홀하게 만든다. 이 때문에 지방 문화는 피폐해져 지역주민들의 문화적 박탈감을 심화시키고 있다.

사라지는 지방 문화

사람의 경제생활은 결국 소비 행위로 귀착된다. 그리고 소비 행위의 귀착점은 문화 향유다. 나는 대여섯 살부터 시골 도로를 지나치며 천막 극장 가설 소식을 전하는 다음과 같은 익살스러운 스피커 소리를 들으며 자랐다. "문화와 예술을 사랑하시고 존경하시는 봉황 면민 여러분, 오늘도 어제도 안녕하십니까?" 우리는 1960년대 초반 가난하던 시절에도 문화와 예술을 누리고 살았다. 그만큼 인간에게 문화는 중요하다는 말이다.

살아가는 과정이 인생이요 수련하는 과정이 공부이듯이, 문화도 이제는 과정이요 행동이다. 예전에는 예술작품, 책, 박물관, 미술관 등과 같은 결과물이 문화를 대표했지만, 이제는 작품을 만들어내는 행위와 과정, 즉 박물관에 전시된 유물들 못지않게 유물의 조사, 발굴, 복원, 전시 같은 과정이 문화를 구성하고 있다.

새로운 예술은 이렇게 창조하는 과정과 행동을 거치는 것이다. 그러나 지방에는 행동하는 문화가 죽어 있다. 그러니 지방의 독립된 문화가 만들어지지 않는 것도 당연한지 모른다. 지금의 지방 문화는 중앙 문화의 동냥에 불과하다. 중앙의 저명한 예술가들이 가끔 시혜를 베풀듯 지방을 순회하면서 돈을 벌어가는 것이 지방 문화의 현실이다.

물론 저명한 예술가들이 자주 찾는다고 해서 지방 문화가 꽃피는 것은 아니다. 지방의 문화란 자주적인 의사결정의 습관이 누적되어 형성된 지방의 모습이 있을 때 창달할 수 있는 것이다. 그리고 옛것의 반복이 결코 지방의 문화일 수는 없다.

이렇게 지역의 문화가 발전할 터전이 상실되니 지역의 자긍심은 사라진 지 오래고, 모두 서울만 바라본다. 서울의 문화를 동경하고, 중앙의 정치에만 몰입한다. 내가 숨 쉬고 사는 곳은 지역인데 내 지역 의원들의 발언과 행동은 안중에 없다. 중앙에서 싸움만 하는 중앙 정치인에만 관심을 두면

내 삶의 무엇이 변하나? 내 집 앞에서 공연해주는 지방 예술인들을 격려하고 키워야 한다. 아니, 그보다는 오히려 그들을 우리가 만끽해야 한다. 내 삶을 규정하는 것은 지방의 환경임을 절실히 깨달아야 하는데 그걸 아는 사람이 얼마나 될까.

지금 지방에 남아 있는 문화는 과거에 축적된 문화적 결과물들 이외에는 찾아보기 어렵다. 현대의 문화는 서울처럼 사람들이 드나들면서 만들어가는 과정과 행동이다. 그 같은 문화가 펼쳐질 여지가 지방에는 남아 있지 않다. 무엇이 이런 염려를 하게 만들었는가. 바로 중앙집권 체제이다.

붕괴하는 지역사회

모두가 서울로 떠나고 지방에는 노인만 남았다. 시골 마을에는 어린아이에서 할아버지, 할머니에 이르는 인간의 스펙트럼이 없다. 사람의 네트워크인 공동체는 사라지고, 거주하는 장소에서 자신의 생명이 후손으로 이어지지 않는다는 절망감만 남았다. 농사일이나 경조사 등을 마을 공동체와 같이 해결하는 시절은 이제 오지 않는다.

반면에 지방에서 이주해 이루어진 서울 시민은 정체성이 없다. 오로지 같은 가격대의 아파트 단지에 산다는 것 말고는 공통점이 없는 서울 시민들은 어린아이에서 할머니 할아버지까지 인간의 스펙트럼은 있어도 그들을 묶을 끈이 없다.

이제 사람들은 자신의 일만 하고 공동의 일을 하지 않는다. 그러나 자신만을 위해 세상에 태어났다는 것은 아무래도 믿기지 않는다. 왜, 무엇 때문에 남에게 소용되지 않는 내가 이 세상에 나왔단 말인가. 그런데도 사람들은 그저 자기 길만 간다.

모름지기 사회란 가정, 학교, 지역사회 어느 곳을 막론하고 자율적인 질서가 태동하고 작동해야 유지되는 법이다. 자율적인 질서가 없으면 공권력이 그 질서 유지를 위해 활용된다. 그 비용도 문제지만 사람들의 만족도가 올라갈 리 만무다. 과거에는 동네에서 홍수가 나면 공동체 질서에 따라 마을을 재건했다. 심지어 마을의 치안 질서도 스스로 유지했다. 사람은 자신의 질서를 무엇보다 중요하게 생각하는 존재다. 타율에 의한 질서에는 반항하는 것이 인간의 본성이다. 그런데 점점 타율에 의한 질서에 의지하는 경향이 강해지고 있다. 만족도가 높을 리 없다.

그래서 지방이 사라지고 있다. 국토의 면적이 지방의 영역만큼 사라지는 셈이다. 사람을 길러 내는 데 가장 중요한 역할을 하는 학교가 지방에서 사라지고 있다. 초등학교가 사라지더니 중학교가 사라지고 고등학교가 사라지고 있다. 그다음 순서는 지방대학의 사라짐이다. 사람은 교육을 받아야 사람으로 완성되는데 교육기관이 없는 곳을 사람이 사는 곳이라 할 것인가. 그래서 지방이 사라진다. 지방이 홀쭉이가 되었다. 뼈만 앙상하게 남았다. 앙상한 사람의 삶의 질이 높을 리 없다.

사라진 지방은 서울로 갔다. 지방을 먹은 서울은 배불뚝이가 되었다. 성인병이 오는 것은 당연한 순서이다. 성인병에 걸린 사람의 삶의 질이 높을 리 있는가. 당연히 서울 사람의 삶의 질이 팍팍하다. 심각한 공해, 너무 커져버린 공간, 사는데 드는 너무 높은 비용, 너무 높은 집값 때문에 그렇다.

중앙집권적인 사회는 단색의 사회다. '무엇을' 보다는 '어떻게' 가 더 중요한 사회다. 비전보다는 속도가 더 우선시되는 효율이 지배하는 사회다. 이런 사회에서 사람들이 예술을 알 리 없다. 예술도 노래방이면 족하다. 모두가 똑같은 사회, 똑같다 못해 대한민국을 수도권 하나로 만들어버리고 싶어 하는 사람들이 사는 사회, 그게 중앙집권 사회다.

농촌 지역에 가면 비슷한 슬로건을 발견할 수 있다. '산 좋고 물 맑고 인심 좋은 고장' 아닌 곳이 없다. 그것 말고는 자랑할 것이 없는 지방, 다 똑같은 지방, 이게 우리나라의 현실이다. 낯선 도시에 가도 도무지 낯설다는 느낌이 들지 않는다. 눈에 보이는 건물, 거리, 도로들이 어제 본 듯한 것들뿐이다. 광주, 대구, 대전, 전주… 구분이 가지 않는다. 이제 우리도 다른 이름만큼이나 특색도 다른 지역을 원한다. 그래서 지방분권이 필요하고 지역의 개성을 찾아주는 균형발전 정책이 필요하다.

중앙정부의 실적을 올리려는 효율 예찬이 난무하는 중앙집권은 역설적으로 가장 비효율적이다. 중앙집권은 중앙으로의 집중을 낳고 지방을 비우고 서울을 낯선 이들로 채워갔다. 이런 사회는 지시가 내려오기만을 기다리고 그 지시에 따른다. 자치의 전통은 사라지고 지역민들에게서 공동의 일은 사라져갔다. 이제는 골목 청소도 청소부의 몫이 되었다. 지역민에게 공동의 일을 돌려주어야 한다. 그것은 오로지 지방분권을 통해서만 가능하다.

중앙 정치의 문제, 끝나지 않은 지역감정

우리나라의 정치 구조는 특정 지역을 기반으로 이루어진다. 서로 다른 이념을 표방하지만 유권자들의 투표 기준은 정당을 중심으로 한 지역 기반이지 그 후보의 자질이나 공약이 아니다. 투표란 민주주의의 실천 수단인데, 지금껏 우리는 국민이 주인이지 못하고 지역 패권당이 주인 노릇을 하는 정치 구조를 방치해왔다. 지역 패권에서 비롯된 지역감정은 우리를 가장 아프게 하는 질곡(桎梏)이다. 이 때문에 우리는 시급한 과제들을 해결하지 못한다. 지역감정 정치가 이 시대의 우선순위를 항상 바꿔놓기 때문이다.[4]

또 하나의 문제는 투표에서의 쏠림 현상이다. 주변과 다른 정치적 의견을 내지 않는 것이다. 그리고 그 쏠림 현상은 양극단 사이에서 방황하며 세상을 어지럽힌다. 지역감정 투표도 이런 쏠림 현상의 하나다. 달리 보면 월드컵 응원 문화도 이런 행태의 하나다. 많은 사람이 보았다는 영화는 기어코 봐야 하고, 인기 드라마도 반드시 봐야 한다. 주변과 다름을 견디지 못한다. 프랭크 시나트라의 〈마이웨이(My Way)〉는 노래방에서 폼 잡을 때만 외치는 비장한 각오다. 무소의 뿔처럼 혼자서 가라는 부처님의 말씀은 묵상할 때만 감동하는 말이다.

사람들은 자신이기를 포기하고 군중과 한패가 되기를 원한다. 군중과 다른 홀로서기를 시도하다가도 이내 군중으로 들어간다. 항복을 선언하고 '나도 그대들과 한패야!' 라면서 충성을 서약하고 한없는 위안을 얻는다. 군중 권력에 대한 맹목적 충성! 한때 우리나라에서 소수자의 길을 나름대로 홀로 가다가 전향(?)한 수많은 유명 인사들의 행보 저변이다. 나름대로 인생의 허무함을 알았다는 거다. 세상이 뭐 그렇게 복잡하지 않다는 것도 알았다는 거다. 그리고 홀로 가는 사람들을 모두 철부지로 만드는 폭력도 서슴지 않는다. 그러나 니체는 말한다. 군중 권력에게 '아니오' 라고 말하는 혁명가가 되라고.

민주주의는 개인의 의견을 존중하자는 거다. 그러나 이렇게 쏠려서 개인의 의견은 내팽개치고 다른 사람들의 의견에 묻어서 가면 개인의 존엄성은 어디로 가고 민주주의는 어디로 가는가! 이런 민주주의를 하자고 민주 투사들이 그 많은 고통을 겪었단 말인가.

우리나라의 아픈 질곡인 지역감정이 아직 풀리지 않고 남아 있는데, 이를 풀지 않고 논해지는 그 어떤 논의도 무의미하다. 국민의 판단 기준이 오로지 지역감정인 나라를 이대로 방치하고 선진국 진입과 민주주의를 운운할 수는 없다고 생각한다.

이런 지역감정은 중앙집권 제도로부터 비롯된 서울 제일주의에 그 원인이 있다. 역사를 거슬러 올라가 보자. 우리는 예부터 글공부하는 것을 무척 숭상했다. 왜 글을 읽나? 과거에 급제하기 위해서다. 과거에 급제해 고관대작이 되어 정치적 수완이 필요한 자리에 오르면 정치자금이 필요해진다. 돈은 상업에서 생기는 법인데 상업은 천시되었다. 그러니 고관대작들이 돈을 모을 방법이 마땅치 않았다. 할 수 없이 매관매직이 시작되고 먹이사슬을 타고 탐관오리들이 생겨나 백성들이 고초를 겪는다. 백성들은 가렴주구에서 탈출해 살아남기 위해 중앙 정계에 연줄을 댄다. 서울 고관대작이 최고라는 인식이 생겨난 것이다.

또한 서로 비슷한 지역에 마을이 형성되었으므로 우리의 공동체 의식은 매우 강하다. 공동체 의식에 따라 다른 사람의 출세는 곧 나의 출세라는 도식이 생겨났다. 여기에 우리나라의 중앙집권제도가 결합되어 서울 중심적인 사고방식이 뿌리 깊게 자리 잡았다.

현대에 이르러서도 중앙집권은 계속되었고 대통령을 선거로 뽑는 상황에 직면하자, 우리 국민은 지역별로 뭉쳐서 자기 지역 사람을 대통령으로 만드는 데 혈안이 되기 시작했다. 누가 내 사상에 맞고 이익을 가져다줄 것인가는 그렇게 중요치 않다.

권력이 중앙에 중집되어 있으니 지역민들은 자기 지역 출신이 권력만 잡으면 자기 지역에 특단의 대책을 세울 수 있을 것으로 믿는다. 정치인들은 지역민의 심금을 울리며 중앙권력만 잡으면 이를 활용해 지역을 확 뜯어 고치겠다고 선동한다. 정치인들의 선동에 넘어간 지역민들은 경제는 팽개치고 온통 정치놀음에 빠지고 말았다. 이렇게 우리 국민은 오로지 정치적 의사표현에 일로매진하며 살고 있다. 중앙집권을 깨트려야만 이런 정치적 쏠림과 지역감정이 치유되고 민주주의도 제대로 작동할 것이다.

이대로 방치하면 우리 사회는 붕괴한다

우리나라의 중앙 집중적인 시스템은 민주주의는 물론 자본주의 또한 파괴하고 있다. 왜 그럴까?

경제 이론에서는 두 개의 물건 꾸러미 중에서 특정 품목이 들어 있기만 하면 반드시 그 꾸러미를 고르는 사람을 두고 사전 편찬식 선호 체계를 가졌다고 말한다. 사전에서 자음은 ㄱ ㄴ ㄷ 순으로, 그리고 자음 별로 모음을 ㅏ ㅑ ㅓ ㅕ 순으로 단어를 배열함을 빗대어 말하고 있는 것이다. 이렇게 어떤 특정한 품목에만 집착하는 사람은 합리적인 소비를 할 수 없다. 같은 일이 우리나라 사람들의 조건 없는 서울 집중 현상에서 발견된다. 앞의 'ㄱ' 자가 '서울'이다. '서울, 불편한 삶'과 '지방, 쾌적한 삶' 중에서 두말없이 '서울, 불편한 삶'을 선택한다. 오죽하면 대학 진학에서 '인 서울(in Seoul)'이라는 말이 생겨났겠는가. 이런 식의 삶은 사전 편찬식 선호 체계처럼 비합리적이다. 이런 뒤죽박죽의 삶에서는 만족을 얻을 수 없다. 서울의 극심한 혼잡과 지방의 궤멸이 서울과 지방민 모두를 괴롭히는 것이다.

여기에는 민주주의 파괴라는 더 근본적인 문제가 있다. 민주주의는 인류가 값비싼 대가를 치르고 쟁취한 고귀한 가치다. 민주주의를 우러르는 것은 시민 한 사람 한 사람에 대한 존중, 그리고 거기서 비롯된 다양성 때문이다. 중앙 집중 때문에 서울 선호사상은 높아가고, 시민의 합리적 선택과 거기서 오는 다양성은 깨지고 있다. 우리나라의 민주주의가 무너지고 있다. 하루빨리 중앙 집중을 완화해 사전 편찬식 서울 선택을 막아내고 사람들에게 선택권을 주어야 한다.

그뿐만 아니라 중앙 집중은 지역주의를 강화한다. 자원이 서울에 있으니 각 지역은 서울을 좌지우지할 중앙권력을 얻기 위해 총력을 다한다. 지역이 뭉칠 수밖에 없다. 지역의 뭉침은 지역감정 정치의 강화로 나타난다. 지역감정 정치는 정책의 우선순위를 수시로 바꿔놓는다. 국가의 비전은 늘 훼손된다.

한편으로 중앙집권제의 표본은 사회주의다. 우리나라 사람 대다수가 시장경제를 지지하듯 자본주의는 대한민국의 근간이라고 볼 수 있다. 하지만 말로는 시장경제를 지지한다는 사람들이 선택한 우리나라의 국가제도는 중앙집권제다. 중앙집권제의 다른 얼굴이 사회주의 국가임을 생각해보면 역설적이라고 할 수 있다. 시장경제만이 나라를 살린다고 외치면서도 철저히 사회주의적 성격을 띠는 중앙집권의 국가권력 제도를 놓지 못하는 태도를 이제는 국민이 용인해서는 안 되겠다.

중앙정부에 지나치게 의존하게 된 지방

온전한 지방분권은 중앙정부로부터 되찾은 권한과 중앙정부로부터 이전받은 재원을 활용해 지역의 비전을 스스로 만들고, 그 비전에 따라 정책을 집행해가는 것이다. 여기에 가장 필수적인 요소가 자립심과 자립 능력이다. 지방의 기초체력 단련이 필요하다는 말이다.

그런데 지금 지방의 자립심은 신뢰할 만하지 못하다. 중앙집권 때문이다. 중앙집권은 수도권 과밀과 지역 격차와 함께 지역이 중앙에 의존하는 폐단을 낳았다. 지역개발계획은 물론 예산 편성도 중앙정부의 지침에 따라 한다. 중앙정부로부터 받는 예산은 쓰일 것이 정해져 있어서 지방정부는 사실상 중앙정부의 심부름 외에는 별로 할 일이 없었다. 그래서 지방의 재정 자립도가 낮으니 중앙정부는 특단의 대책을 세워 지원해달라는 말만 앵무새처럼 반복하는 것이 우리 지방자치단체의 현실이었다. 지금도 자치단체장이 참여하는 회의에는 낮은 재정 자립도 타령이 난무한다.

사실, 재정자립도가 낮다는 것은 중앙정부의 지원을 그만큼 받아왔다는 뜻이다. 그럼 중앙정부의 지원을 많이 받았으니 더 지원해달라는 말이니 해괴하지 않은가. 그래서 나는 지역의 진정한 자립심은 재정 자립도만큼이라는 생각을 한다.

·3·

불균형으로
한국 경제도 심각해졌다

한국 경제의 문제점

성장 잠재력이 약화되고 있다

문소상(2005)은 2001~2004년 한국의 잠재성장률은 4.8% 수준으로, 1990년대(1991~2000년 6.1%)에 비해 1.3%포인트가량 하락한 것으로 추정했다. 그 이유는 다음의 여섯 가지다.[5]

첫째, 기술 수준이 선진국에 미치지 못하는 상황에서 저임금 노동력으로 무장한 국가들의 등장하면서 요소 투입에 주로 의존하는 수출 주도형 성장에 한계가 있다. 둘째 소재부품산업의 발전이 동반되지 못한 상황에서 조립·가공 위주의 정보통신산업 등 선진 산업이 급성장하면서 산업 연관 관계가 크게 약화되었다. 셋째, 수익성 높은 신규 투자처의 미발견, 고비용 구조의 지속 등으로 설비 투자가 부진하다. 넷째, 고령화 등 인구구조의 변화로 노동력의 증가세가 둔화되고 있고 기술발전과 산업구조 급변으로 재취업도 제약을 받고 있다. 다섯째, 금융기관의 수익성 개선이 지나치게 강조됨에 따라 금융기관들이 가계대출은 크게 늘리는 데 반해 위험 부담이 높은 기업대출에는 소극적이어서 투자 부진의 한 요인으로 작용했다. 나아

가 가계 부문의 유동성 확대는 수도권 지역의 부동산 가격을 크게 급등시
킴으로써 '부동산 투기' 조장 등 경제의 불안 요인으로 작용했다. 여섯째,
소득분배가 악화되고 사회적 불안정성도 높아짐에 따라 소비가 위축되고
교육 기회의 불균형 심화를 통해 인적자본 투자도 소홀해졌다.

이 여섯 가지 이유에서 다음의 교훈을 얻을 수 있다. 첫째의 이유는 우리
경제가 아직 요소 투입형 구조에서 벗어나지 못했다는 말이다. 과거의 성
장 패턴에서 근원적인 탈바꿈을 하지 않는 한 경제의 성장 동력은 찾아지
지 않는다. 둘째, 셋째, 넷째의 이유에서는 우리가 아직 신산업구조로의 전
환을 준비하지 못했다는 것을 유추할 수 있다. 경제의 돌파구는 신산업에
있다. 우리 경제는 신산업에 대한 준비가 더 필요함을 알 수 있다. 다섯째
이유에서는 중앙집권형 경제 운영의 폐해가 아직 남아 있음을 느낀다. 중
앙집권을 하루빨리 청산해야 한다. 여섯째의 이유에서는 소득분배의 개선
으로 경제의 안정을 이루어야 한다는 교훈을 얻는다. 지방화는 소득분배
개선의 첩경이다.

침체된 내수

경제가 어렵다는 국민의 아우성은 내수 부진에서 온 것이다. 다음 쪽의 한
국은행 경제통계시스템에서 제공하는 민간 소비 증가율을 보자.

IMF 금융위기 때 깊숙한 침체를 겪은 이후 1999년 정점에 이른 소비 증
가율은 파도를 타며 하락하고 있다. 증가율의 특징은 급격한 감소와 완만
한 상승이다. 그러나 적어도 거시 지표만큼은 2003년 이후 완만한 증가세
를 보여주고 있다.

그럼 경제가 어렵다는 호소는 어디에 그 근거를 두는 것일까? 아마도 재

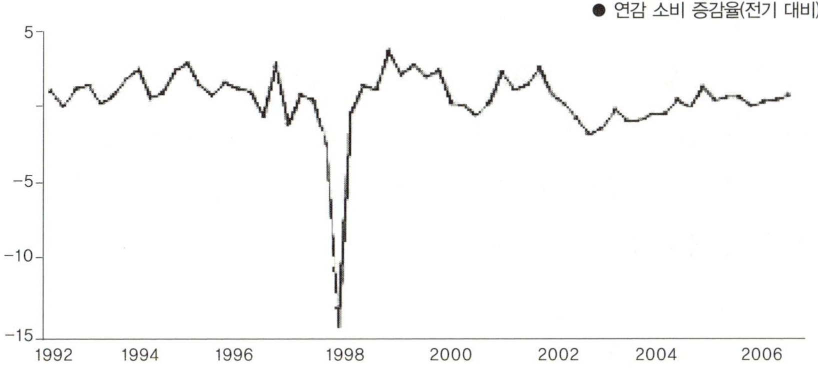

고일 것이다. 만들어놓고 팔리지 않은 재화가 쌓여 있을 것이다. 다음 그림

은 재고지수이다. 2002년 이후 재고지수는 무섭게 상승하고 있다.

민간 소비 증가율은 회복세인데 물건이 쌓인다, 이것은 무엇을 말하나? 쓸데없는 물건을 너무 많이 만든다는 것이다. 아직도 과거의 생산구조에 집착해 소품종 대량생산 체제에서 벗어나지 못하고 있다는 증거다. 아마도 공급되지 않는 새로운 다품종 소량생산 형태의 재화는 수입으로 해결했을 것이다. 다음 그림은 수입액과 증가율이다. 2002년 이후 수입 증가율은 최고 40% 남짓을 기록하며 질주했다.

〈그림 6 : 수입 증가율〉

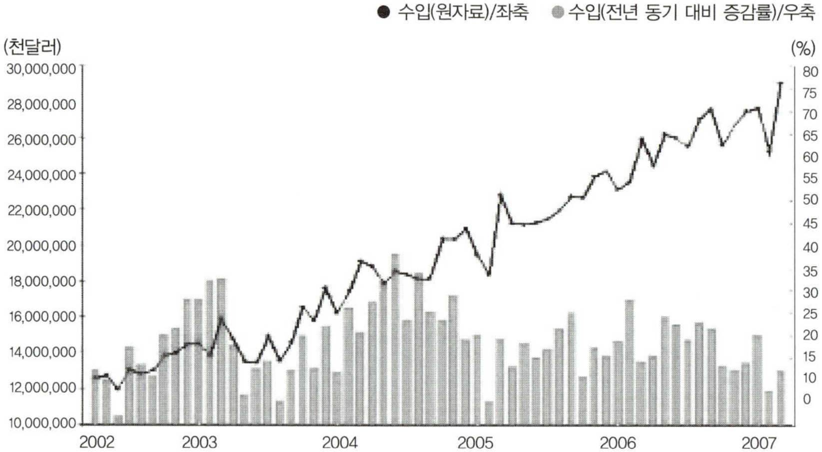

자료: 한국은행

기업들은 물건이 안 팔리면 소비자의 기호에 맞추어 새로운 물건을 만들어 팔아야 할 텐데, 이자율이나 정부, 규제 탓이나 한다.[6] 지방에서는 우리 지역에 아무 공장이나 지어달라고 아우성이고, 고용 효과만 있으면 그만이라는 생각들을 한다. 쓸데없는 물건들은 넘쳐나고 그 물건 만드느라 자원을 낭비해 경제의 주름살도 늘어간다.

커지는 양극화

우리나라의 소득분배는 1980년대 중반 이후 주식 대중화 등의 영향으로 경제성장의 과실이 일반 대중에게로 분배되면서 개선됐으나 1997년 IMF 구제금융 사태 이후 급격히 악화되었다.

여기서 악화된 소득분배 구조를 해부해보자. 외환위기 이후 개인소득 증가율은 경제성장률에 훨씬 못 미치는 반면 기업소득 증가율은 큰 폭으로 확대된 것이 눈에 띤다. 가처분소득을 기준으로 보면, 개인 부문과 기업 부문의 격차가 더욱 확대된다. 즉, 가계소득은 거의 늘어나지 않은 데 비해 기업소득은 연평균 60%가 넘는 증가율을 보였다. 이는 소비 부진과 체감경기가 악화되는 원인으로 작용했을 것이다.

〈그림 7: 기업소득 증가율과 개인소득 증가율〉

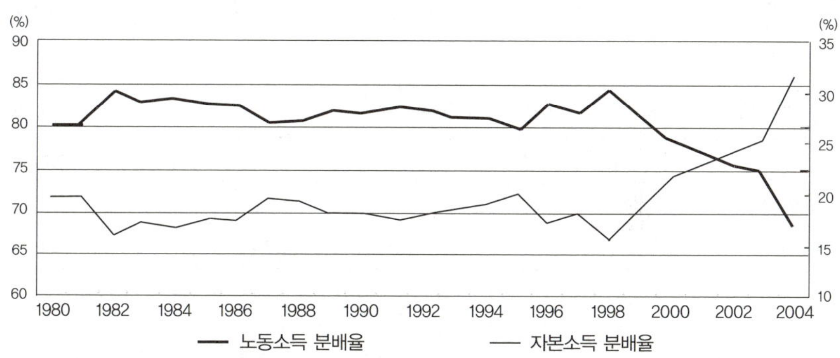

주: 오른쪽 눈금은 자본소득 분배율
자료: 한국은행(2005), 「가계와 기업의 성장 양극화 현상」

소득분배의 악화는 이처럼 개인과 기업소득 사이의 격차가 그 원인일 수 있다. 그럼 왜 이런 격차가 발생했을까? 한국은행(2005)은 기업들이 노사문제 회피, 인건비 절감, 현지 시장 개척 등을 이유로 국내 투자보다는

<**표 3 : 부문별 실질소득 증가율(연평균)**>   단위 : %

	1980년대	1990~1996년	2000~2003년
경제성장률	8.7	7.9	5.6
개인	9.9	6.6	0.3
기업	6.1	4.3	62.6

주: 개인과 기업 부문은 가처분소득 기준
자료: 한국은행(2005), 「가계와 기업의 성장 양극화 현상」

해외 투자에 주력했음에 주목한다. 이는 늘어난 기업의 이익이 국내 가계 부문으로 퍼지지 않아 개인소득의 악화를 가져왔음을 의미한다.

그렇다면 해외 투자를 국내 투자로 전환할 방법을 찾아야 하지 않겠는가. 각 지방자치단체에 권한을 대폭 부여해 기업을 유인할 수 있도록 하고, 기업의 경영을 도와줄 제도 개선을 보장하는 지방분권의 균형발전 정책을 그토록 강조하는 이유다.

<**표 4 : 설비투자 및 해외 직접투자 증가율**>   단위 : %

	1999	2000	2001	2002	2003	2004[1]
국내 설비투자[2]	36.8	33.6	−9.0	7.5	−1.5	4.2
해외 직접투자[3]	−38.9	59.0	−49.7	39.4	24.6	58.6

주: 1) 1/4~3/4분기 중
　　2) 실질 증가율
　　3) 명목 순투자금액(신규투자 금액−회수 금액) 기준
자료: 한국은행(2005), 「가계와 기업의 성장 양극화 현상」

소득분배의 악화에는 특정 지역의 부동산 가격이 집중적으로 오르는 것도 큰 몫을 했을 것이다. 특정 지역의 부동산 가격만 상승할 때는 그 돈이 하늘에서 뚝 떨어진 것이 아니다. 앞서 지적했듯 나머지 지역, 즉 지방의 재산이 이동한 것이다.[7]

지방을 외면하면 총량경제는 결코 나아지지 않는다

미래 경제와 균형발전

국가균형발전 정책을 지방에 대한 시혜쯤으로 여겨 그 효과를 의심할 수도 있다. 이 의심은 균형발전 정책의 효과를 보면 사라질 것이다. 이미 수도권의 수용 능력이 한계에 달한 상태에서 균형발전 정책으로 유망 산업이 지방에서 정착되려는 조짐이 보인다. 생물산업의 비수도권 비중이 2002년 63.1%에서 2005년 67.6%로, 전자산업의 비수도권 비중이 2002년 46.6%에서 2005년 55.8%로 증가하고 있는 것이 그 증거의 일부다.[8] 이런 희망의 싹을 보호해 키워주어야 하지 않겠는가. 더구나 아직 제조업의 절반이 지방에 산재해 있으니 이를 활용하는 것이 바람직하겠다.

이런 추세에도 우리나라 제조업의 부가가치율이 혁신 역량 부족으로 하락하고 있어 안타깝다. 특히 지방 제조업의 부가가치율이 수도권에 비해 더 크게 하락하고 있다.

이에 대처하려면 품질 향상 및 품종 다양화를 위한 노력이 필요하고, 새

〈그림 8: 16개시 · 도의 1985년 대비 2004년 부가가치율 변동 현황〉

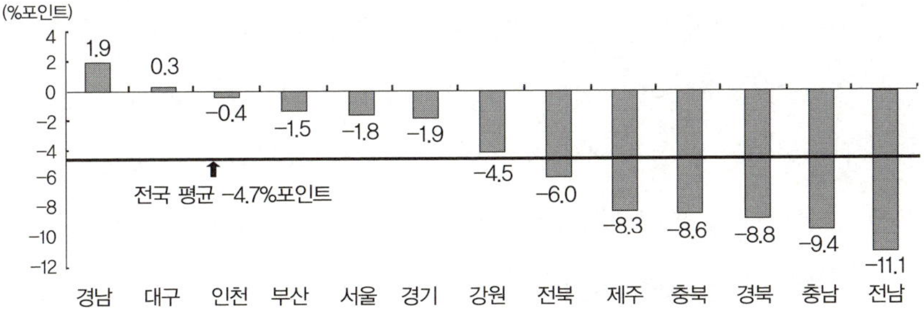

출처 : 한국은행(2006), 「부가가치율 추이가 제주지역의 경제성장에 미치는 영향 및 시사점」

로운 산업에 대한 전략과 투자가 필요한데 지방의 현재 역량으로는 벅차다. 참여정부의 균형발전 정책은 지역마다 전략산업의 육성을 독려해 지역 산업의 기반을 구축하고, 꼭 필요하지만 능력에 부치는 첨단기술의 습득과 개발을 돕기 위해 클러스터 개념을 도입했다.

경제 위기는 소비 성향이 높은 저소득층에게 소득이 분배되어야 나라 전체의 소비가 늘어 경기 침체를 벗어날 수 있다는 사실을 국민에게 알려주었다. 지방의 붕괴는 저소득층이 점점 더 가난해짐을 의미한다. 그러니 중앙 집중은 소비의 감소로 인해 총량 경제를 축소시키는 셈이다.

중앙 집중은 수도권의 부동산 가격을 집중적으로 상승시켜 저소득 지방민의 자산소득을 수도권으로 이전시킨다. 중앙 집중은 가만히 앉아 있는 지방민들을 더 가난하게 만들고 있다. 소비 성향이 높은 지방민들이 더 가난해지면 우리나라의 전체 소비는 줄어들고 경제는 침체에 빠진다.

중앙집권이 경제 영역에서 초래하는 부작용

집중을 초래한 현실

수도권 중심의 중앙집권 체제에서는 일거리가 집중되어 있어야 편하다. 공장도 몇 곳에 집중되어 있어야 좋고, 기업에서 생산해내는 재화도 거대한 공장에서 나오는 단일 품목이면 다루기가 더 편하다. 대규모 공장들이 몇 곳에, 그것도 중앙 부처에서 멀지 않은 곳에 집중되어 있으면 더욱 편할 것임은 말할 나위도 없다. 이렇게 되면 공장과 서울을 잇는 큰길을 몇 개만 만들어도 경제는 잘 굴러갈 것이다. 그래서 우리나라의 도로, 철도, 공항

등 교통 인프라는 모두 서울 중심으로 전 국토를 향해 방사형으로 이루어져 있다. 모든 길은 이제 서울로 통하는 것이다.

부동산 가격의 폭등

그 길을 따라 대한민국의 모든 물자는 서울로 집중되기 시작했다. 물자를 따라 사람이 올라오니, 서울은 비좁아지고 부동산 가격은 오르기 시작했다. 부동산을 가진 개인은 소득이 없어도 큰돈을 버는 마술에 빠져버렸고, 기업은 공장부지만 서울에 있으면 사업이 시원치 않더라도 부동산 가격 차익으로 큰 걱정이 없었다. 이런 소문이 전국에 퍼져 가고 전국의 국민, 기업들이 서울 입성에 혈안이 되었다. 서울은 만원이니 서울 근교에 위성도시를 만들어 폭주하는 물자와 사람들을 수용하기 시작했다. 수도권이 만들어진 것이다. 서울에서 부동산 투기로 돈을 벌어본 사람들과 기업들은 수도권 부동산 투기에 나선다. 이제 수도권은 블랙홀이 되었다.

이렇게 중앙집권 체제는 기업 활동도 중앙 부처가 있는 서울에서 하는 게 좋고, 여러 가지 문화적 기반 시설이 풍부한 서울에서 사는 게 좋고, 대학도 서울에서 다니는 것이 사람 사귀는 데나 문물을 접하는 데나 여러 모로 좋도록 만들었다. 그래서 사람이 사는 곳이나 근무하는 곳이나, 사람이 이용하는 시설이나 모두 서울에 집중되어 서울 부동산 가격이 다른 지방보다 큰 폭으로 상승하기 시작했다.

부적절한 소품종 대량생산

중앙집권 체제에서는 정부가 산업의 방향을 결정한다. 중앙집권 국가의 기업은 정부를 상대로 하는 사업을 한다. 당연히 기업은 정부의 정책에 따라 물건을 생산한다. 정부의 정책이 다양하면 얼마나 다양하겠는가. 그런데 모든 기업이 그 정책에 맞추어 생산한다. 그래서 소품종 대량생산이 나타난다. 그 제품은 소비자의 다양한 욕구를 충족시킬 수 없다.

중앙권력의 공급과잉 유도

중앙집권 체제에서 재화의 공급과잉이 일어나는 원인은 다음과 같다.[9] 첫째, 중앙권력 근처 수도권에 중앙정부가 지정해준 특정 산업 위주로 대규모 생산단지가 만들어져 형성된 소품종 대량생산 시스템이 형성되었기 때문이다. 둘째, 특혜를 받은 업종에 대한 집착이 과잉생산을 초래했다. 셋째, 과거의 익숙한 구조에 집착해 변화된 수요에 적응하지 못했다. 넷째, 산업계에 고착된 제조업 제일주의 때문이다. 여기에 효율성 제일주의도 한 몫했을 것이다. 어떤 상품을 만드느냐보다 특정 재화의 생산효율을 중시하는 정신은 필연적으로 공급과잉을 불러오게 되어 있다.

중앙집권 체제하에서 소품종 대량생산이 지속되면 국민은 자신의 다양한 요구를 수입으로 해결하려 한다. 이에 부응해 기업들이 다양한 제품의 수입에 나서면, 우리나라의 창고에는 물건이 더욱 쌓여간다. 결국 중앙집권 체제는 재화의 다양성을 줄이고 과잉생산을 가져와 경제를 어렵게 만든다.

난개발에 나서는 지방정부

만일 지방의 일을 지방정부가 알아서 처리해왔다면 지방정부도 지역의 큰 그림을 밑에서부터 설계하는 훈련을 했을 것이다. 그러나 중앙집권 체제에서 지방정부는 이런 경험이 거의 없다. 그래서 지방정부는 지역에 대한 책임의식은 없고 한탕 할 생각만 가득한 것이다. 지금처럼 중앙정부가 모든 권력을 틀어쥐고 있는 상황에서 지방자치단체는 권력의 공황을 맞는다. 말고삐를 잡으면 타고 싶은 게 사람 마음인데, 지방자치단체장이 되었으나 번듯하게 자율적으로 할 만한 일이 별로 없다. 그래서 그나마 있는 권력이라도 행사할 곳이 보이면 일을 저지르는 것이다.

중앙 집중으로 인한 수도권의 문제들

떨어지는 생산성

집중도가 높다고 반드시 나쁜 것은 아니다. 하지만 그 높은 집중도가 수도권의 혼잡을 초래해 경제, 환경, 보건, 삶의 질 측면에서 해로울 뿐 아니라 서울에 자원을 빼앗긴 비수도권의 고통도 너무 심하다. 그것이 문제다.

먼저 수도권에 해로운 부분부터 보자. 과밀로 인한 집중으로 생산성이 하락하고 있다. 1982년의 생산성을 1.0으로 했을 때 1990년에는 0.83, 2000년에는 0.76으로 급격하게 하락하고 있다.

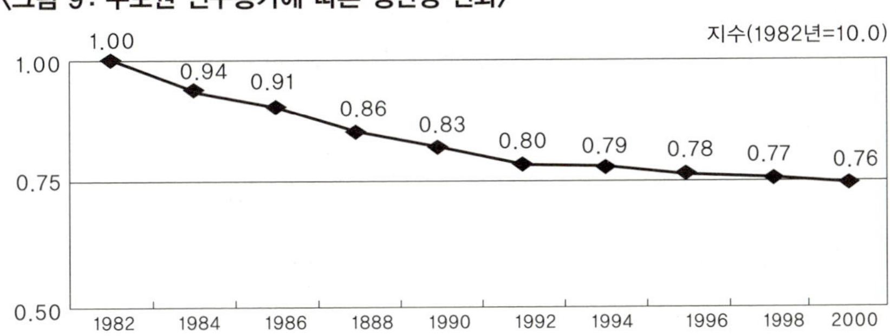

〈그림 9 : 수도권 인구증가에 따른 생산성 변화〉

자료: 김의준(2003), 「우리나라 지역불균형 문제의 이해와 지방분산 정책의 효과」
국가균형발전 정책의 국민경제적 효율성 세미나 발표 자료

이는 수도권 집중으로 부동산 가격이 상승하고, 교통이 혼잡해지고, 환경 오염이 심해지는 데서 비용이 발생하기 때문이다. 그러나 수도권 집중에 따른 사회적 비용을 종합적으로 파악해 소개하기는 어렵다. 다만, 산발적으로 존재하는 유형별 연구나 자료를 토대로 살펴봐도 그 심각성을 알기에는 충분하다.

2003년 표준지 공시지가를 기준으로 보면, 서울 강남구의 평당 지가는 757만 원으로 광주 북구 118만 원의 약 7배, 경북 봉화 4만 원의 약 18배에 이른다. 높은 부동산 가격은 진입 장벽 역할을 해 우리 경제의 생산성을 떨어뜨린다.

또한 도심에서 차량의 평균 운행 속도(2002년, km/h)는 서울 16, 부산 23, 대구 28, 광주 19, 대전 24로 서울이 가장 느렸다. 그 결과 수도권의 혼잡비용은 1992년 3조 5000억 원에서 2000년 7조 2000억 원, 2004년 11조 9000억 원으로 증가해 수도권 경쟁력을 하락시키고 있다. 수도권의 2004년 혼잡비용은 전국 혼잡비용 23조 1000억 원의 51.8%를 차지한다(한국교통연구원, 2006). 2006년의 수도권 인구 비중 48.3%보다 높은 수준이다.

환경오염의 증가

건강에 매우 치명적이라는 미세먼지(PM10) 오염도 수치($\mu g/m^3$)가 서울에서는 1997년 68에서 2001년 71로 증가했지만 비수도권의 그것은 57에서 53으로 감소하고 있다.

한편, 우리나라 수도권의 오염도가 70 내외인 데 비해 세계 주요 도시의 미세먼지 오염도(2001)는 런던 20, 파리 20, 도쿄 40, 뉴욕 28이다. 서울의 오염도는 다른 선진국 도시보다 두세 배 높은 실정이다(환경부 자료). 그 결과 이 미세먼지로 인한 만성 사망자 수를 보면, 1999년 기준으로 서울이 9641

명인데, 이 수치는 이 먼지에 노출된 인구 중 조기 사망율이 0.09%임을 의미해 세계에서 가장 높다(프랑스 0.05%, 스위스 0.05%).

한편 아황산가스의 오염도는 선진국의 10여 배로 우리 수도권의 오염이 한계에 이르렀음을 말해주고 있다.

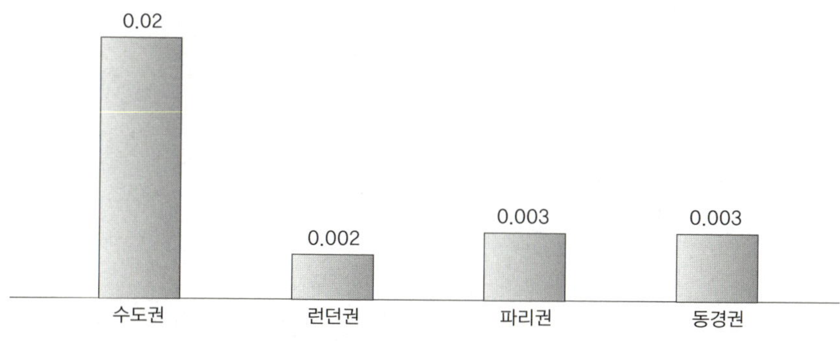

〈그림 10: 아황산 가스 오염도의 국제 비교〉 아황산가스(ppm/year)

자료: 건설교통부(2005), 수도권발전대책연구

그 결과 서울의 삶의 질은 우리나라의 경제력에 비해 터무니없이 낮은 수준으로 전락하고 말았다. 머서서(William Mercer)사가 삶의 질 순위를 발표한 자료(2006)에 의하면, 지방분권과 균형발전이 가장 잘 되어 있는 나라 스위스는 10위 안에 3개의 도시가 들어 있다. 취리히와 제네바가 나란히 1, 2위를 차지하고 베른이 9위다. 이웃 일본의 도쿄 35위, 고베 40위, 오사카 51위인 데 비해 서울은 89위다. 서울이 견주어야 할 도시들의 삶의 질과는 너무 차이가 난다. 도대체 우리는 무엇을 위해 달려온 것인가.

02

지방분권과
균형발전의
사명

지방분권의
역할

지방분권이란?

균형과 발전의 정의 다시 생각하기

– 균형에 대한 검토 참여정부가 균형을 정책의 근간으로 제시하자, 전 국토의 결과적인 평등을 실현하는 것이 과연 가능한가 하는 논의들이 있었다. 지역마다 경제, 사회, 문화의 역사적 전통과 현재의 기반이 다르므로 결과적 평등을 달성하기는 불가능하다는 것이었다.

하지만 참여정부가 주창하는 균형은 결과의 평등만을 기계적으로 강조하는 것이 아니다. 균형발전 정책을 구체적으로 살펴보자. 첫째, 균형발전 정책은 지방민에게 공정한 기회를 균등하게 부여하는 것이다. 모든 국민은 자신이 사는 지역에 따라 삶을 누리는 기회가 달라서는 안 된다. 만일 현재의 삶의 여건이 지역에 따라 다르다면 국가는 지역별 경쟁이 같은 조건에서 이루어지도록 조처를 해야 한다. 둘째, 균형발전 정책은 결과의 완벽한 평등이 아닌 지역의 잠재적 가능성의 극대화를 시도한다. 완벽한 평등은 불가능하며, 각 지역이 가진 자원이 최대로 발굴되고 효율적으로 이용되어야 한다. 셋째, 국민은 자신이 사는 지역에서 국민으로서 국가의 보호를 받을 권리가 있다. 따라서 정부는 그 보호의 방편으로 지역의 균형발전을 추구하고 있는 것이다. 넷째, 지방화 정책이 더 많은 재원을 지방으로 이전시키는 것은 아니다. 지방화 개혁의 핵심은 중앙정부가 지방에 배정해주는 예산의 성격을 타율에서 자율로 바꾸어 자주 재원의 비중을 늘려 예산을 더욱 효율적으로 사용케 하려는 것이다.

– 발전에 대한 검토 발전 전략에 대해서는 선택과 집중, 그리고 성장과 분배의 우선순위를 놓고 반론이 제기되었다. 참여정부가 출범하면서 선택과 집중을 강조하자, 경제력이 취약한 지방을 중심으로 경쟁 논리에서 볼 때 선택과 집중이 과연 정당한가에 대한 논란이 일었다. 반론의 핵심은 다른 지역과 경쟁해 승리한 부분이나 산업을 선택해 이를 집중적으로 지원하면 현재 경쟁력을 가진 분야가 없는 지역은 더욱더 악화될 뿐이라는 점이었다. 특히 낙후 지역은 이러한 경쟁 체제에서는 모두 몰락할 것이라고 우려했다.

이러한 우려는 선택과 집중에 대한 오해에서 비롯되었다. 선택과 집중은 각 지역 내의 여러 산업 중에서 효율성이 더 높은 분야를 골라 집중 지원하는 것을 말한다. 각 지역과 국가는 지역 안의 여러 산업 중에서 가장 적합한 산업을 선택해 집중 지원하면 된다.

그렇다고 지역 산업의 다양화를 무시해서는 안 된다. 한 지역에서 한 사업에만 의존하면 집중 전략이 실패했을 때 큰 위험이 뒤따르므로 지역의 다양한 분야들이 골고루 발전하는 전략의 테두리 안에 들어 있어야 한다. 또한 국가는 국가의 산업이 지나치게 단순화되는 점을 막기 위해 지역마다 서로 다른 산업이 다양하게 발전할 수 있도록 해야 한다. 국가는 국가 전체 산업의 다양화를 위해 각 지역 간에 상호 보완하도록 지역의 산업을 육성해야 한다는 것이다. 자립의 준비가 전혀 되어 있지 않은 지역에 지원을 계속할 수는 없을 것이므로 각 지역은 자립형 분권화 모델을 갖추어야 한다.

그리고 투자 효율이 높은 곳에 집중 투자해 먼저 성장한 뒤 분배를 하자는 반론이 제기되었다. 수도권의 효율이 높으므로 국제경제 전쟁에서 승리하려면 수도권에 집중 투자해야 한다는 것이다. 그러나 참여정부의 정책은 성장을 뒤로 밀어놓고 있지 않다. 다만 균형을 고려하지 않은 선(先)성장은 소외 부문에서 사회불안과 졸속 성장의 후유증을 낳아 이를 치료하는 데 큰 비용이 발생하므로 균형을 고려한 내실 있는 성장을 추구하자는 것이다. 실제 중앙 집중형 성장에 집중한 결과 나타난 수도권의 혼잡과한 지방 자원의 사장(死藏)은 이제 나라 발전에 큰 짐이 되고 있다.

한편으로 우리나라가 고도성장하는 동안 소외 계층과 소외 지역이 생겨났는데, 이들에 대해 앞으로는 특별하게 관심을 가져주는 것이 균형적일 것이다. 그렇지 않고 이제부터는 모든 계층을 동일하게 취급하자는 공리주의(功利主義)를 따른다면 그것은 공평치 않은 처사다. 소외된 계층과 지역의 형편을 살펴 전 국민이 골고루 잘살게 하자는 것이 참여정부의 시각이다.

지방분권이 추구하는 가치

- 자율성 인간은 자신이 하는 일에서 보람을 느끼고 만족을 얻는다. 하지만 중앙집권 체제는 지방에 특정 선택을 강요한다. 강요받은 일의 성과는 높지 않다. 지방이 지역에 필요한 일을 지역민의 의지대로 수행하지 못하고 살아가는 날이 길어지면, 지방에는 의존성만 남게 된다. 지방의 모습에 대해 책임지지 않고 지방민 스스로 지방을 버리면서 모든 것을 중앙의 탓으로만 돌리는 이 무기력함의 엄청난 파괴력을 어찌 다 말로 하겠는가.

감상자가 예술의 중심이듯 지방도 지역민이 중심이어야 한다. 독자가 없으면 예술이 성립하지 않듯, 지역이 없으면 나라가 없고, 주민이 없으면 지역이 없다. 지역발전의 완성은 지역민의 몫이지 중앙정부의 몫이 아니다. 지방은 자율성을 가져야 하고 지방분권이 이 일을 해내야 하고 지역은 지역의 발전을 책임져야 한다. 스스로의 가치 기준을 가지고 판단을 내리며 그 위험도 스스로 감수하면서 구체적인 지역발전 계획을 세우고 집행해야 한다.

이런 이유로 지방분권의 핵심은 지방에 예산 사용의 자율권을 주는 데 있어야 한다. 지방분권은 지방에 예산 지원의 양을 늘리거나 줄이라는 말을 하지 않는다.

– 효율성 지역에서는 지역민이 직접 눈으로 보고 판단해 정책을 만들어 집행하는 것이 효율적이다. 기계가 고장이 났으면 바로 기술자가 고쳐서 사용해야지, 고장 사실을 본부에 보고하고 본부에서 지시한 수리 방법을 따라 기계를 고친다면 살아남을 기업이 있겠는가.

– 민주성과 전문성 민주주의는 국민이 주인인 제도다. 그러므로 민주주의에서는 국민이 국가의 권한을 갖는다. 그래서 국가의 권한은 가능한 한 국민과 가장 가까운 곳에 있어야 한다. 얼마나 가깝게 두어야 할까? 국민의 편의성과 행정의 시의성, 국민이 사는 지역에 대한 전문성 등을 고려해 결정하면 된다. 그리고 국민 가까이에 있는 자치단체가 국민과 국민이 사는 지역에 대해 가장 전문성이 높다는 것을 고려해야 한다.

국가의 권한을 행사하는 곳은 기초자치단체, 광역자치단체, 그리고 중앙정부다. 국민의 권한은 가장 먼저 기초자치단체에 두어야 한다. 권한의 범위가 광역에 미칠 때는 그 권한을 광역에 넘겨 기초자치단체가 못하는 일을 보충하게 한다. 권한의 범위가 전 국토에 미칠 때에는 그 권한을 중앙 정부에 넘겨 광역자치단체가 못하는 일을 보충하게 한다. 이것을 '보충성의 원칙' 이라고 한다.

우리나라는 이 보충성의 원칙이 작동하는 순서가 완전히 뒤바뀌어 있다. 권한은 일단 중앙정부에 있다. 광역자치단체에서 꼭 필요한 권한은 광역으로 넘겨 중앙정부를 보충하게 한다. 그다음 기초자치단체에서 꼭 필요한 권한은 기초로 넘겨 광역단체를 보충하게 한다. 현재의 지방분권 개혁도 그렇게 하고 있다. 바로잡아야 한다.

내 일은 내가 가장 잘 안다. 이런 측면을 강조해 '보충성의 원칙' 이라고 부른다. 주민 곁에 가장 가까이 있는 기관부터 일의 처리 권한을 가지되, 그 기관에서 일을 처리하기가 어려울 때 다음 상급 기관에 넘겨 보충적으로 일을 처리하게끔 한다는 것이다. 왜 보충성의 원칙을 적용하는가? 그거야 주민 가까이 있는 기관이 자기 지역주민의 일에 관한 한 전문성이 가장 높기 때문이다.

– 전제 조건 단체장을 우리 손으로 선출하는 것이 지방자치의 전부가 아니다. 단체장만 뽑고 일은 중앙정부가 시킨 대로 하면 지방자치가 아니다. 내 지역 사정은 내가 가장 잘 알기 때문에 내가 알아서 하자는 것이 지방자치다. 그러나 지방자치를 하자면 권한이 있어야 한다. 권한이 없는 관청이 지역을 위해 할 수 있는 일은 없기 때문이다. 그래서 지방자치단체에 권한을 돌려주어야 한다. 그것이 지방분권이다.

새 가치 창출로 대한민국을 구할 지방분권

이렇듯 대한민국의 많은 문제에는 어김없이 중앙집권 체제가 있었다. 중앙집권 체제를 그대로 방치하고서 대한민국의 지속가능성을 기대하기란 참으로 어려운 일이다. 그러니 어떻게 해야 하는가. 지방분권으로 나라의 생존을 찾을 수밖에 없다.

나라의 생존을 위해 지방분권이 새 가치를 창조해주리라 기대한다. 중앙집권이 창출한 가치가 사회적 수용도를 넘어서 정치, 경제, 사회, 문화의 영역에 걸쳐 문제점을 가져온다면, 지방분권이 창출하는 새로운 가치로 사회적 수용도를 높여야 한다. 중앙집권 체제가 창출한 가치는 사회적 수용도가 낮아서 사회의 불만족이 생겨난다. 이러한 사회적 불만족 상태는 사회적 수용도가 높은 새로운 가치가 창출되어야 해소된다. 지방분권 체제는 그러한 새 가치를 창출해 사회적 수용도를 높여 사회의 불만족을 없앨 것으로 기대된다.

무엇이 지방분권의 추진을 어렵게 하는가

낮은 자율 능력

지방분권의 핵심이 자율성에 있다고 할 때, 과연 우리의 지방에 자율성이 있나. 우리는 너무 오랫동안 집권적 권력에 의존해서 살았다. 사람은 지배하고자 하는 권력욕을 보이다가도 강한 힘에 의지하려는 의존욕도 가지고 있다. 거대한 군중에 편승해 가거나 다른 힘에 의지함으로써 위안을 얻을 뿐만 아니라 자신의 세상을 설계하는 데서 발생하는 책임을 회피할 수 있는 것이다.

지방에 자율성이 없다 보니 지역의 인재들도 지역 일에 동참할 기회가 없었다. 더구나 지방이 비어감에 따라 지역의 인재 유출도 심각해 지역에는 지역 발전에 동참할 인재도 부족하다.

그 결과 지방은 자율을 경험할 기회도 없었고, 의지도, 능력도 없었다. 지방자치단체는 지역의 비전을 만드는 것보다는 그나마 행사할 수 있는 분야의 권력을 누리는 것에 급급한 실정이다. 그리고 지역의 주체라고 할 지역언론, 지역 대학교수, 시민단체들이 지역에 동참하기보다는 비판과 견제에 초점을 맞춰 에너지를 쏟아야 하는 실정에 있다.

개발 지상주의

우리 사회에서 경제는 지고(至高)의 덕목이다. 이런 분위기에서 누구도 감히 경제에 대해 시비를 걸지 못하는 개발 만능주의가 판을 친다. 개발하면 돈이 생기는 줄 아는데, 땅을 파헤쳐 개발하면 개발업자가 돈을 버는 것이지 지역민이 돈을 버는 건 아니다. 어떤 사람이 잘 되고 못 되는 것은 자신의 노력에 달려 있다. 사람의 경쟁력은 천부적인 능력과 소질을 포함해 자신의 경쟁력에 달린 것이지 지역의 경쟁력에 달려 있는 것이 아니다. 하기야 땅 가진 지역민들은 개발로 땅값이 올라 부자가 되기도 하겠지만….

선거로 당선되는 단체장들로서는 지역민의 개발 욕구에 초연하기가 매우 어렵다. 그래서 지역민의 개발 욕구를 무분별하게 수용하다 보면 난개발을 피할 수 없다. 헝클어진 국토의 모습이 보인다. 이렇게 되면 차라리 중앙정부가 국토 전체를 체계적으로 관리하는 것이 낫다는 절망의 한탄이 들려올 것이다.

불균형발전

지방분권을 하려고 보았더니 중앙과 지방의 격차, 도시와 농촌의 격차가 극심해 온전한 분권이 어렵다는 것을 알았다. 경제력의 격차뿐만 아니라 지역 간 인재의 격차, 주민과 공무원들의 의식의 격차도 매우 심각했다. 이런 상태에서 실시하는 지방분권은 지역 간 격차를 더욱더 커지게 할 염려가 있다. 경제력의 차이에 따라 어느 지역은 배정된 예산을 그저 주민의 생존을 위해 나누어주는 데 급급한 반면, 다른 지역은 경제력과 인재를 활용해 발군의 실력으로 쾌적한 지역을 만들어간다. 이런 상태를 방치하면 지방분권은 오히려 지역 간 격차를 더욱 극심하게 만들어놓을 것이다.

중앙정부의 미온적인 태도

지방분권은 지극히 상식적인 주장이지만 그것을 실현하기는 어렵다. 왜 그럴까? 중앙정부의 본성을 거스르기 때문이다. 대체로 인간은 자기 눈앞의 현실에 관심을 많이 가진다. 맹자는 자기 눈앞의 현실, 특히 어려움에 처한 사람에 대해 불쌍하다고 생각하는 사람을 보고 인간의 본성을 선하다고 했다. 자신이 속한 부처나 직원이 어려움에 처할 것 같으면 이를 측은해하고 구하고자 한다.

결국 지방으로의 권한 이양은 중앙정부로서는 탐탁한 일이 아니다. 분권의 이념에서는 찬성할 수밖에 없으나 실천의 각론에서는 느려질 수밖에 없다. 그리고 분권과 균형발전 정책의 업무는 중앙 부처 전체에 연관되어 있다. 너와 나를 가리지 않는 범정부 차원의 협조 아래 지방화가 진행되어야 한다. 그런데 어느 부처가 자신 고유의 일에 우선해 지방화 업무에 매진하겠는가.

균형발전을 달성하는 바람직한 방법

출발선 조정

이명박 정부의 지방화 정책이 지방의 자율성을 강조하는 방향으로 자리를 잡아가자, 낙후된 지역의 빈약한 자원을 그대로 두고 분권화를 추진하면 낙후 지역은 더 낙후될 것이라는 우려가 퍼져 나갔다. 중앙집권의 결과인 지방의 낙후된 현실을 교정하지 않고 지역 자립을 시작하면 지방은 점점 더 낙후되어 수도권과 지방, 지방과 지방 사이에 차이가 더 심화될 것을 염려한 시각이었다.

그러므로 지방, 특히 낙후 지역의 형편을 지금보다 개선할 수 있는 정책을 마련해야 한다. 지금 상태를 유지한 채 지방의 자립을 강요해서는 안 되며, 낙후 지역의 여건을 개선하기 위한 각종 프로그램을 개선하거나 신설해 지방분권을 시행한 이후 지방이 더 낙후되는 현상을 막아야 한다. 이를 위해 강력한 분산 정책이 필요한데, 지역의 낙후된 정도에 따라 기관이나 기업의 분산 강도가 달라져야 할 것이다. 따라서 공공기관이나 기업의 이전을 통해 지방을 활성화하되 지역의 낙후 정도를 가중치로 고려해야 한다.

적절한 자금 배분

참여정부는 선택과 집중을 강조하면서 지역 내의 우선순위를 고려해 지원하겠다고 밝혔다. 지방에 할당된 예산을 지방정부가 자율적으로 사용하게 한다는 것이었다. 아울러 일을 잘할 능력이 있는 곳에 집중적으로 자금을 지원해 효율을 중시하겠다는 발표도 했다. 그러자 두 가지 논란이 일었다. 하나는 지역별로 예산 한도를 정해 일정한 자금을 지방에 할당하겠다는 정책과 효율을 따져 지원하겠다는 정책이 충돌한다는 것이고 또 하나는 효율에 따라 자금을 지원하면 기왕에 자립 능력이 우수한 지역에만 유리할 것이라는 논란이었다.

과거 우리나라에서는 비교우위론이 불균형 성장 모델을 지지하는 데 사용되었다. 한 국가에서 가장 잘할 수 있는 것을 선택해 집중 투자하고 여기서 발생하는 과실을 여타 분야에 분배하는 것이었다. 이 모델의 전제는 가장 잘하는 부분의 과실을 열등 부분에 분배하는 것이나 이는 지켜지지 않았다. 따라서 이제는 비교우위론에 교정적 혹은 양육적 관점을 더해 접근하는 것이 타당하다. 지역마다 어떤 특정한 시점에서 비교우위에 따른 최선의 산업은 반드시 존재하지만, 그 산업이 지역을 이끌어가는 기능을 할 만큼 튼튼하게 발전하려면 전략적 지원이 필요하다는 것이다. 이때 균형발전, 특성화, 충분한 능력 달성 등이 전략적 지원의 기준이 될 것이다. 그리고 지원 자금은 국가균형발전을 위한 특별회계를 설치해 그 원천으로 삼는다.

국가의 산업 정책도 과거에는 어떤 특정 산업을 한 국가의 여러 지역 중에서 어느 지역으로 분배할 것인가였으나 이제는 지역마다 자신의 자원을 어떤 분야에 분배할 것인가를 선택해 집중적으로 투자해야 한다.

일을 잘할 능력이 있음이 확인된 곳에 집중적으로 지원하라는 말은 지원한 뒤에 평가를 강하게 하겠다는 뜻으로 이해해야 한다. 평가의 내용은 각 지역이 자신의 전략산업을 적합하게 선택했는가를 판단하는 것이다. 따라서 평가의 목적은 각 지역의 전략산업에 대한 지원의 지속 여부를 판단하는 것이 아니라 지원 대상을 바꾸어야 하는가, 지원 방법을 어떻게 개선해야 하는가를 판단하기 위한 것이어야 한다. 그러나 이러한 정책에도 불구하고 지역에서 선정한 전략산업 분야가 지속적으로 부실해지면 정부가 비효율을 무작정 바라보고만 있을 수는 없지 않겠는가.

지역의 자립 능력 향상

지금까지 지역의 고질적인 병폐 중 하나는 무작정 중앙정부에 대해 자금 지원을 요구하는 것이었다. 자금 지원은 힘이 없는 곳을 살려내는 장점에도 불구하고 무시할 수 없는 단점이 있다. 즉, 자금 지원의 비율이 높을 때는 의존성이 높아지고 자금 배분이 왜곡되며, 그 비율이 낮을 때는 효과가 나타나지 않는다.

따라서 지방에 대한 지원은 자금뿐 아니라 소프트웨어의 지원도 강화해야 한다. 다시 말해 기술, 정보 등의 지원을 늘려 행정서비스를 현실화하고 심사평가 기능을 강화해 자립 능력을 제고시켜야 한다는 말이다. 이를 위해서는 시스템을 변화시켜야 하는데, 자립 의지도 없이 요구만 많을수록 불리하게 하고 투자협약 등을 체결해 자생적 안을 실천할수록 이익이 되게 하는 것이 그 방법의 하나이다.

.2.
균형발전 정책의
이념 포지셔닝

시장에 의해 발생한 격차와 균형발전

시장에 의한 균형도 치우치면 독

국가균형발전 정책에 공격적인 경제학자들은 수도권 집중 현상을 시장에서 일어난 자연스러운 자원 배분의 결과라면서 일종의 균형으로 보았다. 사람, 기업, 공공기관 등이 서울에 집중되는 것은 시장의 결과인데 왜 그것을 억지로 지방에 분산시키려 하느냐는 항변이었다.

균형발전 정책을 공격하려다 보니 궁여지책으로 내놓은 논리였겠지만, 양식 있는 경제학자가 내놓을 논리는 아니었다. 경제학은 모든 시장의 균형을 바람직하다고 여기지는 않기 때문이다. 경제학의 최종적인 판단 기준은 시민과 사회의 만족도다. 시장이 기업의 활동을 방임하면 결국 독점으로 치닫는다. 한편으로 기업은 시장에서 독점자가 될 만한 수준에 이르는 것이 경영 목표일 수도 있다. 하지만 시장이 만들어내는 독점은 가격을 비싸게 하고, 자원을 낭비해 만족도를 낮춘다. 그래서 경제학은 독점을 금지하라고 가르친다. 독점을 막으려면 적절한 규제와 감독이 필요하다. 많은 나라에 규제나 감독을 규정한 독점금지법이 있는 이유다.

지방에서 서울로 흐르는 자원의 이동도 방임하면 자원의 수도권 독점을 가져오고 서울의 과밀화와 지방 과소화의 비용을 가져온다. 그 같은 비용을 가져올 만한 수도권과 지방의 격차를 시장에 의한 국가 불균형이라고 부를 수 있다.

왜 시장에 의해 격차가 발생하는가

이 시각에서 보면, 시장이 균형을 이룬 상태에서의 격차는 시장의 집중을 만들고 그로 말미암아 폐해도 나타난다. 먼저 집중이 왜 일어나는지 살펴보자.

첫째, 규모의 경제 때문이다. 상품을 만들 때 단가는 생산량이 많을수록 낮아진다. 공장을 짓고 기계를 사는 데 비용 대부분이 들어가는데 상품을 더 만든다고 이 비용이 늘어나진 않는다. 생산량을 늘릴수록 상품의 단가는 낮아지는 것이다. 이 때문에 규모를 늘리는 것이다. 규모가 작은 기업은 단가를 낮추지 못해 경쟁에서 지고 독점기업만 남게 된다. 같은 이유로, 자원의 대부분이 수도권에 집중된 상태에서는 어떤 자원이라도 수도권으로 가야 활용도가 높아진다. 수도권에 규모의 경제가 발생하기 시작하고 결국 수도권이 자원을 독점하는 상황에 이르는 것이다.

둘째, 자원의 배분 과정에 절대우위론이 적용되기 때문이다. 어떤 자원을 어느 지역으로 배분할까를 결정할 때, 정책 당국자는 어느 지역에서 그 자원의 생산성이 더 높을까를 지표로 삼는다. 불행하게도 그런 방법으로 자원을 배분하면 어떤 특정한 지역이 대부분의 자원을 배분받는다. 자원의 독점 현상이 일어나는 것이다. 그동안 각 지역을 비교해 자원의 배분을 결정한 결과로 우리나라의 자원은 수도권에 집중되었다. 경제학에서는 이런 절대우위 법칙을 폐기하고 비교우위 법칙에 따르라고 말한다. 지방마다 일정 수준의 예산을 배정한 다음, 지방마다 적절한 자원을 선택하라고 한다. 그렇게 되면 지방마다 특성화 발전을 추진할 수 있다. 이런 발전 전략을 따라 참여정부의 지역 전략산업 정책이 마련되었다.

셋째, 시장의 실패 때문에 집중이 발생한다. 자원의 집중은 사회에 비용을 발생시킨다. 그러나 집중을 일으킨 측은 그 비용을 부담하지 않는다. 자신의 회계장부에는 비용이 계산되지 않으니 사회에 불편을 끼치는 행동도 서슴지 않는다. 주변에 혼잡비용을 높이는 것은 고려하지 않고 아파트도 짓고 공장도 짓는다.

이제 집중의 비용 발생을 보자. 첫째, 독점의 폐해가 발생하듯이 수도권 집중에도 비용이 발생한다. 독점이 이루어지면, 기업은 이윤의 극대화를 위해 가격을 부당하게 올리고 제품의 질을 떨어뜨린다. 수도권에 자원의 독점이 이루어지면, 수도권은 이제 수도권을 이용하는 가격을 올린다. 부동산 가격의 상승으로 인한 기업의 생산 비용 증가, 지방민의 자산소득 박탈이 대표적인 가격 인상 요인이다. 그리고 수도권 과밀 때문에 삶의 질이 하락하는 등 각종 혼잡비용을 지불해야 하고 지방민은 지나친 과소화로 불편함이 늘어 비용을 지불해야 한다.

독점을 금지할 수도권 규제 정책

시장 경쟁이 제재를 받지 않고 과잉되면 독점에 이르게 되고 그러한 독점은 독점금지법의 규제를 받아야 함을 앞에서 말했다. 같은 이유로, 지방의 자원이 과도하게 수도권으로 집중되는 폐해를 막기 위해 정부는 적절한 조처를 해야 한다. 바로 수도권을 규제할 정책을 추진하는 것이다.

시장을 활용해 생산성을 높이는 정책

시장에 의한 과도한 격차를 줄이는 방법은 시장을 적절히 활용하는 데서 찾아야 한다. 정부가 주도하는 것이 아닌 자율적인 발전, 혁신을 통한 생산성 향상 그리고 비교우위에 근거한 특성화 발전 등이 그것이다.

먼저 자율적 발전부터 살펴보자. 많은 사람이 국가균형발전 정책을 중앙집권적이라고 비판했지만, 참여정부는 지역 스스로의 발전을 매우 중요시했다. 지역의 역량을 키워 스스로 발전을 주도하게 하자는 '자립형 지방화'가 균형발전의 중요한 전략이었다. 자립형 지방화를 위한 역량 강화란 무엇인가. 중앙정부가 강제로 자원을 이동해주는 방법도 있지만, 지역의 저변을 튼튼하게 하는 방법도 매우 중요하다. 이를 위해 기업과 학교, 연구소, 공공기관의 네트워크를 통해 지역의 혁신 체계를 구축하는 것이다. 이로써 지역발전의 각 주체들이 모여 비전을 함께 수립해 책임 있는 지역 특화 발전을 모색할 수 있다.

지역발전에는 인재를 양성하고 기술을 혁신할 수 있는 정책도 필요하다. 교육을 통해 인재를 양성하기 위해서는 각 지역의 혁신 리더를 선발해 지역의 자립 발전에 대한 의지를 고취하고 지역 정책의 실무교육에 집중하며, 지방대학의 혁신 역량 강화 프로그램을 통해 지방대학이 지역발전의 한 축을 담담하도록 한다. 기술의 혁신은 혁신 주도형 패러다임으로 가능하다. 우리는 1990년대 중반 이후부터 새로운 성장 동력을 찾지 못하고 있다. 더구나 지방의 영세한 기업으로는 기술 혁신을 통해 신성장 동력을 창출하기가 더욱 어려운 상황이다. 참여정부는 그 돌파구로 혁신 클러스터를 조성해 기술개발 자금과 인재 문제를 해결토록 하는 등의 정책을 시행했다.[10]

지역의 특성화를 추구하는 전략산업 육성 역시 균형발전 정책의 핵심이다. 사업마다 어느 곳에 입지시킬 것인가를 결정하는 절대우위적 방식으로는 수도권 집중을 해결할 수 없다. 지역마다 어떤 사업을 선택할 것인가를 결정하는 비교우위론적 방식이어야 지역의 특성화를 도모할 수 있다. 균형발전 정책은 지방마다 일정 예산의 범위 안에서 지역의 전략산업을 스스로 결정하게 해 이를 지원했다. 역동적인 균형발전 정책을 실시한 것이다.[11] 이명박 정부와 보수 진영은 자신들의 정책은 지역 특성화 정책이고 참여정부 정책은 획일적 정책이라고 비난했다. 왜 그런 생각을 하는 걸까.

시장이 야기한 과도한 집중을 억제하는 정책

수도권에 입성하면서 초래하는 비용을 나 몰라라 하는 현실을 개선해야 한다. 기업이나 공공기관이 수도권 입지로 초래한 혼잡비용을 줄여가야 한다. 수도권 규제를 강화해 혼잡비용의 발생을 원천적으로 막거나 수도권 공공기관을 지방으로 이전하는 것이 필요하다.

그 일환으로 참여정부에서는 공공기관 지방 이전과 신행정수도 건설을 추진했다. 중앙 행정기관의 부속기관과 정부투자기관, 정부출연기관 등 공공기관을 지방에 이전하는 계획은 자원을 지방에 이전해 수도권의 과도한 집중을 해소하려는 시도였지만, 지역의 특성과 공공기관의 특성을 일치시켜 지역의 특화 발전을 이루려는 목적도 가지고 있었다. 특히 지방에 혁신도시를 건설해 지방발전의 새 거점을 만들고자 했다.

신행정수도 건설은 서울 제일주의의 관행과 중앙 집중 현상을 해결하려는 야심찬 계획이었으나 헌법재판소의 위헌 판결로 '행정중심복합도시건설계획'으로 축소되었다.

균형발전 정책은 사회 안전망의 일환

과도한 시장 중심주의가 초래하는 집중 현상은 사회불안을 일으킨다. 국민이 느끼는 불안감이 클수록 그 사회는 후진 사회이므로 선진 사회로의 진입을 위해서는 국민의 불안감 해소가 필요하다. 그러니 정부나 사회과학자들의 과제는 국민의 불안감을 해소하는 시스템을 만드는 데 있다고 할 수 있다.

심화되는 양극화의 대책으로 사회 안전망이 요구되듯이 수도권 집중화가 초래하는 지방의 궤멸, 특히 낙후 지역의 박탈감 해소 대책이 필요하다. 그 대책이 낙후 지역을 대상으로 하는 신활력 사업이었다. 무조건적인 지원을 탈피해, 자율적인 지역발전 계획을 세우고 하고 그에 대한 지원을 함으로써 내생적 발전 역량 강화에 도움이 되도록 했다.

불공정에 의해 심화된 격차

공정한 균형과 불공정한 불균형

참여정부가 사용한 균형이라는 개념에 대해, 결과의 평등이라는 비난이 매우 흔하다. 기회의 평등, 조건의 평등, 출발선의 적절한 평등으로 이루어지는 균형이라는 설명은 먹혀들지 않았다. 아무래도 이런 이야기를 하려면, 롤스(Rawls, 1968)를 활용하는 것이 좋겠다. 그는 이런 이야기를 좀더 엄격하게 한다. 그냥 기회의 평등이 아니라 '기회의 공정한 평등(fair equality of opportunity)'을 제시한다. 결국 공정한 균형은 기회의 공정한 평등이 이루어질 때의 상태를 말한다.[12]

간혹 기회를 평등하게 주는 것을 공정이라고 해석하는 사람들도 있던

데, 너무 단순화하지 않았나 싶다. 롤스는 분명 공정한 평등이라고 말하고 있다. 여기서 공정의 의미가 무엇일까? 비슷한 능력을 갖춘 사람끼리는 어떤 신분으로 태어났더라도 비슷한 삶의 기회가 주어져야 한다. 이게 공정의 의미다. 이에 따르면 비슷한 능력을 가진 사람은 '어떤 지역에 살고 있더라도' 비슷한 삶의 기회가 주어져야 한다. 인간의 잠재력은 충분히 개발되어야 한다는 생각일 것이다. 과정을 중시하는 공정 균형의 성격을 알 수 있다. 그리고 당연하지만, 기회가 공정하게 보장되지 않으면 격차가 생길 것이고 이 격차를 불공정에 의한 불균형이라고 부를 수 있을 것이다.

또 롤스는 이 논의를 하면서 교육된 능력으로서의 인적자본의 소유를 보장해 부의 집중을 피하라고 말하고 있다. 비슷한 삶의 기회를 누리려면 교육이 중요하다는 말인 것이다. 국가의 정책 목표도 잠재적인 성장 능력을 충분히 발휘하도록 하는 것이 아니던가. 참여정부는 지역의 잠재적인 능력을 충분히 개발해 다른 지역과 비슷한 삶의 기회를 지역 사람들에게 주기 위해 균형발전 정책을 제공했다.

그럼 왜 공정해야 하는가의 의문이 남는다. 잠재력은 있으나 기회를 얻지 못한 사람을 한 사람이라도 더 경쟁에 참여시켜서 경제에 활력을 불어넣기 위해서가 아닐까. 잠재력은 있으나 사장된 지방을 한 지역이라도 살려내서 국가경제에 도움을 주기 위해서가 아닐까.

중앙집권 체제에 의한 중앙 집중

삶의 기회를 공정하게 주느냐는 상당 부분 과거의 경로에 의존한다. 자연과학에서 관성이라고 부르는 이 '경로 의존성'에서 중앙 집중에 이르는 경로를 판 강력한 힘은 우리의 뿌리 깊은 중앙집권 체제이다. 헨더슨

(Hendeson, 1968)은 한국에는 중앙권력을 향해 치닫는 '중앙 집중화의 소용돌이'가 있다고 하면서 그 배경을 중앙집권적 정치체제로 보고 있다.[13]

중앙집권 체제에서는 서울이 정치·경제·사회·문화의 중심이 된다. 지방의 자원은 서울을 향해 이동하려는 에너지를 갖는다. 이 때문에 중심이 점차 커지면서 마침내 지방의 모든 자원을 흡수하는 블랙홀이 되어간다. 이렇듯 중앙집권적 정치체제는 지방의 자원을 서울로 이동시키는 고속도로다. 자원을 이렇게 한 방향으로만 흐르게 강제하는 구조 속에서 형성된 지역 간 불균형은 불공정하다. 능력이 비슷한 사람들에게 살고 있는 지역에 상관없이 동일한 삶의 기회를 보장하지 않기 때문에 그렇다.

한국 역사에서 일극 지향형 중앙집권적 체제가 만들어진 이유는 무엇일까? 헨더슨은 먼저 한반도가 외국의 위협에 대처하기 위해 통일국가를 만들려고 노력해온 점을 주목한다. 외국의 위협에 직면해 결속된 이런 통일이 강화된 중앙집권 체제를 낳았다는 것이다. 둘째로 단일민족을 지향하는 민족성 일극 체제를 형성한 원인으로 제시한다. 셋째로 획일성 높은 문화에 상당한 비중을 할애하고 있는데, 그 기원을 유학에 두고 있다. 유학 교육제도와 조선의 지배 엘리트들이 유학의 가르침을 전국에 확대했고, 심지어 유배당한 관리들조차 지방에 유학의 가치체계를 전파하는 창구 노릇을 해 유학 시스템에 의한 전국적 획일화가 중앙집권 체제를 쉽게 했다는 것이다. 이런 시스템 속에서 지방의 학교에서 지방적인 관심을 가르침이 대상이 아니었고, 지방민들의 지방 생활에 대한 자부심은 생겨날 리가 없었다. 일제의 식민통치와 냉전 이데올로기 그리고 1960년대 이후 군부정권의 출현도 중앙집권 체제 형성의 주요 원인이라고 보고 있다.

정치의 주체인 정당의 중앙집권 성향도 비중 있게 다루고 있다. 정당을 결성할 때부터 상층부가 주도를 하고 당내 민주화는 뒷전이다 보니, 최장집(2005)이 보았듯이, 정치에 대한 대중의 참여 채널이 부족한 엘리트 중심의 정치 지배체제가 굳어진 것이다.[14]

정의롭지 못한 불공정(특혜)에 의한 중앙 집중

어떤 사회에 특혜가 존재할 때 특혜를 받지 못한 사람은 불공정한 대우를 받는 셈이다. 특혜를 받은 사람과 능력이 비슷해도 더 열악한 삶을 살아야 하기 때문이다. '한강의 기적'이라 일컬어지는 고도성장은 수출 대기업과 국가 기간산업에 대한 중앙정부의 특혜로 이루어졌다. 그 특혜란 세금을 깎아주거나 면제해주고, 관치금융을 통해 자금을 지원해주고, 정부의 재정지출을 통해 지원해주는 것 등이었다. 이를 토대로 '한강의 기적'이 상징하듯이 특혜 집단들은 한강을 중심으로 한 수도권으로 몰려들었다. 수도권 집중은 부동산 가격을 밀어 올려 수도권 입성자들에게 정상 이상의 이득을 안겨줬다. 이때 이득을 본 집단들은 자신들이 만든 수도권 집중의 폐해를 전혀 보상하지 않았다. 이제 그러한 특혜가 사라지더라도 일단 형성된 수도권 집중 현상으로 생긴 부당한 이득 구조는 사라지지 않는다. 이제 우리 국민은 어느 지역에 사느냐에 따라 서로 다른 수준의 삶을 살아야 하는 불공정을 겪게 되었다. 불공정을 사라지게 할 방법은 없을까? 공정을 실천할 구조를 만들어야 한다. 그 답은 수도권 규제다.

불공정을 넘어 공정의 시대로

공정한 균형은 과정을 중시한다. 불공정한 불균형을 줄이는 첩경은 불균형을 고착시키는 각종 제도를 개선하는 것이다. 우리나라에 고착된 불균형 구조는 지방을 점점 더 옥죄고 있다. 그 증거 중 하나가 지방대학의 위상 실추이다.

자원을 서울로 이동시키는 고속도로는 대학생들이 서울로 가는 길이기도 했다. 지방과 지방대학이 특성화되지 않은 상황에 서울로 집중되는 현상이 결합하자 서울 소재 대학으로의 맹목적인 러시 현상이 나타났다. 1980년대 초반까지는 그다지 심하지 않던 현상이었다. 이런 상태가 지속되면 우수한 인재가 지방대학을 기피하게 되고 지방대학은 활력이 사라져 지역 인재를 양성하는 기능이 약화될 수밖에 없다. 지방민은 잘 교육받을 기회를 얻지 못하고 지역은 지방대학으로부터 잘 교육된 인재를 공급받을 기회를 상실한다. 롤스(1968)가 공정을 보장하는 방안으로서 교육과 훈련을 제시했듯이 지역 인재는 기술과 더불어 지역의 발전에 있어서 가장 중요한 동력인데, 이 상태를 방치하고서도 과연 지방에 미래가 있을까.

지방대학이 지역의 발전을 이끌 인재를 길러낼 수 있게 해야 한다. 그렇게 하기 위해서는 지역의 특성화를 모도하고 그에 걸맞은 지방대학 육성 프로그램을 제공해야 한다. 이를 위해 국가균형발전 정책은 지방대학을 지역 연구개발(R&D)의 핵심 주체로 육성하고, 인재의 지방 정착과 지방대학의 활성화라는 선순환 고리를 만들기 위해 지방대학의 혁신 역량을 강화하는 사업을 제시했다.

불공정하게 이루어진 수도권 집중으로 지방에는 자원의 부족 현상이 나타났다. 지방 재정의 열악한 현실이 그 현상 중의 하나다. 낮은 재정 자립도가 이를 잘 보여준다. 낮은 재정자립도는 중앙정부 지원이 그만큼 많다는 뜻이니 지방으로서는 억울한 것만은 아닐 수도 있다. 하지만 낮은 자립도의 본질은 여러 물적 자원이 지방에 거주하는 주민을 지탱할 수 없을 만큼 열악하다는 것이다. 만일 지방의 물적 자원이 충분하다면 중앙정부의 재정 지원이 필요 없다. 낮은 자립도의 또 다른 본질은 중앙정부의 재정 지원에 의해 지방의 자율성이 훼손된다는 것이다.

이 때문에 국세 일부를 지방세로 이전하자는 주장이 나온다. 지방의 자율성을 높이기 위해서는 반드시 필요한 제도 개선이지만 지방의 물적 토대가 수도권에 비해 미약하기 때문에 지방세 증대 효과가 수도권보다 작게 나타날 우려가 있다. 결국, 자율성 증대 차원에서 지방세 비중을 늘리되 현재 자율성이 거의 없는 국고보조금의 자율성을 늘리고 자율적 이전 재원인 교부금의 비중을 늘려야 한다. 요컨대, 지방 재정의 자율성 증대와 재정 자립도 증가가 필요하다는 것이다.

중앙 집중으로 인한 불균형 문제의 본질은 무엇일까? 수도권의 과밀일까, 지방의 궤멸일까? 이 두 가지 문제를 동시에 해결할 방안은 없을까? 수도권의 과밀은 수도권 시민을 괴롭히는 문제다. 사람들은 괴로움을 해결해 달라고 할 것이다. 결국 서울의 예산이 혼잡비용을 줄이기 위해 지출되고 환경은 개선될 것이다. 물론 혼잡을 해소하기 위해 예산을 늘리면 다른 부문의 예산이 줄어들어 서울의 생산성이 떨어지는 문제도 발생한다. 반면, 지방의 궤멸은 지방민을 생존의 기로에 몰아넣는다. 지방 탈출이 가속화된다. 남아 있는 사람들의 기동성은 떨어진 상태다. 그리고 지방만큼의 우리 국토는 사라진다. 요컨대, 불균형 문제의 본질은 지방 궤멸이라는 말이다.

지방 궤멸의 직접적인 방지 장치는 현 수준의 자원이라도 유지하는 것이고, 이를 위해서는 수도권 규제가 필요하다. 수도권 규제는 수도권 과밀의 문제도 동시에 없애준다. 결국 불공정한 불균형의 결과인 수도권 비대화와 지방의 과소화를 해결하기 위한 강력한 제도는 수도권 규제다. 균형발전 정책은 이에 덧붙여 기존의 수도권 규제를 손질하고 수도권의 질적 발전을 도모해 수도권의 혼잡비용을 줄이고자 하는 것이다. 공공기관의 지방 이전, 혁신도시 건설, 행정중심복합도시 건설도 같은 정신에서 마련된 정책이다.

정치의 엘리트 구조 혁파로 집중 구조를 해체해 대중의 정치 참여를 보장해 중앙집권 구조를 혁파하는 것도 균형발전에 도움이 될 것이다. 기초자치단체의 정당공천제 폐지 같은 제도 개선 등이 권장된다.

통합을 해치는 격차

통합 균형은 합리적인 격차를 포함한 균형이다

통합 균형은 다른 균형에 비해 상대적으로 결과를 더 중시한다. 그러면서도 합리적인 격차는 용인한다. 사회의 최소 수혜 계층이 억울함을 느끼지 않고 새로운 도전 의욕이 꺾이지 않을 수준의 격차는 합리적이라고 본다. 이를 달리 표현해 조화로운 균형, 상생의 균형 혹은 지나치게 치우치지 않은 공평한 균형이라 할 수도 있을 것이다. 결과를 중시하는 개념이기 때문이다. 왜 이런 균형을 유지해야 하는가? 그것은 사회의 최약자 계층이 자신의 위치에 대해 억울함을 느끼면 승자의 승리를 인정하지 않고 자신은 미래의 희망을 잃기 때문이다. 낙후 지역도 낙후의 정도가 극심해 인간으로서의 삶을 살아가기가 힘든 상황에서는 유복한 지역에 대해 억울함을 느끼고 지역발전의 의지를 상실해 그 지역은 패퇴할 수밖에 없기 때문이다.

통합 차원에서의 불균형의 수준

통합을 해치는 불균형은 최약자층의 처지가 사회적 최소 수준(social

minimum, 이하 최소 수준)에 미달할 때의 격차를 말한다. 그렇다면 사회적 최소 수준은 최약자층의 어느 부문의 어느 수준까지를 나타내는가? 그것은 사회적 합의에 따라 결정될 뿐이지 정답이 있을 수 없다. 마찬가지로 낙후지역에 대한 최소한도의 국민생활수준(national minimum, 이하 최소 기준)도 국가적 합의에 따라 결정될 수밖에 없다.

이를 반영해 최소 기준의 절대 수준보다 최저 계층의 처지에서 상대적 변화에 관심을 둔 분석이 있다. 통합 차원에서 용인할 수 있는 불균형이란 사회 전체의 몫이 증가할 때 강자의 몫이 증가하면 최약자의 몫도 같이 증가할 경우 강자와 최약자 사이 몫의 격차가 용인된다는 말이다. 이때 물론 강자의 몫 증가 없이 최약자의 몫만 증가할 경우에도 당시의 강자와 최약자 간의 격차는 용인된다. 이는 사회의 만족도는 최저 계층의 만족도에 의해 결정된다는 롤스의 주장과 경제학의 '파레토 개선(Pareto improvement: 하나의 자원을 배분할 때 다른 사람에게 손해가 가지 않게 하면서 최소 한 사람 이상에게 이익을 가져다주는 것을 말함 - 네이버)'을 결합해 도출한 내용이다.

롤스(1968)는 최저 수준 계층의 만족도가 사회의 만족을 결정하므로 최저 수준의 만족을 증가시키는 격차는 합리적인 격차이며 정당하다고 말한다. 수도권 집중이 일어날지라도 지방의 과소화가 동시에 해결된다면 수도권 집중의 증가도 상관없다는 말일까. 사회 전체의 만족도를 감소시키는 수도권 집중은, 통합 불균형의 정의에 의해, 용인될 수 없다.

통합을 해치는 불균형의 원인

어느 개인이나 지역의 처지가 그 사회나 국가가 보장해주어야 하는 최소 수준에 미달하고 있다면 그 원인은 다음과 같을 것이다. 첫째, 정부가 책정한 최소 수준이 개인이나 지역을 생존케 하는 데 미치지 못하고 있다. 최저 수혜 계층이나 낙후 지역에 대한 정부의 관심이 낮을 때 이런 일이 일어난 다. 둘째, 해당 사회나 국가에 특혜가 빈발하고 있다. 최소 수혜 계층이나 낙후 지역이 아닌 특정 계층과 지역으로 특혜에 의한 자원배분이 일어나면 최소 계층이나 낙후 지역의 개선이 일어나지 않은 채 특혜 집단의 개선만 일어난다. 이런 일은 파레토 개선이 아니기 때문에 적절치 않으며, 통합을 해치는 격차를 확대시켜 사회불안을 야기한다. 셋째, 정부의 정책이 지나 치게 우파적일 때 최소 수혜 계층이나 지역의 처지 개선이 없이 일어나는 자원 배분은 같은 논리로 통합을 해치는 격차를 증대시킨다.

낙후한 곳으로의 자원 이전

이때의 균형발전 정책은 낙후한 곳으로의 자원 이전이다. 균형발전 정책 중 통합을 중시하는 균형발전 정책은 '신활력 사업'이다. 이 사업의 대상 지역은 전국 최소 기준을 통해 선정했으며, 최소 기준은 지역의 낙후도, 지 역 불균형 정도 등 객관적인 지표를 선정한 이후 다양한 분야에 걸쳐 일정 기준을 마련해 설정했다.

균형발전 정책을 실천해야 하는 이유

왜 균형발전 정책을 실천해야 하는가

자본주의가 지속되기를 바라기 때문이다. 많은 사람이 자본주의의 동력을 이기심으로 알고 있지만, 이기심은 곁가지에 불과하다. 주변을 둘러보라.

주변에 사업에 실패한 사람들 중 어느 누가 이기심이 부족해 그리 되었단 말인가. 변변치 않게 사업을 하는 사람들 중 이기심 약한 사람이 누구란 말인가. 사업이 시원치 않은 이유는 제품을 만드는 기술이 시원치 않거나, 철지난 제품을 취급하거나, 비전 있는 분야에 도전하지 않고 그저 남이 하니까 나도 하거나, 욕심만 앞서서 원가 절감에 급급하다가 조잡한 물건이나 만들다 보니 소비자들이 외면해서 그리된 것 아닌가. 이 중에서 욕심만 앞서는 것이 가장 중요한 실패 요인이다. 욕심의 과잉은 탈법과 부정을 부른다. 이기심 혹은 욕심은 사업에 필요한 것이로되, 지나치면 일을 그르친다. 욕심의 자제는 정의로운 일이다. 시장을 존중하되 지나친 욕심을 자제하는 것, 그것이 균형발진 정책의 사상이다.

신자유주의자들은 정부의 대폭적인 역할 축소를 강조한다. 정부를 공익이 아니라 자신을 위해, 사익을 위해 일하는 집단으로 보기 때문이다. 우리나라의 신자유주의자들은 그런 이유로 정부의 역할 축소를 원하는 것 같지 않지만 그게 원래의 신자유주의자다. 이에 비해 자유주의자들은 정부를 자신을 위해 일하는 집단으로 보지 않는다. 그러므로 자유주의자들은 정부의 기능이 비효율적이므로 축소해야 한다고 믿는 것이지, 사익을 추구하는 집단이므로 축소해야 한다고 믿지는 않는다. 그럼 정부는 사익을 추구하는 집단인가, 공익을 추구하는 집단인가. 이론적으로야 공익을 추구하는 집단이지만, 이미 사익을 추구하는 집단화된 것은 공공연하다. 그럼 그 대책은 무엇인가. 신자유주의자들은 사익을 추구한다는 이유로 기능의 대폭적인 축소를 주장하지만, 참여정부의 균형발전 정책은 같은 이유로 정부더러 정의의 기준을 드높이 세워 자본주의를 살려 가자고 말한다.

국가균형발전 정책은 국가 만능주의를 펼치지 않는다. 국가가 개입할 필요가 있을 때 정의의 기치를 들라는 말이다. 정치 면에서 중앙에 집중된 구조는 대규모 정치를 필요로 하기 때문에 국가 중심적, 중앙집권적 체제를 만든다. 경제 면에서 중앙에 집중된 구조는 대량생산을 필요로 하기 때문에 대기업 중심적 체제를 만든다. 균형발전 정책은 중앙보다는 지방에 관심을 둔다. 최선의 지역발전 정책은 자율적, 내생적 발전이므로 지방분권적일 수밖에 없다. 지방의 경제는 소규모다. 중소기업을 중심으로 한 체제가 필수적이다. 국가의 역할은 지방을 돕는 것이다. 지방이 지방분권적으로 중소기업을 위주로 한 내생적 발전을 이룰 수 있도록 도와야 한다.

　지역주의와 균형발전 정책에 대해 따져보면, 역대 지역주의는 영호남의 격돌이었다. 물론 비영남 대 호남이 균열대라는 분석도 있지만, 나타나는 현상은 영호남 격돌이었다. 하지만 균형발전 정책이 출발할 때는 수도권 대 비수도권이 균열대였고, 비수도권이 적극적으로 지지했다. 불균형 현상의 고착을 주장하는 수도권의 보수성과 불균형을 개선해 대한민국을 진일보시키자는 비수도권의 진보성이 드러난 것이다. 균형발전 정책은 진보적 비수도권과 함께 탄생한 진보적인 정책임이 분명해 보인다. 다만, 비수도권에서 균형발전을 통해 자기 지역을 개선하자는 의도는 진보라기보다는 보수성을 드러낸 것으로 보아야 할 것이다. 덧붙여 균형발전 정책을 놓고 보여준 수도권 보수와 영남 보수의 대립이 향후 어떻게 전개되느냐에 따라 균형발전 정책의 진로가 큰 영향을 받을 것이다.

균형발전 정책의 사명[15]에
따른 참여정부의 정책

혁신 정책

지역을 혁신할 수 있는 체계의 구축

어느 때부터인가 지역 사회의 공동체가 파괴되어 지역 문제를 논의하는 장이 없었다. 지역의 문제는 오로지 지방자치단체의 문제였고, 단체장은 자신의 편의에 따라 행정을 펼쳐왔다. 단체장들은 지역의 비전을 만들지 못하고 기껏 중앙정부에 특단의 대책을 요구하는 것이 고작이었다. 시민사회와 자치단체장은 그래서 늘 충돌해왔다. 그러나 시민사회의 견제는 늘 한계가 있었다. 힘의 대결이었기 때문이다. 지방분권 시대에는 지역 주체들끼리 대결만 해서는 안 된다. 지역의 일은 이제 우리의 일이므로 서로 힘을 합해 비전을 만들고 논의는 치열하게 하되, 결정된 일은 철저히 시행해야 한다.

그래서 함께 모이는 공동체가 필요했다. 지역마다 지역공동체의 역할을 할 지역혁신협의회를 만들었다. 지역의 각 주체가 자신이 속한 집단의 대표성을 가지고 참여하게 했다. 대학, 언론, NGO, 기업, 행정기관 등의 대표가 소속 집단의 추천을 받아 참여했다. 광역자치단체를 먼저 추동했고 기초자치단체들도 협의회를 만들어가고 있다. 첫술에 배부를 수는 없으니 지역의 모든 문제를 상의하지는 못한다. 광역협의회에서는 균형발전특별회계 소관 사업의 심의를 맡고, 전략산업의 방향 설정 등을 논의한다. 기초자치단체의 혁신협의회에서는 신활력 사업의 방향 등도 논의한다.

지역공동체가 살아난다면, 지역은 온전히 지역의 공간이 된다. 지역의 비전은 지역민의 공동 작품이다. 단체장이 바뀐다고 바뀌지 않는다. 단체장에 따라 좌충우돌하는 지방자치의 난맥상을 더는 보지 않아도 될 것이다. 지역의 지혜가 모두 모여 지역의 발전을 이루어간다. 지역의 지혜를 모았으니 지역의 특성이 발전 방향에 잘 반영되고 정책 집행에는 강력한 추진력이 붙을 것이다.

이제 지역의 지도자는 독선적으로 밀어붙이는 불도저형이 아니라, 지역민의 참된 의견을 잘 모을 수 있는 명사회자형이 될 것이다. 공동체의 사람들이 제시하는 의견이 중구난방으로 흐르지 않게 물길을 잘 갈무리하고, 충돌하는 의견을 사심 없이 잘 조정해 현명한 결론을 유도해내는 그런 사회자적 지도자가 나올 것이다. 그리고 지도자는 합의된 사항을 로드맵대로 잘 추진해 지역의 모습을 합의한 대로 만들어간다.

지방분권을 보장하는 가장 강력한 자원은 사람이다. 인적자원 없이 지방을 갈무리해갈 수 없다. 하지만 지금 지방에서는 대학이 몰락하고 있다. 특성화된 발전은커녕 학생 수 채우기에 급급하다. 20~30년 전만 해도 지방대학이 이 정도는 아니었다. 지방의 인구가 줄어들며 서울로 모이는 상황에서 불가피한 측면도 있다. 하지만 지방대학이 바로 서지 않고서는 지방자치는 힘들다. 지역에 인적자원이 없는데 무슨 수로 치열한 경쟁에서 살아남겠는가.

그래서 애정을 갖고 지역에 뿌리 내릴 지역 인재를 양성할 사명이 지방대학에 있다. 그런 지방대학을 일으켜 세울 사명이 균형발전 정책에 있다. 이런 이유로 만든 사업이 '누리'로 알려진 '지방대학 혁신역량 강화사업(NURI, New University for Regional Innovation)'이었다. 지역의 대학은 오로지 지역만을 위해 있어 달라는 사업이다. 지역의 특성에 맞는 지역 인재를 양성하라는 책임을 지방대학에 부여했다. 책임을 부여받은 대학에는 많은 돈을 지원해 지역의 특성화 발전을 선도하게 한다. 역시 첫술에 배부를 수 없으니 먼저 우수한 인재를 양성하도록 했다.

이렇게 지방대학에 대한 전망을 세운 뒤 광역 단위로 사업을 공모해 대상 대학을 선정했다. 사업은 대(약 50%)·중(약 30%)·소(약 20%)로 구분해, 대형 사업은 지역 전략사업에 맞추게 하고, 중·소형은 다양한 분야의 인적자원 개발에 지원하게 했다.

많은 대학이 이 사업에 응모했다. 비록 선정이 되지 않은 대학이라 해도 대학의 사명이 지역의 발전을 선도해야 함을 알아차리는 계기가 되었을 것이다. 대학들이 지역을 선도하는 인재를 양성하기 위한 계획들을 생각하기를 기대했었다. 졸업생들을 취직만 시키려 하던 대학들은 이제 대학 스스로 교육 내용을 바꾸어가며 지역에서 일자리를 창출하는 능력을 갖출 것으로 기대했다. 지역에 취직할 곳이 없다고 투덜대던 대학과 학생들은 이제 지역에서 창업을 위해 동분서주할 것이고 지방자치단체의 적절한 도움을 받으며 지역의 발전을 선도하게 될 것을 희망했다.

지역마다 천편일률적인 종합대학이 아니라 지역의 특성을 잘 살린 특성화 대학으로 모습을 바꾸어갈 것으로 기대했다. 교수들은 이제 연구실에서 그저 자기의 흥미만을 탐구하는 수준을 넘어 지역의 문제를 고민해야 한다. 학생들이 그것을 요구하기 때문이다. 자연히 연구 용역이 아닌 순수한 연구도 지역을 대상으로 하는 사례가 늘어날 것이다. 그러면 지역의 연구가 충실해지고, 지역의 의사결정 공동체와 정책 집행자들은 그러한 연구를 발굴하고 분석해서 지역에 적절한 정책을 생산할 수 있을 것이다.

균형정책

신활력 사업

참여정부의 지방화 정책이 지방의 자립과 자율을 강조하는 방향으로 자리를 잡아가자, 낙후된 지역의 빈약한 자원을 그대로 두고 분권화를 추진하면 낙후 지역은 더 낙후될 것이라는 우려가 퍼져 나갔다. 중앙집권의 결과인 지방의 낙후된 현실을 교정하지 않고 지역 자립을 시작하면 지방은 점점 더 낙후되어 수도권과 지방 그리고 지방 간의 차이가 더 심해질 것을 염려한 시각이었다.

그러므로 지방, 특히 낙후된 지역의 형편을 지금보다 개선할 수 있는 정책을 강구해야 했다. 지방의 현 상태를 그대로 둔 채 지방의 자립을 강요해서는 안 되며, 낙후된 지역의 여건을 개선하기 위한 각종 프로그램을 개선하거나 신설해 지방분권 시행 이후 지방이 더 낙후되는 현상을 막아야 했다.

막상 낙후된 지역을 지원하려고 보니, 지금까지 낙후된 지역을 지원하는 부처마다 분산되고 중복으로 투자되어 효율이 낮고, 하드웨어 중심의 가시적 투자가 불필요하게 이루어지고 있었다. 이 예산의 효율을 높이도록 지방에 지원하는 예산을 한곳에 모아 지원 창고를 단일화하는 것이 신활력 사업이다.

신활력 사업은 사실 낙후된 지역을 지원하는 사업이었다. 인구, 산업, 재정 부문의 지표를 활용해 낙후된 지역을 선정하고, 그에 따라 234개 기초자치단체를 대상으로 70곳의 낙후 지역을 선별했다. 매년 총 2000억 원 내외의 재원을 3년 동안 지원하되 3회까지 최대 9년 동안 집중해서 지원하도록 했다.

신활력 지역으로 선발된 낙후 지역은 30억 원 이내의 예산을 지원받았다. 이 예산은 지역공동체를 통해 활용할 곳을 논의하고 집행한다. 정부는 이 예산의 사용에 대해 최대한 자율성을 보장해야 했으나 미진했다. 지역공동체의 논의 과정에서 지역민들은 지역의 일을 시장이나 군수에게 맡겨놓는 것이 아니라 지역민 모두의 일임을 인식해야 한다. 그 결과에 대해서는 지역민 모두가 책임을 져야 한다.

지역의 지방자치단체도 이제 지역의 일을 시장이나 군수가 독단적으로 강행해 처리하는 것이 아니라 지역공동체와 협의해 그 방향을 논의하고 집행해야 함을 학습한다. 이 과정에서 약간의 비용이 들어도 좋다고 생각했다. 그러므로 정부는 이 일에 대해 지나치게 간섭하거나 그 성과에 연연하지 말고 지역의 자치 능력을 향상하는 사업으로 여기길 바랐다.

공공기관의 지방 이전 및 혁신도시 건설

분산 정책이 효과를 보기 위해서는 지역 거점을 마련할 필요가 있다. 각종 기관 중에서 수도권 집중도가 가장 높은 공공기관을 지방의 특성에 따라 집단 이전시키면 그 효과가 매우 클 것으로 예상되었다.

하지만 당사자들이 지방 이전을 극히 싫어했다. 그래서 지방의 매력을 증가시키는 조치를 취해야 했다. 서울 못지않은 주거 여건의 혁신도시를 만들어야 했다. 수도권 소재 268개 공공기관 중 수도권 입지가 불가피한 것을 제외하고 175개 기관을 기관과 지방의 특성에 맞추어 집단 이전토록 했다.[16] 이렇게 지방으로 이전한 공공기관들을 모아서 서울 못지않은 행정 여건을 가진 혁신도시를 건설하고자 했다.

공공기관은 지역의 특성에 맞추어 배치되었다. 지금까지 아무 공장이나 유치만 하고 보자는 지방자치단체들도 이제 지역의 특성을 정책에 고려하게 될 것이다. 무턱대고 서울에 있으면서 자신의 존재 가치를 모르던 공공기관들은 이제야 비로소 자신의 존재가치를 깨달을 것이다. 대한민국 굴지의 공공기관과 지역이 손을 잡고 특성 있는 지역을 창조해 나간다. 이제 대한민국은 획일화된 나라가 아니라 고장마다 다른 모습을 선보여 국제 경쟁력이 있는 나라로 다시 태어날 것이다.

공공기관의 연구 역량은 부실한 지역의 연구 역량을 크게 강화시킬 것이다. 지역의 공단들은 공장만 있고 연구 기능이 없다. 그저 상품을 만들 뿐, 새로움을 창조해갈 역량이 없다. 지방 공단의 운명은 설계자의 손끝에서 휘둘리게 되어 있다. 그러나 공공기관의 연구 역량이 지역 연구에 가세한다면 이제 지역도 선진국처럼 혁신적인 체계를 구축할 수 있을 것이다. 대부분의 정부투자기관 및 출자기관이 부설 연구소 등 연구 조직을 갖추고 있어서 지역산업을 혁신할 수 있는 체계를 구축하는 데 큰 도움이 될 것이다.

뿐만 아니라 고학력 인재의 취업 기회의 확대로 지방 교육의 질적 향상을 유도해 지방대학의 역량 강화에 도움이 될 것이다. 국가 행정기관을 중심으로 한 공공 부문이 먼저 지방으로 이전하면 이전을 희망하는 기업 본사의 지방 이전도 활발해질 것이다.

산업정책

지역의 전략산업 육성

지역별 특성화 전략은 지역의 비교우위와 산업 기반, 차세대 성장 동력 산업[17]과의 관계, 혁신 여건을 반영해 지역을 발전시키자고 제시되었다. 참여정부 이전의 역대 정부에서도 지역 불균형 해소를 위해 지역별 특화 산업을 육성했으나, 특성화 전략은 과거의 정책과 몇 가지 점에서 달라야 한다.

먼저 지역민이 동의하는 특성화여야 한다. 그러므로 지역민을 협치(協治)의 장에 이끌어내는 과제가 남아 있다. 과거에는 지역별 특성화 전략 수립 및 집행을 관이 주도했으나 이제는 지역의 주체들이 힙력해 전략을 주도한다.

그리고 전략산업은 단순히 다른 지역보다 더 잘할 수 있는 사업이 아니라 우리 지역이 가장 잘할 수 있는 사업이라는 비교우위적 시각에서 찾아내야 한다.

그래서 균형발전은 기계적 평등이 아니라 특성화를 통해 지역의 가능성을 이끌어내는 기회의 보장이라는 정신을 구현한다. 중앙 집중적인 사고로 격차를 해소하는 것이 아니라 지역의 가용 자원을 활용해 세계화의 기반을 마련한다는 것이다. 뿐만 아니라 특성화 전략은 중앙 위주의 성장에 대한 조그만 반성의 차원에서 형식적으로 시행되는 것이 아니라 지역의 발전을 통해 국가 경쟁력을 향상시키기 위해 마련된 것이다.

지역 전략산업은 정부와 광역자치단체가 공동으로 협의해 결정했다. 지방이 주로 의견을 내고 이에 대해 중앙정부의 큰 그림과 견주며 합의를 해갔다. 물론 시도에서 지역공동체의 합의가 완전하지는 않았고 중앙정부와의 합의 과정에서도 비교우위 정신이 온전히 실천된 것은 아니지만, 시도별로 4대 전략산업을 결정했다. 이 계획은 국가균형발전 5개년 계획에 의해 추진되었다.

각 지역은 지역에 있는 자원을 어떤 분야에 분배할 것인가를 스스로 선택해 집중 투자해야 한다. 투자 후 관리와 육성도 지역에서 한다. 그러므로 투자의 방향, 투자 이후의 상호 협조가 지역경제 주체들 간에 유기적으로 논의되고 결정된다.

국가는 각 지역에서 결정한 산업이 지역을 이끌어가는 기능을 할 만큼 튼튼하게 발전시키기 위해 전략적 지원을 한다. 그리고 각 지역이 자신의 전략산업을 적합하게 선택했는가를 평가한다. 평가의 목적은 각 지역의 전략산업에 계속 지원할 것인가를 판단하기 위해서가 아니라 지원 대상을 교체하거나 지원 방법을 개선하기 위해서다.

이제 지방과 중앙은 각자의 할 일을 정확히 인식해 상호 보완하는 행정을 펼쳐갈 것이다.

혁신클러스터 육성

우리나라는 1960년대 이후 500여 개의 산업단지를 조성해 국가경제를 발전시켜왔다. 그러나 이 단지들은 연구와 생산이 보완되지 않고 있다. 대부분의 산업단지는 연구 기능이 없이 단순 생산에 치중했다. 반면 대덕 연구단지는 생산 기능이 없고 연구에만 치중하고 있다. 지역 차원에서 보자면 연구 없는 생산, 생산 없는 연구는 바람직하지 않다. 연구하는 생산으로 지역의 미래를 새로운 산업으로 채워가야 하고, 생산하는 연구로 그저 국가에 연구소 부지만 헌납하는 일은 없어야 한다. 그래서 대학과 연구기관의 연구 기능과 기업의 생산 기능, 그리고 지자체와 정부가 함께 모여 지역의 생산구조를 혁신하자는 것이 혁신클러스터 사업이다. 참여정부가 지원하는 산업단지 7개, 대덕 연구단지 등 8개를 주요 혁신클러스터로 지정했고, 공공기관 및 혁신도시 건설, 지방대학의 육성 및 지역 진흥사업 등 국가균형발전 사업과 연계해 혁신클러스터를 육성해 가기로 했다.

우리나라 사람들에게 부족한 것 중의 하나가 파트너십이다. 도무지 공동으로 협력해 일을 할 줄을 모른다. 연구와 생산이 협력하지 않은 것은 말할 것도 없고 연구와 연구 생산과 생산도 협조하지 않는다. 자원의 낭비가 수시로 일어난다. 이 클러스터사업이 활성화되면 우리의 연구와 생산 수준은 현저히 상승할 것이다. 기술, 지식과 정보가 상호 간에 교환되면서 자원의 생산성이 향상될 것이다. 특히 상호 협력하는 것이 더 이득이 된다는 것을 체험하게 되어 사회 각층에 협력의 물결이 흘러 지역공동체의 구성이 한결 쉬워질 것이다.

수도권 정책

집권 초기 참여정부의 수도권 정책은 수도권을 계획적으로 관리하는 것이 목적이었다. 기존 규제 중심의 정책은 중앙에 집중된 구조와 경제력 집중의 구조적인 원인을 해결하기 위한 근본적인 대책이 없는 상태에서 이루어진 것이어서 그 효과가 충분히 나타나지 않았다.[18] 그 결과 수도권은 규제를 비난하고 지방은 미진한 규제를 비난해 정부는 진퇴양난에 빠지게 되었다. 그래서 참여정부는 수도권 정책의 기조를 양적인 규제에서 질적인 관리로 설정했다.

또한 참여정부는 지방과 상생 발전하는 수도권의 비전을 설정했다. 수도권 정책과 행정도시 건설, 혁신도시 건설, 공공기관 이전 등 지방을 육성하는 정책을 연계하는 지방과 수도권의 상생발전을 수도권 정책의 목적으로 삼았다. 그리고 수도권의 국제적 경제 기능을 보강하고 지방의 자생적 성장 기반을 보완하고자 했다. 이후 수도권 정책은 균형발전 정책에서 지역 가꾸기 개념이 강화되면서 '삶의 질 개선을 위한 살기 좋은 수도권 만들기'로 정착되었다.

이처럼 참여정부는 수도권의 질적인 발전을 추구하면서도 또 한편으로는 수도권 규제를 완화해가는 모습도 보여주었다. 그 구체적인 내용은 다음과 같다.

첫째, 수도권의 대규모 개발과 인구의 집중을 억제하기보다는 수도권의 경쟁력을 강화하는 방안으로 집중되었다.

둘째, 수도권에서의 개발 사업 확대를 허용했다. 주택종합계획(2003~2012)에서는 앞으로 10년 동안 수도권에 공급할 공공택지를 7000만 평으로 추계했다. 판교 신도시 25개를 만들어야 하는 규모다. 그리고 자연보전권역 내 택지 개발 사업의 개발 허용 면적 확대, 개발제한구역 내 국민임대주택단지의 개발 규모 확대 등 수도권정비계획법 시행령을 마련했다.

셋째, 산업입지 규제 완화를 통한 수도권에서의 공장 신증설 확대를 허용했다. 성장관리권역 내의 반도체 제조업 등 25개 첨단 업종 공장에 대해서는 수도권정비위원회의 심의를 거쳐 기존 공장의 건축 면적 100%까지 증설을 허용했으며, 외국인투자기업의 공장에 대해서는 제한적으로 대기업 공장의 신증설이 허용된다. LG필립스의 파주 LCD 공장 설립을 계기로 시작된 외국인 투자기업에 대한 신증설 허용 규정은 규제 완화 기간이 당초 2001년 말까지였으나, 2003년 말, 다시 2004년 말까지로 연장되었으며,

이후에는 2007년까지로 연장되었다. 또한 평택으로 주한 미군부대가 이전함에 따라 이들을 수용하는 평택 지역을 활성화하기 위해 외국인 투자에 한해 61개 업종에 대해 신증설을 전면 허용했다. 그리고 2005년 8개 첨단 업종에 대한 규제를 완화했다.

넷째, 수도권 규제 완화 지역으로서 특화지구 지정을 확대했다. 수도권에서는 2002년 경제자유구역 지정 및 운영에 관한 법률에 의거해 인천 지역에 특화지역을 지정한 이래, 특별법 제정을 통한 특화지구 개발은 참여정부 들어 더욱 확대되었다. 미군기지 이전을 계기로 제정된 평택지원특별법, 제주국제자유도시개발법, 혁신도시개발법 등이 그것이다.

다섯째, 보전지역에 대한 규제를 완화했다. 관리지역 내에서 1만 제곱미터 이상의 공장 설립을 제한했던 조치들을 폐지했으며, 자연보전권역 내 택지 개발 사업 허용 면적을 현행 6만 제곱미터에서 50만 제곱미터로 확대했다. 또한 8·31 종합부동산 대책의 일환으로 개발제한구역 내 국민임대주택단지 규모를 30만 평에서 50만 평으로 확대했다.

여섯째, 향후 공공기관이 이전해간 빈자리에 정비발전지구 등을 지정해 개발할 계획을 마련했다.

2

균형발전의 갈등과 모색

국가균형발전 정책은 중앙 집중으로 과잉 상태에 신음하는 수도권과 궤멸해가는 지방 모두에 절실한 과제였다. 하지만 그 수행 과정은 험난했다. 90%가 넘는 국민이 균형발전 정책을 지지하지만,[19] 수도권 정치인들과 단체장들 그리고 보수 학자들의 근거 없는 여론 날조와 반대, 그리고 이를 왜곡해 확대 재생산하는 보수 언론들의 집요한 공격을 당했다. 이 때문에 균형발전 정책은 국가의 발전에는 아랑곳하지 않고 나눠 먹기에 광분하는 수도권 죽이기 정책으로 낙인찍혔다.

특히 공공기관을 이전해 혁신도시를 건설하려는 정책은 수도권 세력의 격렬한 저항과 이전 당사자들의 반대에 부딪혀 그 성공 여부가 불투명해지기도 했다. 또 수도권의 규제를 해제하기 위한 수도권의 저항은 집요해 수도권 규제 해제를 넘어 대(大)수도론으로 진행되었다. 수도권의 집요한 방해로 균형발전 정책은 시작부터 거대한 난관에 부딪혔다.

한편 비수도권의 지방분권과 균형발전 요구와는 별개로 지방의 미래를 옥죌 다른 분야의 정책들이 마련되고 있었다. 김대중 정부 말기에 지역 방송의 장래를 위협하는 제도가 시행되려는 것이었다. 지역 방송이 위험해지면 지방분권을 통한 지방화의 성공도 불투명해질 수밖에 없다. 절체절명의 순간이었다.

또한 지역에서는 지방화 개혁이 지역경제에 어떤 영향을 미칠지 우려하고 있었다. 그뿐만 아니라 과연 지방이 지방분권을 활용해 지역을 튼튼하게 가꿀 수 있을지에 대한 의문도 끊임없이 제기되었다. 그래서 지방화를 감당할 지역 인재를 양성해야 하는 일이 더욱 절박해졌다.

여기서는 지방분권과 균형발전에 내한 이 같은 여러 가지 갈등과 의문에 대한 고민의 흔적을 풀어놓는다.

01

공공기관의
지방 이전과
혁신도시로의
새로운 도약

공공기관의 지방 이전과 혁신도시

공공기관의 지방 이전과 혁신도시의 필요성

왜 공공기관을 지방으로 이전해야 하는가

공공기관 이전은 수도권 과밀이 초래한 폐해, 즉 수도권의 부동산 가격 폭등과 교통 혼잡, 환경오염, 건강 관련 비용의 증가 문제를 해결하는 전기가 될 수 있다. 참여정부는 수도권에 꼭 필요한 기관이 입지해 수도권의 특성을 만들어감으로써 수도권의 질적 발전을 꾀하고자 했다.

공공기관의 이전은 그 파급효과가 매우 크다. 180개 공공기관이 지방으로 이전하면 지방의 고용 증가가 13만 3000명, 연간 생산 유발액이 9조 3000억 원으로, 연간 부가가치 유발 효과는 4조 원 정도로 추정되었다. 이에 따른 지방 재정(2004년 지방세는 한국전력공사 176억 원, 한국도로공사 235억 원, 한국가스공사 23억 원, 농업기반공사 15억 원 수준임) 수입이 증가할 것으로 예상되었다. 이미 활력을 잃어버린 지방에는 특별한 충격이 필요했다. 특히 지역발전의 거점을 꼭 마련해야 했다. 그래서 수도권에 비정상적으로 몰려 있는 공공기관을 지방에 특성에 따라 집단 이전시키면 그 효과가 매우 클 것으로 예상했다.

무엇보다도 민간 기업 등을 분산하는 데는 공공기관의 이전이 필수적이다. 지역의 발전에 기업이 중요함은 부인할 수 없으나, 현재의 지방 여건에서 기업이 자발적으로 지방으로 이전하기란 매우 어려운 실정이다. 공공기관은 필연적으로 민간 기업을 불러들이는 역할을 하는 법인데, 그 공공기관이 지금처럼 수도권에 집중되어 있는 한 지방화를 위해 필요한 민간 기업의 지방 이전 등의 분산정책은 그 시행이 어렵기 때문에 공공기관을 먼저 지방으로 이전하는 정책이 필요했다.

혁신도시 건설의 필요성

이전 당사자, 즉 이전할 공공기관의 직원들을 만족시키려면 지방의 매력을 증가시키는 조치를 취해야 했다. 이전 내상 공공기관 직원들은 거주 여건과 자녀교육 환경을 매우 중요하게 생각한다(건교부 조사 자료, 2004년 6월). 정부 대전청사와 대덕 연구단지 직원들은 기관에 대한 지원이나 근무 조건의 개선보다 직원에 대한 지원을 중요하게 여기고 있었고(37%), 직원에 대한 지원 중에서는 거주와 관련된 지원(33%), 자녀교육에 대한 지원(24%)을 중요하게 생각했다. 이전 대상 직원의 만족을 위해서는 그들의 욕구를 충족시켜줄 도시를 건설해야 했던 것이다. 따라서 거주 여건과 교육환경을 충분히 고려한 도시가 우선적으로 필요했다.

미래 사회를 위한 대비

미래 사회는 고령화 사회, 다품종 소량생산 시대, 탈중앙의 시대, 지식정보 시대 그리고 감성의 시대다. 세계적인 추세지만, 부부 당 1명 정도를 출산하고 있는 우리나라에서는 더욱 심각하다. 농촌은 고령화 수준이 이미 지역사회에서 지탱할 한계에 이르렀고, 서울 역시 그동안 지방에서 유입된 인구의 노령화로 인해 앞으로 고령화 추세가 더욱 심화될 것이다. 갑작스러운 고령화는 생산성 악화를 불러올 수 있다. 특히 서울 고령화의 충격을 완화해야 한다. 그래서 노령 인구의 지방 유턴을 도와야 하고, 노령 인력의 일자리를 지방에서 제공해야 한다.

제품 주기가 짧아지면서 다품종 소량생산 시대가 도래하고 있다. 이제 중앙에서 집중적으로 생산하고, 중앙으로 집중된 교통망을 이용해 분배하던 소품종 대량생산 시대는 끝난 것이다. 지역별로 소규모 생산시스템을 갖추고 낮은 유통 비용으로 지역에 제품을 공급하는 체제를 준비하지 않으면 안 된다. 이런 다양한 소량의 상품은 현지에서 소비되는 비중이 점차 높아진다. 과부족 생산품은 지역끼리 서로 교환해 해결하며 이에 따라 지역 간 교통망 발달이 요구된다.

사람들의 갈망은 경제 단계와 더불어 변한다. 배고픔이 일상적이던 시대에는 배고픔 해결을 갈망한다. 그래서 농업이 발전하고 농업 시대가 된다. 먹고사는 문제가 해결되고 나면 사람들은 생활용품을 찾는다. 그래서 공업이 발전하는 공업 시대가 왔다. 공업이 발달해 생활용품이 넘쳐나면 사람들은 지식과 정보를 갈망한다. 그래서 현대는 지식정보 시대가 되었다. 이제는 메마른 지식과 정보의 홍수 시대다. 그러니 사람들은 메마른 가슴을 적셔줄 '사연'을 찾고 있다. 감성의 시대가 오고 있는 것이다. 그 감성 터치는 일단 지방, 고향, 자연에서 가장 손쉽게 이루어진다. 고향 쌀 사기 운동이 성공하는 것을 보라.

이처럼 미래 사회의 사람들의 욕구는 대부분 지방에서 충족될 수 있다. 그래서 감성을 자극할 수 있는 새로운 경제활동과 주거 공간이 필요했다. 그것이 혁신도시다.

세계적 경쟁력을 가진 도시가 필요했다

이제는 국가가 경쟁하는 것이 아니라 지역과 기업이 경쟁 단위인 시대다. 이런 시대에 부응하려면 무엇보다 세계의 도시들과 경쟁할 특성화된 도시 건설이 필요하다. 나라 안에 세계적으로 경쟁력 있는 도시나 지역이 많을수록 경쟁 단위가 많은 셈이다.

그런데도 정부나 수도권의 권력자들은 수도권만 경쟁력 있는 지역으로 만들려고 한다. 수도권만으로 우리나라를 대표하게 하면 우리 영역이 그만큼 축소되는 게 아닐까? 대구, 광주, 부산, 전주, 대전, 춘천이 세계에서 영역을 확실하게 굳힐 때 우리나라의 저변이 확대될 것이다. 지방은 아직까지 활용하지 않은 자원이다. 이제는 지방을 전면에 내세워야 한다.

돌이켜 보면, 지방은 중앙으로 집중된 시대에 서울을 갈망하는 존재였다. 이제 서울 콤플렉스를 과감히 버리고 지방 사이의 네트워크를 통해 세계로 나가는 지방을 지향해야 한다. 그렇게 되면 지방의 시민도 ‘지방에서 서울로’가 아니라 ‘지방에서 세계로’의 가치관을 가지게 될 것이다. 참여정부의 혁신도시도 이런 맥락에 닿아 있다. 무엇보다 세계를 담을 지방 도시의 건설이 필요했다. 물론 지역은 자기 특성을 분명히 가져야 세계시장에서 위치가 확보된다. 지역의 특색에 따라 성공한 사업은 세계의 유일한 사업이기 때문이다. 지역사업의 세계 유일성을 위해 노력해야 한다. 아직 우리나라는 특성화된 도시가 부족하다. 편의 위주의 천편일률을 탈피하지 못하고 있다. 그래서 지역의 특성을 담은 도시를 건설하려고 했다.

또한 기존의 지방 도시들은 자족 기능이 거의 없고, 사회 인프라도 부족하며, 지역을 구성한 주체들 간의 연계도 이루어지지 않았다. 이 때문에 균형발전 정책을 지방에서 담아내기 위해서는 새로운 도시를 건설하거나 기존 도시의 혁신이 필요했다.

새로운 지방의 모습과 방법

중앙과 상생하는 지방

세상의 주체들은 영향을 주고받으면서 발전하며 서로 의존하고 있다. 그러나 수도권과 지방은 상호 영향을 주고받으며 발전해가지 못하고 있다. 지금까지의 수도권은 지방의 자원을 흡수하면서 고도성장했으나 지방으로 자원을 보내는 데는 인색했다. 즉 상호 작용이 선순환적으로 일어나지 않아 상호 위기에 봉착한 것이라고 할 수 있다. 자원을 보충하는 데 실패한 지방은 이제 자원이 고갈되어 수도권을 뒷받침해주지 못하며 수도권도 더는 발전하지 못하고 있다.

따라서 수도권과 지방이 서로 도와야 상생이 가능하고 지방이 제힘을 되찾아야 수도권의 동반 발전도 가능하다. 지금은 수도권이 지방을 도와 힘을 되찾게 할 때이다. 지방의 힘을 되찾는 데 필요한 것이 공공기관의 지방 이전이고, 이를 담을 그릇이 혁신도시다.

낙후에서 벗어나는 지방

수도권으로 자원이 대폭 이동한 탓에 낙후된 지방을 그대로 방치하면 우리나라는 선진국에 진입하기 어렵다. 낙후한 지방이 자립하지 못하면 급기야는 낙후된 지역에서 벗어나는 데 드는 비용보다 낙후 지역의 유지비가 훨씬 더 커지기 때문이다. 낙후 지역을 탈출시키는 데 드는 비용은 한시적으로 지출되지만 낙후 지역을 방치하면 유지비가 계속 필요해 시간이 흐를수록 무한대에 가까워진다. 그래서 우리는 골고루 잘사는 나라를 건설해야하는 것이다.

지방 발전의 추진 방법

지방민들은 대동 단결해야 한다. 지금 극상층의 소수 가해자가 수도권의 상층 이하 지방민들이라는 다수의 피해자를 공격하고 있는 계급 모순의 형국이다. 수도권 시민들은 다수의 수도권 시민과 지방민 중 일부가 대립하는 것으로, 마치 다수의 수도권 민족과 소수의 지방 민족이 대립하는 민족 모순이 발생하고 있는 것으로 오해하고 있다.

무엇보다 다수 집단으로부터 상생의 제스처가 나오지 않고 있다. 만일 수도권 시민들이 생각하는 것처럼 지금의 이 형국이 다수의 수도권 민족과 소수의 지방 민족이 다투는 민족 모순이라면 소수를 괴롭히는 다수 민족으로부터 화해의 안이 제기되어야 하며, 그 화해의 안에 대한 소소한 투쟁을 거쳐 상생의 길로 가야 한다. 그러나 지금 수도권의 정서에서 화해의 뜻을 찾기는 어려워 보인다. 아직은 수도권 극상층과 대다수 국민들과의 계급 모순이 존재하는 시대이며 이 모순을 푸는 데는 투쟁이 필요하므로 투쟁을 통해 극상층을 이해시키고 상생의 화합 과정을 거쳐야 한다.

대다수 수도권 시민들은 자신을 수도권 민족으로 규정하고 있는 것 같다. 그러니 지방민들은 당분간 중산층 이하 수도권 시민들을 끌어들이지 못한 채 홀로 극상층과 싸워야 한다. 그래서 지방민들은 절대로 분열해서는 안 된다. 지방처럼 힘이 약한 존재가 게임에서 이기는 길은 심판을 감동시키는 것이다. 지방화에 승리하는 그날까지 진실한 마음으로 꿋꿋하게 버터내어 수도권 방관자들을 감동시켜야 한다. 분열하는 지방민에게 감동하는 사람은 없을 것이다.

그리고 지방화의 철학과 원칙을 흔들림 없이 지켜야 한다. 죄수의 딜레마가 주는 교훈을 잊지 말자. 공범들은 자기 이익을 위해 상대방을 배신하고 자신에게 유리한 진술을 하지만 결국 서로에게 가장 나쁜 결과를 얻게 된다. 이러한 게임이 반복되면서 자신들이 약속한 것을 배반한 사람에게 반복적으로 응징이 가해지면 공범은 자신에게는 불리하지만 약속한 것을 지켜서 결국 벌을 약하게 받는 데 성공한다. 공공기관 이전 정책을 비롯한 지방화 정책도 하나의 게임이므로 약속한 철학과 원칙을 철저히 지켜야 한다. 게임의 당사자는 중앙정부와 지방이다. 중앙정부는 제시한 정책을 철저히 이행하고, 지방도 게임의 원활한 진행을 위해 필요한 것은 약속하고, 그 약속된 것은 철저히 지켜야 한다. 중앙정부의 정책 이행, 필요한 것에 대한 지방의 약속, 그리고 그 약속의 이행이 없으면 이 정책은 실패한다.

실제로는 수도권의 극상층과 대다수 국민 사이의 대결이어서 빠른 투쟁으로 결론을 얻어내면 되는 상황이다. 하지만 수도권 시민들이 전체 수도권 시민들과 지방민의 대결로 보고 있으므로 전선이 명확하지 않은 채 대결이 흘러가고 있다. 더구나 지방민의 단결조차 지지부진하다면 시간이 흐를수록 상황은 개선되지 않고 흠집만 커져 갈 가능성이 매우 농후하다. 그러므로 가능하면 빠른 시일 내에 공공기관의 지방 이전을 결행하는 것이 최선이다.

추진 원칙

적합성(適合性)　왜 공공기관을 이전해야 했던가를 명확히 반영해야 한다. 낙후된 지역을 개선하는 균형성과 지역의 특성화를 선도하는 효율성으로 달성할 수 있다.

충분성(充分性) 지방을 활성화할 만큼 이전의 규모와 연계 정책이 충분해야 한다. 모든 공공기관을 이전하고 모든 낙후 지역을 포괄해야 한다. 기관을 지방에 신설하는 정책도 검토하며 민간 기업의 후속 이전이 용이하게 하는 정책을 고려해야 한다.

호혜성(互惠性) 각 주체들 간에 서로 호의적 태도로 도와주는 자세가 필요하다. 중앙정부는 부처 이기주의를 극복하고 지방은 큰 기관만 유치하려는 욕심에서 벗어나 지역의 진정한 특성을 고려하고 다른 지방의 처지를 헤아려야 한다. 이전 당사자들은 이전의 피해를 의도적으로 곡해하거나 과장하시 않는다.

공공기관의 지방 이전 및 혁신도시 건설의 내용[20]

공공기관 이전의 기본 방향

기본적으로 수도권에 있는 모든 공공기관을 이전하는 것을 원칙으로 한다. 지역 전략산업 및 공공기관의 기능적 특성을 연계하되, 지역의 낙후성을 고려하고 신행정수도 대안과 연계한다.

혁신도시 건설의 기본 방향

공공기관, 기업, 대학, 연구소 등이 상호 교류해 최적의 혁신 여건을 갖추고 수준 높은 정주 환경을 갖춘 도시를 건설한다. 또한 공공기관의 이전과 연계해 지역 전략산업과 연관이 있고 지역의 혁신 역량을 강화할 수 있는 기관을 기능군으로 묶어 집단 이전한다. 지역혁신의 중심은 인근의 지방대학 및 산업단지 등과 연계해 지역에 특화한 부문을 발전시킬 수 있는 관련 기능을 유치하고 육성한다. 인프라 조성 면에서는 혁신도시 전체에서 구성원 간의 협력과 교류가 원활하게 이루어질 수 있는 공간을 마련하고 주거와 문화, 첨단 교통과 정보통신 등의 인프라를 구축한다.

공공기관의 잔류 기준

수도권을 관할 구역으로 하거나 수도권 내의 낙후 지역과 폐기물 매립지에 소재한 기관 또는 수도권 내 공연, 전시, 도서, 지역의 문화와 복지, 의료시설, 문화유적지, 묘지, 방송시설, 공항 등을 관리하는 기관을 대상으로 한다. 구성원 간의 상호 부조, 권익 향상, 업무 질서 등을 목적으로 하는 협회 조합 등과 기타를 포함한다.

지역의 발전 정도와 발전 가능성을 고려한 이전

공공기관(중앙행정기관 포함)은 전국적으로 410개이며, 약 85%인 346개 기관이 수도권에 있다. 이 중에서 수도권에 꼭 있어야 하는 기관을 제외하고 국가균형발전위원회의 심의를 거쳐 176개 기관을 이전 대상으로 선정했다. 이때 기관과 지방의 특성에 맞추어 집단 이전토록 배려했다.

이전 지역은 수도권과 대전을 제외한 12개 광역시·도를 대상으로 정했다. 대전은 정부 대전청사와 대덕 연구단지 등에 다수의 공공기관이 소재하고 있어 대상 지역에서 제외되었다. 형평성 원칙에 따라, 각 기관의 파급 효과를 평가한 점수에 따라 지역의 발전 정도 등을 감안해서 시·도별로 차등 배치되었다. 효율성의 원칙에 의해 공공기관의 지방 이전이 지역의 특화 발전에 최대한 기여할 수 있도록 지역 여건과 각 기관의 특성을 종합적으로 고려해 이전 지역을 결정했다.

그리고 공공기관의 지방 이전으로 얻을 수 있는 효과를 극대화하기 위해 이전 기관을 최대한 기능군으로 분류했다. 해양수산, 전력산업, 에너지, 정보통신, 농업 지원, 산업 지원 등 지역 전략산업과 연관성이 큰 기능 산업특화 기능군에 12개, 교육학술, 노동복지, 건강생명, 인력개발, 도로교통, 교육연수 등 지방의 중추 관리 기능 강화 또는 지역의 역량 확충에 기여가 가능한 기능 유관 기능군이 9개다. 각각의 기능군은 제4차 국토종합계획, 국가균형발전 5개년 계획에서 제시된 지역의 발전 방향과 지역의 전략산업 육성 및 지역별 산업구조와 특성 등을 감안해 지역별로 배치되었다. 가능한 범위 내에서 지역이 유치를 희망하는 기관과 기관의 이전 희망 지역 등을 반영했다.

공공기관의 지방 이전을 촉매로 산·학·연·관이 서로 긴밀히 협력하고 수준 높은 주거·교육·문화 등 정주 환경을 갖추어 특성화된 지역발전의 거점으로서 혁신도시를 건설 중에 있다.

추진 과정에서 나타난 문제점[21]

무엇이 문제인가

혁신도시 추진 실태[22]를 보자. 이명박 정부의 발표에 따르면 혁신도시 관련 행정 절차는 순조로운 듯 보인다. 혁신도시 지구지정, 개발·실시계획 수립 등 관련 행정 절차를 마무리했고, 토지 보상도 대부분 이루어졌다. 정부는 지방 이전 계획이 승인된 기관에 대해서는 청사 설계, 부지 매입 등을 적극 독려하고, 미승인 이전 기관의 경우에도 관련 예산 반영 등 사전 준비를 독려해 2012년 지방 이전에 차질이 발생하지 않도록 조치 중이라고 한다. 그뿐만 아니라 이전 공공기관들은 부지 매입 및 청사 설계비도 이미 확보했다. 1년 정도 연기되기는 했지만 부지 조성 공사도 착공했다.

지방 이전 계획의 승인도 마찬가지다. 이전 공공기관의 이후 계획도 순조롭게 진행되는 듯 보인다. 그러나 지금 혁신도시지구 주민들은 불안하다. 정부는 이상이 없다는데 왜 지역민들은 불안해할까? 이는 이전할 공공기관들이 그동안 적극적으로 움직이지 않았기 때문이다. 지역민들은 정부의 의지도 여전히 불투명하다고 생각한다. 여기에 더해 해당 지자체의 관심 저하도 지역민들의 불안 요인이다.

여당의 행보에 의구심이 있다

수도권이 지역구인 여당 의원들은 공공기관의 이전을 빌미로 수도권의 규제 완화에 온 힘을 다하는 등 행보가 수상하다. 국회 예산결산특별위원회 위원장이 혁신도시는 국가적인 틀에서 효과적일 것이냐를 따져봐야 한다면서 부정적 의견을 제시했다.[23] 그러나 공공기관 이전을 놓고 수도권과 정치적 타협을 해서는 안 된다. 지방에는 먼 훗날의 공공기관 이전이라는 어음을 주고 수도권에는 당장의 규제 완화라는 현금을 지급한다는 자조 섞인 지방의 탄식을 더 이상 외면해서는 안 될 것이다.

지역발전 예산이 4대강 예산에 밀렸다

4대강 살리기 예산에 혁신도시 사업 같은 지방의 필수 사업들이 밀리고 있다. 2009년 8월 7일의 2010년 예산 편성 관련 회의에서 지방 출신 한나라당 의원들이 4대강 살리기 사업에 예산이 집중되어 지자체 예산이 축소되었다며 재조정을 요구했다. 반면에 한나라당 이한구 의원은 혁신도시 및 세종도시 건설을 포기해야 한다고 주장하면서 이보다는 차라리 4대강 사업이 더 낫다는 발언을 했다.[24] 시비 끝에 정부는 2010년 예산 편성 때 시급한 요구가 있다고 판단되는 일부 사회간접자본에는 4대강 관련 예산을 줄여 대체 투입하겠다고 물러섰다. '시급한 요구'란 과연 무엇을 의미하는지 아리송할 뿐 아니라 이렇게 정부의 주관적 판단 기준에 예산을 맡겨도 좋은지 모를 일이다.

주요 기능을 서울 지사에 두고 점차 본사화하려 한다

이전 대상 공공기관들이 업무의 불가피성을 들어 주요 업무를 관장하는 부서를 서울에 잔류시켜 본사 기능을 하게 하려는 시도가 있었다. 한전의 경우, 국제 관련 업무부서는 서울에 두어야 한다며 재승인 요청을 통해 서울 잔류를 노리는 듯 보였는데, 이것은 다분히 모든 기능이 서울에만 집중되어야 한다는 서울 중심적 사고의 결과다. 이미 지난 2009년 8월 4일 한나라당, 친박연대, 선진당 소속 의원 38명이 한국전력 삼성동 본사 터 개발을 가능케 하는 '한국전력공사법 일부 개정 법률안'을 의원입법으로 발의한 것도 같은 맥락에서 이루어진 일이다.[25]

수도권 대학의 지방 이전이 포함되어 있지 않다

우리나라의 교육 현실에 비춰 명문 대학의 인구 흡인력은 가공(可恐)할 만하다. 수도권의 명문 대학들이 이미 대학의 세계적 경쟁력을 위해 지방 이전을 검토한 바 있으나 자녀들의 교육 여건 악화를 이유로 교수들이 반대해 무산된 적이 있다. 그렇다면 자녀들의 교육 환경을 국제적인 수준으로 조성할 것을 전제로 한 이전 논의는 충분히 재개할 수 있었고 가능한 일이었다. 신행정수도 추진보다 쉬운 일이었을 수도 있음을 간과해서는 안 된다.

대덕 연구단지 내 연구기관의 재배치에 대한 사려 깊은 재고 필요

공공기관의 지방 이전으로 지방의 특성화를 이루겠다는 것이 정부의 목표이므로 대덕 단지 내 연구기관을 특성에 따라 지방으로 분산해야 했다. 이미 각 지역은 전략산업을 중심으로 한 특성화 계획이 입안되어 실천 중이다. 따라서 대덕 단지 내의 연구기관들은 그 특성에 따라 각 지방으로 분산 배치되어야 한다. 대덕 단지 내 연구기능을 일부 다른 지역에 분산하고 난 이후 생산 기능을 보강해야 했으나 대덕 단지 내의 연구기관은 대전 지역의 특성화와 무관하게 집중 배치되어 있다. 더구나 대덕 단지 내에 연구기관만 존재함으로 인해 생산 기능과 연구 기능을 더해 지역혁신을 이루겠다는 정책의 방향이 실천되지 않고 있다.

그리고 대전은 지금 공장 부지가 부족하다. 특히 대덕 R&D(연구개발) 특구 지정에 따라 대기업 관련 시설 수요가 폭증하나 마땅한 부지가 없는 실정이다. 수요를 감당하기 위해 새로 지정된 산업용지 대부분은 개발제한구역이다(1033만 제곱미터 중 대덕 연구단지 내 444만여 제곱미터와 유성구 368만 제곱미터, 자료 대전시). 개발제한구역이 훼손된 것은 심각한 문제다. 따라서 대덕 단지 내의 연구기관을 다른 지방의 특성에 따라 이전시키고, 대덕 단지 내의 특성에 따라 관련 산업을 유치해 생산과 연구가 어우러지는 혁신 공간을 창출해야 한다.

향후 지역 전략산업의 창출 가능성을 고려했어야 한다

지역의 전략산업은 앞으로 만들어가는 것이다. 만들어가는 것은 이전(移轉)보다 더 가치 있는 일이라고 할 수 있다. 현재의 여건 외에 향후의 가능성 등을 종합적으로 고려해 특성화를 결정한 후에는 이에 맞추어 대상 공공기관을 선정해야 한다. 또 새로운 공공기관을 설립하는 것도 검토해야 한다. 공공기관도 이제 경쟁의 물결에서 벗어나지 못할 것이다. 따라서 새로운 공공기관을 지방에 설립해 기존의 기관과 경쟁하게 하는 것도 고려할 만하다. 민영화도 중요한 대안 가운데 하나로 거론할 수 있다.

잔류하는 기관에 대한 문제점

기준이 친수도권적인 측면이 있었다. 모든 대상 기관을 옮긴다는 것이 원칙임에도 불구하고 가능하면 수도권에 남기겠다고 해석되는 기준이 존재했다. 예를 들면 다음과 같다. 이전 비용이 기대 효과에 비해 현저히 큰 기관은 잔류한다는데, 현저히 크다는 기준이 모호해 심사자에 따라 친수도권적으로 해석할 여지를 남겨 두고 있었다. 민간 성격이 강해 강제로 이전하기 곤란한 기관은 잔류한다는데, 민간 성격이 강하다는 기준이 모호할 뿐만 아니라 민간 성격이 강하다고 공공기관을 이전 대상에서 제외하는 것은 원칙을 위배한 것이다. 설령 그 기관이 민간 기관이라 해도 최대한 이전을 추진한다는 것이 원칙이어야 한다. 지방 이전으로 업무 수행이 사실상 불가능하다고 판단되는 기관은 제외한다는데, 그 예로 제시한 기관 중 테크노경영대학원은 왜 해당되는지 이해되지 않는 측면이 있었다. 한국예술종합학교의 잔류도 매우 아쉬운 결정이었다. 학생 모집이 어렵다는 것이 생각해볼 수 있는 이유인데, 지방화에 성공해 학생 모집이 힘들지 않음을 전제하는 것이 옳은 자세일 텐데 미리부터 부정적인 입장을 표명한 것은 심히 유감스럽다.

더욱 강력한 이전 정책이 필요하다

잔류할 기관을 선정하는 원칙에 부처 할당제를 실시해야 한다. 이전 대상 기관이 부득이하게 잔류하게 되면 소속 부처의 다른 기관을 대신 이전시켜야 한다. 잔류 대상 기관에서 제외된 기관이라도 앞으로 필요하면 이전 대상 기관에 선정해야 한다고 하겠다.

당초의 원칙에서 멀어진 측면들

이명박 정부의 공공기관 이전 계획은 지역의 특성을 충분히 반영하지 못하고 있다는 지적이 있다. 지역의 특성에 대한 확실한 의견 일치가 부족했다. 지방은 자신의 특성에 따라 특성화를 해가는 것이 아니라 원하는 대로 특성화를 하려고 하며, 그 분야는 대부분 첨단 분야로 집중되어 있었다.

또한 국책연구기관들을 행정도시로 집결시켰다. 각 지방마다 특성화된 발전을 하려면 지역의 특성과 관련된 국책연구기관이 이전해 와야 한다. 하지만 중앙 부처의 행정 편의를 들어 행정도시로 이전키로 했다. 이런 상태에서 지역혁신이 가능한가? 각 지역의 특성화를 선도할 국책연구소 신설 등 지역의 특성화를 보장할 다른 조치가 필요하다.

.2.

행정중심복합도시

행정중심복합도시의 의의

균형발전을 위한 핵심 수단 세종시

행정중심복합도시, 즉 세종시를 건설하고사 한 것은 비수도권에 새로운 거점을 만들어 국가균형발전을 선도하기 위해서다. 수도권에 대한민국의 중추 기능이 집중되어 있는 상황에서는 그 어떤 균형발전 정책도 효과를 보기 어려운 것이 현실이다. 이에 따라 정부 부처를 세종시로 이전하고 그 힘을 이용해 비수도권에 국토의 새로운 거점을 만들고자 했다.

결국 세종시 계획에서는 정부의 이전이 핵심인 것이다. 하지만 당초 신행정수도를 건설하고자 했던 참여정부의 계획이 위헌 판결을 받는 바람에 부처 이전을 줄이고 행정에 다른 기능들을 추가해 복합도시로서의 기능을 하도록 수정했다. 이 계획이 원안대로 추진된다면 수도권 과밀을 해소하고 수도권과 지방의 격차를 해소해, 명실상부한 선진국에 진입할 수 있을 것이다.

이명박 정부가 제기한 원안 수정 계획의 문제점 및 영향

세종시의 핵심인 행정 기능을 빼려 했다

이명박 정부는 행정 비효율을 이유로 세종시에서 가장 중요한 기능인 '행정' 을 빼려 했다. 그 비효율이란 총리가 대통령을 가까운 거리에서 보좌할 수 없고, 장관들의 국무회의 참석이 불편하며, 다른 부처의 협조를 위한 공무원들의 출장이 많아진다는 정도다. 말하자면 불편하다는 것이다.

반면 수도권 집중의 비효율은 대한민국의 생산성을 옥죄고 있다. 어느 비효율이 더 심각한가. 행정 비효율을 중시하는 입장은 다분히 서울 중심의 중앙집권적 사고방식에 토대를 두고 있다. 이제 우리는 분권적 사고방식과 행동에 익숙해져야 한다. 총리는 대통령보다는 중앙 부처 옆에서 책임 있는 행정을 펴야 한다. 장관은 행정의 현장에 있어야 한다. 부처가 세종시에 있는 것이 결코 행정 비효율이 아니다. 결국 행정 비효율 개념은 허구이거나 과장되었다.

행정 기능을 빼낸 자리에는 자족 기능을 위해 교육, 기업, 과학 기능을 넣겠다고 했다. 그러한 기능은 이미 기존의 계획에도 반영되어 '복합' 도시로 표현되어 있다. 자족 기능은 행정, 대학, 연구, 의료, 첨단지식기반, 문화·국제교류 등에 이르며 이 기능에 맞는 산업을 유치하려는 전략이 마련되어 있다. 2030년까지의 건설 기간도 자족 기능을 고려해 결정한 것이다. 결국 이명박 정부의 계획은 기존의 계획에서 '행정' 기능을 빼내 축소시키는 셈이었다.

새로운 거점 형성에 가장 큰 역할을 하는 행정 기능이 빠져 축소된 세종시가 균형발전을 선도할 수는 없다. 균형발전을 선도하지 못한다면 세종시는 존재할 이유가 없다. 균형발전 계획에서 행정중심복합도시인 세종시가 빠진다면 균형발전은 불가능하다. 균형발전이 불가능하면 대한민국의 지속 가능한 성장은 이제 불가능하다. 그래도 괜찮은가.

행정 기능이 없는 자족 도시 건설은 거의 불가능하다. 자족 기능을 선도할 만큼의 규모로 민간 기업, 대학 등을 강제로 이전시킬 수는 없기 때문이다. 그래서 참여정부는 규모와 영향력이 충분한 정부 부처를 이전하려 했던 것이다. 이명박 정부의 자족 도시 운운하는 계획이 실천되었더라면 세종시 계획만 훼손하는 대재앙을 가져올 뻔했다.

균형발전 정책 전반에 끼치는 악영향

세종시는 다른 균형발전 정책과 밀접하게 연결되어 있기 때문에 다른 정책들보다도 계획에 차질이 발생했을 때 생기는 영향력이 크다고 할 수 있다. 세종시 계획의 핵심은 균형발전을 위한 비수도권 신거점 확보다. 지금과 같은 중앙 집중의 거대한 흐름을 막으려면 중앙 부처를 담는 정도의 규모와 질적 수준의 새로운 거점을 마련해야 한다. 행정중심도시로 균형발전의 의지를 보여주며 다른 지역 곳곳에 혁신도시를 건설하고, 지역의 혁신 역량을 강화하고, 지역별 전략산업을 육성하고, 낙후된 지역을 지원하는 등의 정책을 추진해야 한다. 다시 말하면 세종시는 이 모든 균형발전 정책의 푯대이다. 따라서 세종시가 흔들리면 이를 푯대 삼은 다른 균형발전 정책들도 흔들릴 수밖에 없는 것이다.

역대 정부에서도 정부 부처 이전이나 공공기관의 이전을 추진했다. 공공기관은 자신은 이전하지 않으면서 기업 이전을 권고했고, 중앙 부처 역시 자신은 이전하지 않으면서 공공기관의 이전을 추진했다. 도덕성에서 우위를 점하지 못한 정책이 통할 리 없었다. 그래서 참여정부는 기업의 지방 이전을 위해서 공공기관의 지방 이전을 계획했고, 공공기관의 이전을 위해서 중앙 부처의 이전을 계획했다. 이런 차원에서 세종시에 중앙 부처가 이전하지 않으면 공공기관 이전, 기업 이전으로 이어지는 연쇄 고리의 시작이 불가능해지는 것이다.

결국 공공기관을 담는 혁신도시는 중앙 부처를 담는 행정도시와 매우 밀접한 관련을 맺고 있다. 비효율을 내세워 행정도시에 중앙 부처가 제외되었다면, 역시 비효율을 내세워 공공기관들도 혁신도시에서 제외해 달라고 요구했을 것이고, 혁신도시 건설은 결국 무산되었을 것이다.

그뿐만 아니라 세종시를 참여정부의 인기 영합 정책이라거나 충청도만의 관심사로 몰아서는 안 된다. 세종시는 참여정부 이전부터 전국의 지방 분권운동가들과 지역의 시민단체들이 지방 살리기의 일환으로 행정수도 건설을 요구해 관철시킨 것이다. 따라서 세종시의 훼손은 전국의 지방 살리기를 염원하는 사람들의 숭고한 뜻을 훼손하는 것이다.

이명박 정부의 균형발전 정책의 결말

정체성 잃은 균형발전 정책

이명박 정부는 수도권 중심의 국가 경영에만 집착할 뿐 균형발전에 대한 의지는 거의 없다고 생각된다. 균형발전 정책에서 '균형'이 사라졌고, 수도권 규제를 파격적으로 철폐한 것이 그 증거다. 현 정부에게 수도권은 다이어트보다도 몸집 불리기가 필요한 존재로 인식되고 있다. 포화 상태로 비만해진 수도권을 아직도 더 살찌워야 한다고 믿는 것이다.

이명박 정부의 이런 인식이 변하지 않는 한, 균형발전 정책은 흔들릴 수밖에 없다. '세종시 계획은 수정이 불가피하지만, 혁신도시는 원안대로 가겠다'는 현 정부의 말은 충청권과 비충청권을 분리시키려는 전략이었을 것이다. 분리에 성공한 다음에는 세종시에 이어 혁신도시를 무산시키려 들었을 것이다. 이에 상처받은 충청권은 혁신도시 문제에 냉담했을 것이다. 중앙 부처의 분리 이전을 핑계로 행정의 비효율을 주장했던 논리로 보아, 세종시 무산 다음에는 역시 혁신도시의 공공기관이 정부와 떨어져 있어 비효율적이라면서 공공기관을 빼고 자족 도시를 만들자고 했을 것이다.

·3·
해결 방법

공공기관의 지방 이전과 혁신도시 문제의 해결 방안

수도권의 인식 전환

중앙 집중으로 이익을 보는 계층은 부동산 가격 폭등으로 이익을 얻은 극상층에 국한된다. 수도권 시민 중에서도 극히 일부만 해당된다. 그럼에도 대부분의 수도권 시민들은 중앙 집중의 수혜자가 되기를 꿈꾼다. 그것은 이루어질 수 없는 꿈이다. 토지 가격의 상승은 항상 상대적으로 더 가격이 오른 토지의 소유자에게 실질적인 부를 이전시키기 때문이다. 토지를 소유하고 있는 대부분의 수도권 기업인들은 수도권이 규제 때문에 불편하다고 하면서도 지방으로는 이전하지 않고 중앙 집중으로 인한 토지 가격 상승의 수혜자가 되기를 꿈꾼다. 이 역시 이루어질 수 없는 꿈이다. 나만 생각하고 풀려버린 규제를 틈타 공장을 늘려대면 혼잡비용에 모두가 질식하기 때문이다. 수도권의 정치인들은 유권자들의 개발 욕구를 자극하고 스스로 그 대리인을 자처해 중앙 집중의 욕구를 멈추지 않을 것이다. 그러나 이 역시 이루어질 수 없는 꿈이다. 중앙 집중으로 유권자들에게 가져다줄 이익보다 손실이 더 크기 때문이다.

그러므로 지금 우리가 접하고 있는 중앙 집중의 파국은 수도권이 화해의 제스처를 보이면서 치유해야 한다. 하지만 이들이 삶의 철학이 바꾸지 않는 한 수혜자가 되기를 바라는 꿈은 사라지지 않을 것이다. 수도권의 인식 전환은 요원하다는 말이다.

지방민의 인식 전환

수도권으로부터 상생의 제스처가 나오지 않는다면 지방민들은 외롭게 스스로 이 어려운 국면을 돌파해야 한다. 지방의 힘은 매우 약하다. 힘이 약한 존재가 게임에서 이기는 방법은 서로 힘을 합하거나 심판을 감동시키는 것 두 가지다. 대체로 힘이 약한 자들은 서로 힘을 합하지 못하고 힘이 센 자에게 충성해 보호를 받으려 한다. 힘이 센 자는 힘이 약한 자를 하나씩 상대하려 한다. 그래야 하나씩 쓰러뜨리고 결국 모두를 평정할 수 있기 때문이다. 힘이 약한 자들은 힘이 센 자들이 자신을 보호해줄 것으로 착각한다.

중국 전국시대 말 힘이 약했던 조 · 연 · 제 · 한 · 초나라는 서로 연합해 진나라에 대항하는 것이 옳았다. 하지만 그들은 초기에는 합종을 따라 연합하다가 이내 장의의 연횡책에 속아 진나라에 협력하고, 목숨을 부지하려 약한 나라들끼리 서로 싸우다가 진나라에 모두 흡수되고 말았다. 이때 초나라의 굴원이 이 같은 행보를 막으려 무진 애를 썼으나 실각당하고 말았다. 그는 초나라가 망하자 슬피 울면서 멱라수에 몸을 던져 죽었다.

이런 역사는 지금도 반복된다. 지방은 서로 힘을 합해야 함에도 불구하고 각자 중앙정부에 읍소해 큰 사업 하나 따기에 혈안이 되어 있다. 다른 지방이 죽는 것은 아랑곳하지 않는다. 결국 모두 죽는다. '굴원'을 죽게 만든 어리석음은 언제쯤 그칠 것인가.

또 하나 어려운 과제인 '심판 감동시키기'를 들여다보자. 솔로몬의 지혜를 빌리겠다. 서로 자기 아이라고 우기는 여인 앞에서 '솔로몬'은 아이를 둘로 갈라 한쪽씩 가지라는 판결을 내린다. 가짜 엄마는 그리하겠다고 하지만, 진짜 엄마는 아이를 살리기 위해 아이를 포기하고 가짜 엄마에게 주라고 한다. 이때 심판 솔로몬이 감동해 진짜 엄마가 누구인지를 알았다는 이야기다.

이 포기가 쉬워 보이지만, 현실에서는 결코 그렇지 않다. 진정한 지방화를 위해서 지역 이기주의를 포기할 수 있을까? 지방 전체의 혁신도시 구축을 위해서라면 자기 지역만을 위한 행보를 포기하고 다른 지역과 협력할 수 있을까? 참으로 어려운 일이다.[26] 혁신도시 구축을 성공시키고 지방화에 성공하려면 각 지역이 진실한 마음으로 노력해 국민과 국가를 감동시켜야 한다. 혁신도시 성공의 책임은 사실상 지방으로 넘어간 것이다. 주어진 권한과 여건 내에서 오로지 지방의 책임으로 혁신도시를 건설하겠다는 인식도 국민을 감동시켜 지방화 성공에 힘이 되지 않을까.

국민을 위한 안정성 있는 정책

경제학 공부를 업으로 하는 나는 어느 날 문득 경제학자의 사명이 무엇인가를 깨달았다. 그것은 정부의 사명이기도 하다. 국민을 불안하게 해서는 안 된다는 것이었다. 미래의 불확실성을 줄여주어야 한다. 국민이 경제적으로 불안하지 않는 시스템을 설계해야 한다. 국민은 불안하면 그 불안을 스스로 해결하기 위해 자기 안으로 숨어버리고 만다. 이를테면, 경제의 앞날에 대한 불안이 높아지면 사람들은 벌어들인 돈을 소비하지 않고 몽땅 저축해버린다. 물건이 팔리지 않으니 경기는 침체로 가고 경제의 앞날은 더 불안해진다. 국민 모두가 오로지 자기만을 위해 살아간다면 이 사회는 어찌 지탱할 것인가. 경제학자와 정부는 국민이 남도 배려하는 삶을 살 수 있도록 사회의 시스템을 설계해야 한다.

정부의 정책은 안정성이 있어야 한다. 그래야 국민이 정부의 정책에 반응해 적절한 경제행위를 하고 산다. 지방자치단체의 지방 정책 설계, 기업의 투자, 시민의 인생 설계, 해외 기업의 국내 투자 등이 모두 정부의 정책에 영향을 받는다. 이렇게 영향력이 큰 정부 정책이 불안해지면 국민의 삶이 불안해진다. 경제학자와 정부는 국민을 안심시킬 시스템을 설계하고 그렇게 설계된 시스템에 따라 결정된 정책은 안정적으로 집행해야 한다. 그래야만 국민에게서 불안, 불확실을 제거해주고 안정과 신뢰를 심어줄 수 있다.

그 때문에 정부 정책의 신뢰는 중요한 것이다. 더구나 법적 제도적 절차를 거쳐서 확정된 정책은 그 누구도 의심하게 해서는 안 된다. 공공기관의 이전 정책을 비롯한 지방화 정책은 정부와 지방의 성책적 계약이므로 약속한 철학과 원칙을 철저히 지켜야 한다. 중앙정부는 제시한 정책을 철저히 이행하고, 지방도 정책의 원활한 진행을 위해 약속한 것은 철저히 지켜야 한다. 중앙정부의 정책 이행, 필요한 것에 대한 지방의 약속, 그리고 그 약속의 이행이 없으면 이 정책은 실패한다. 앞으로 혁신도시 건설은 정부의 의지에 따라 크게 영향을 받을 것인데, 그런 점에서 공기업 민영화에 대한 정부의 의지도 크게 주목되고 있다.

공공기관 이전의 상징인 한국전력 본사[27]

2010년 지역민들은 한전의 이전이 정부의 혁신도시 추진 의지의 시금석으로 보고 있었다. 그렇기 때문에 2010년 한전 본사 착공은 정부의 혁신도시 정책에 대한 신뢰성의 척도였다. 지역민들의 신속 추진 입장과는 달리 한전은 2011년 상반기 착공 입장을 고수했다. 이 때문에 지역민들이 불안해했다. 착공을 2011년으로 미룬다면 건축 절대 공기상 2012년 이전 완료는 불가능하기 때문이었다.[28]

혁신도시 교육 여건 조기 마련 필요

이전할 기관의 임직원을 대상으로 한 조사결과 가족 동반 이주의 선결 조건으로 교육 문제 해결을 들었다.[29] 공동학군제, 특목고, 자율형 사립고 신설 등이 요구 사항이다. 혁신도시를 교육 명품도시로 자리매김할 필요가 있다. 다만, 우수한 교육 여건에 대한 깊은 연구를 통해 혁신도시에 부합하고, 세계적 조류에 동참하거나 선도할 수 있는 형태나 분야의 학교를 설립하도록 제도적 정비를 해주어야 할 것이다. 우선 요구되는 물리적 조건은 학교 용지의 무상공급[30] 확대, 지자체의 교사 및 기숙사 신축 지원, 초중고가 함께 들어가는 스쿨 콤플렉스의 2013년 완공 등이다.

각종 기반 시설의 조기 발주

이명박 대통령이 공언한 대로 2012년까지 차질 없이 공공기관을 이전하기 위해서는 혁신도시 내 각종 기반 시설을 조기에 발주해야 한다. 하지만 그 동안 각 지자체 도시공사, 개발공사 등 시행사들이 자금난을 이유로 기반 시설 발주를 지연시키고 있었다. 이명박 정부 들어 혁신도시 재검토 논란이 일자 추진동력이 상실되어 혁신도시 내 토지공급을 지연시켰고 그로 인해 자금 미회수가 발생하고 자금난에 빠지고 이 때문에 다시 기반공사가 지연되는 악순환이 진행되고 있다. 이전 기관 착공에 대비해 전기, 각종 지중화선, 조경공사 등을 시급히 발주해야 한다.

정부의 신뢰도를 높이는 방안을 강구해야 한다

혁신도시를 추진하는 동력의 확보가 최우선 과제다. 이를 위해서는 혁신도시의 추진에 대해 정부가 확실한 의지를 표명해야 한다. 그래야 각 기관들이 확신을 가지고 일을 추진해간다. 그 일환으로 대통령이 주재하는 '이전 공공기관장 회의'가 필요하다고 생각된다. 그렇게 되면 여러 관련 기관들에 추진 동력이 만들어질 것이다. 특히 이명박 정부 들어 임명한 이전 기관장의 소극적 추진을 적극적으로 바꿀 수 있을 것이다.

산학연 클러스터 부지를 국가에서 일괄 매입해 장기 임대로 전환

현재 산학연 클러스터 부지 가격이 149만 원인데, 이 수준의 가격으로는 연관 기업의 유치에 어려움이 있다. 주변 산업단지의 공급 가격과 격차가 크기 때문이다. 국가에서 일괄 매입해, 장기 임대로 전환해주는 조치가 필요하다.

혁신도시의 기반 시설에 대한 국비 지원 필요

지방자치단체는 재정적으로 열악해 혁신도시 건설에 충분히 지원할 여력이 없다. 그래서 도로, 하수도, 폐기물 처리장, 수질복원센터, 중앙공원 등에는 국비 지원을 확대해 조성원가를 인하하고 혁신도시 내 투자를 유인하는 것이 절실히 필요하다.

해당 지방자치단체의 적극적인 노력 필요

이제는 지방자치단체들이 정부 평계만 대지 말고 혁신도시 성공 여건 마련을 위해 할 일을 찾아나서야 한다. 그럼에도 불구하고 해당 지자체들의 미온적인 태도가 새로운 염려로 떠오르고 있다. 단체장들이 혁신도시는 이미 확보한 실적으로 보고 더 이상 여기에 관심을 두어본들 지자체 예산만 더 들어가는 것으로 생각하는 경향이 보인다. 말하자면 정치적 신선도가 많이 떨어진 것이다.

이전 공공기관의 서울 지사

공공기관 이전이 빈껍데기에 불과할 것이라는 우려는 혁신도시의 성공을 가로막는 심각한 장애물이다. 공공기관이 이전한 이후 시간이 흐르면서 자연스럽게 서울 지사가 본사 기능을 할 것이라고 짐작하는 분위기가 있다. 이전할 기관 내부에서도 이 방안을 심각하게 고민한 것으로 안다. 서울에 꼭 필요한 기능이라며 특정 기능의 서울 잔류를 요청하고, 이를 바탕으로 서울 본사 기능으로의 확대를 노리는 방안이 많이 사용될 것이라 생각된다. 지방과 정부의 강력한 의지로 이 같은 시도를 막아내야 한다.

신규 설립 공공기관, 혁신도시 입지 고려

국가의 관심 사항은 항상 새롭게 생겨나며 그 관심을 실천할 공공기관 역시 새롭게 생겨난다. 이는 수도권 중심의 정부에서 생기는 기관이므로, 그 기관은 수도권에 들어설 가능성이 높다. 그러므로 공공기관의 신설 입지는 비수도권을 원칙으로 하는 정책을 마련해야 한다. 정부투자기관이나 재투자기관, 출연기관을 새로 설립할 때 수도권에 세우지 못하도록 하는 법적 장치가 필요하다는 것이다. 또한 혁신도시 활성화를 위해 신규 공공기관의 혁신도시에 우선 입지하는 것을 최우선해 고려하는 것이 필요하다.

이전 공공기관의 신규 임용에 지역 대학 할당제 시행

지방대학은 지역의 발전을 주도해야 하는 존재이므로 국가는 지역의 발전을 위해 지방대학의 역량 제고를 위해 투자해야 하며 우수한 신입생 유치를 거들어야 한다. 혁신도시로 이전하는 공공기관의 신규 채용에 지역 대학 할당제를 시행하면 지역 대학의 지원 비중이 높아질 것이다.

이전 기관 직원의 가족 동반 이주에 지원

지방도 사람이 사는 곳이라고 인식하는 것이야말로 가족의 지방 이전에 가장 중요한 전제 조건이다. 하지만 단기적으로는 물적 지원으로 대신할 수밖에 없어 안타깝다. 이전할 기관의 직원이 가족을 동반하고 이주해 정착할 수 있도록 파격적인 지원이 필요하다. 살 집을 마련할 때는 지방세를 감면해주어야 한다. 지금의 취득세·등록세 감면 규정을 보면 전용면적 85제곱미터 이하의 주택은 면제고, 전용면적 85제곱미터 초과 102제곱미터 이하의 주택에는 1000분의 750을 경감해주고, 전용면적 102제곱미터 초과 135제곱미터 이하의 주택에는 1000분의 625를 경감해주고 있다. 그러나 취득세·등록세 전액 감면, 보유세 5년간 감면 정도의 파격적인 조치를 강구해보았으면 한다. 이전 기관 자녀를 혁신도시 내 해당 지자체 공무원으로 특별 채용하는 방법도 고려할 만하다. 매년 신규 임용의 10~15% 범위 내에서 이전 기관 임직원 자녀를 특별 채용해 지역 사회에 빨리 정착하도록 유도하는 것이 바람직하다.

공기업 민영화 여파의 극복

소리 높은 공기업 개혁 요구와 그 염려

이명박 정부 초기 공기업에 대한 개혁 논의가 부상하면서 개혁의 방안 중에서도 민영화가 매우 중요하게 고려되었다.[31] 공기업 민영화 논의는 혁신도시 건설을 더디게 할 가능성이 많았다. 일정에 따라 숨 가쁘게 진행해도 예기치 않게 차질이 빚어지는 경우가 다반사일 것이다. 민영화 논의가 진행되면 지방 이전 논의는 사실상 수면 아래로 숨게 되지 않을까 하는 염려가 많았다.

공기업을 개혁해야 하는 이유

공기업 개혁이란 무엇일까? 일반적으로 공기업에 대한 비판은 그들이 비효율적이라는 것이다. 주인이 아닌 객의 입장에서 기업을 운영하므로 봉급을 과다하게 높게 받는 등의 금전적 특혜가 문제가 되고, 정치인이나 관련 부처 퇴직 관료들의 낙하산 인사와 비전문성이 자주 지적된다. 그에 따라 경영 성과가 부실하고 국가는 적자를 메우기 위해 거액의 세금을 탕진하기 때문에 팽창하는 공공 부문이 민간 부문을 밀어내어 비효율을 초래한다는 논리다.

공기업과 사기업의 효율성 비교

많은 사람들이 자꾸만 공기업의 비효율을 문제 삼는다. 개혁 차원에서 효율성을 높이라고 말한다. 공기업은 원래 효율과는 거리가 멀다. 그래서 효율화를 하는 길은 민영화밖에 없다. 그렇다면 사기업은 과연 효율적일까? 숱하게 터지는 사기업 오너들의 비리 현황을 보면 반드시 그럴 것 같지는 않다. 공기업에 주인이 없어 효율이 문제가 된다면 사기업의 CEO도 기업의 소유주는 아니니 사기업이 공기업보다 더 효율적이라는 근거는 희박하다. 사기업은 전문성 없는 재벌 2세나 3세가 물려받는 경우가 대부분이니 비전문성도 공기업만의 문제는 아니다. 마찬가지로 부실경영도 공기업에서만의 문제는 아니다.

공기업에 대한 지나친 효율 강조

공기업의 경영 목표는 효율을 높이는 데에만 있지 않다. 이를테면 '한전'

의 존재 목적은 수익 창출보다는 품질 좋은 전기를 안정적으로 공급하는 데 있다고 할 것이다. 이미 한국의 많은 공기업은 수익 증대를 경영 목표로 삼고 있다. 그 결과 토지공사가 국민에게 토지를 공급하고, 주택공사가 무주택자에게 주택을 공급하는 것이 아니라 땅장사 집장사를 해야만 경영 목표를 달성할 수 있게 되었다. 이게 모두 공기업에 효율을 높여 수익을 내라고 종용한 결과는 아닐까.

공기업 민영화 이전에 검토할 것들

공기업을 민영화하기 위해서는 여러 가지 관점에서 검토할 필요가 있다. 한전과 같은 공기업은 다른 제품을 생산하는 기업들과는 성격이 매우 다르다. 그래서 한전이 민영화한 이후 만에 하나라도 부도 사태가 발생하면 그 파장은 사장이 책임질 수 있는 정도의 것이 아니다. 회사의 존립 문제가 아니라고 해도 전력공급이 중단되었을 경우, 경쟁사가 나타나서 그 자리를 메울 수 있는지도 문제다. 공기업들 중에는 한전처럼 초기 투자자본이 많이 들어가서 새로운 경쟁사가 나타나기 어려운 경우가 많은데, 이미 독점적으로 정비해놓은 인프라를 누구에게 넘기는가는 많은 논란을 가져올 것이다. 만약 개인이 한전을 인수했을 경우 국민과 자신 중에서 누구를 위해 회사를 운영할지는 의문을 가질 수밖에 없다. 독점기업은 나라에서도 수많은 규제를 하고 있지만 한전의 예와 같은 경쟁사가 나타나기 어려운 투자비용과 우리나라의 시장규모를 고려했을 때, 민영화 후에는 전 공기업이 독점구조로 남아 있는 것이 오히려 독점의 폐해만 남길 수도 있다. 이러한 상황에서 국가 기간산업까지 민영화해야 하는 것일까라는 의문을 가져본다. 비정상적인 비효율이 문제라면 잘 관리해 그 문제는 해결할 수 있을지 모른다. 그 거대한 규모에 고려하면 민영화가 가능하기는 한 것인가?

공기업 개혁의 핵심

공기업의 핵심 문제는 그것이 독점 체제라는 데 있다. 독점의 문제점은 가격 결정이 왜곡된다는 것이다. 시장경제의 핵심은 가격이다. 가격이 잘못 작동하면 경제는 만신창이가 된다. 그 가격을 어느 한 기업이 흔들 수 없어야 시장경제는 튼튼하다. 그러므로 공기업 개혁의 핵심은 독점을 깨트리는 것이다. 민영화를 해도 다수의 기업이 출현하지 못하면 민영화는 우리에게 독이 될 뿐이다. 이제 문제는 독점 타파와 공기업의 존재 목적 사이의 파워 게임이다.

일차적으로는 해당 공기업의 독점 폐해와 공공성의 대소를 비교해 판단해야 할 것이다. 그다음에는 해당 공기업의 독점 타파를 위한 다양한 노력(이를테면 민간기업 진입의 점진적 허용 등)이 필요하다. 그리고 시대에 따라 공기업의 존재 목적인 공공성의 내용도 바뀔 것이니, 해당 기업의 공공성을 재검토하는 것도 한 방법이 될 수 있을 것이다.

정책의 안정적인 집행

정부의 정책은 직간접적으로 민간의 경제행위에 영향을 미친다. 그래서 정부의 의지는 민간에게 미래의 방향에 대한 '이정표' 다. 정부의 의지는 그 태도에서 읽힌다. 혁신도시를 건설할 각종 경제주체들이 정부의 태도에서 불안함을 느낀다면 혁신도시의 건설은 힘들게 될 것이다. 그에 따라 균형 발전, 지방분권과 지방자치가 더뎌진다면 우리나라의 국가 경쟁력에 결코 도움이 되지 못할 것이다.

공공기관 이전에 대한 각 주체의 역할

– **중앙정부** 문제 해결의 방향은 중앙정부가 결정해야 한다. 정부의 원칙 준수가 가장 강력한 처방이 될 것이다. 균형발전의 철학에 따르고 국가 전체의 효율성을 고려해 결정한 공공기관 배분의 기준과 이전 로드맵이 태산처럼 버텨주어야 한다. 또 정치권의 놀음에 휘둘리지 않고, 지방의 작은 이익 다툼에 초연하며, 수도권의 흔들기에 의연히 대처해 묵묵히 지방화를 향한 걸음을 걸어가야 한다.

– **지방자치단체장** 무엇을 얻어내느냐에 따라 다음 선거에서 유리할 것으로 믿는 단체장들로서는 하나라도 더, 조금이라도 더 큰 기관을 가져오는 것을 바랄 것이다. 그래서 내가 이것저것을 유치했노라고 자랑하고 싶을 것이다. 하지만 현실적으로 그렇게 자랑하겠다는 욕심부리는 순간, 그 욕심의 덫에 빠지게 된다. 자랑을 하려면 더 좋은 기관을 가지고 오겠다고 말을 해야 하는데, 다른 지역의 단체장들도 똑같이 그런 말을 할 수밖에 없어서 온 지자체가 서로 싸우고 있는 게 아닌가.

그러나 지자체가 서로 싸워 무엇을 얻겠는가? 지자체 단체장들은 공공기간 이전이 강력히 투쟁하고 로비해서 되는 일이 아니라는 사실을 인정하고 지역민에게도 그 점을 밝혀야 한다. 또 정부의 원칙이 수도권의 준동에 따라 흔들리지 않도록 감시하는 지방의 강력한 연대를 만들어야 할 것이다.

단체장끼리 모여 '우리는 정부를 믿는다' 는 기조 아래 정부의 결정을 받아들이는 합의를 하고 오로지 공공기관의 지방 이전에만 관심을 집중시켜야 한다. 사실 지방의 낙후성은 대동소이하다. 그러니 지방마다 어떤 특성으로 앞날을 설계할 것인가가 가장 중요하다. 지자체에서는 지역의 어떤 특성이 강점인가를 파악하고 설득하기 위해 노력해야 한다.

우리가 이 게임에서 무엇을 얻을 것인지를 명확히 하자. 어느 지역에 어느 기관이 오느냐보다 지방에 기관의 이전이 실제로 이루어지도록 온 힘을 다해 협조하는 일이 더욱 중요하다. 다시 오지 않을 기회다. 서로 싸우면 모든 것을 잃고 말 것이다.

– **공공기관 근무자** 힘들게 쌓아온 삶의 터전이 일순간에 흔들리는 당혹스러움도 있고 가장 어려움을 겪을 수 있는 주체다. 이 힘든 문제를 풀 거의 유일한 당사자 또한 이들이다. 근무자들의 자세 하나하나에 국가의 운명이 달렸다고는 말하지 못하겠지만, 이미 사실이 그런 것은 어쩔 수 없다. 이전 기관 근무자가 반대 의견을 가지는 것은 너무도 당연하지만, 조국이 원하는데 뉘라서 조국의 부름을 거부할 수 있겠는가.

지방을 사람이 살기 어려운 곳으로 생각하는 심정도 이해하지만, 지방도 사람이 사는 곳이다. 원래는 많은 사람이 살았던 곳이다. 따지고 보면 우리 대부분의 고향은 지방이 아닌가? 지금 우리는 지방도 사람 사는 곳으로 만들어보자고 이 몸부림을 치는 것이다. 같이 동참해 우리 고향을, 대한민국의 지방을 사람 사는 곳으로 만들어보자. 누군가는 시작해야 할 일이다. 지금 공공기관 근무자들이 하지 않으면 우리 고향은 영원히 폐허로 남게 될 것이다.

– **수도권 정치인** 정치인으로서의 입장도 이해가 간다. 표를 먹고사는 것이 정치인인데, 유권자들이 싫어하면 어쩔 수 없는 일일 것이다. 수도를 이대로 두면 더는 발전하기 힘들다는 것을 수도권 정치인도 알고 있을 거라 믿는다.

공공기관 이전을 앞장서서 추진해달라고 하지 않겠다. 하지만 너무 과장하지는 말아야 한다. 공공기관이 이전하면 서울은 모두 죽는다고, 빈껍데기가 된다고 하는 거짓말을 하지는 말자. 공공기관 몇 개 옮긴다고 서울이 말라죽는가? 옮긴 그 자리에 더 좋은 것이 들어올 것이 뻔한데. 우리 다

잘 알면서 그러지 말자.

세종시 해결 방안

공공기관 이전 때문에 생길 행정 비효율이 걸림돌이어서 진심으로 걱정이 된다면 정부 부처의 대부분을 옮기면 된다. 현 정부가 국회와 상의해 지난 위헌 판결의 문제점을 돌파해갈 방안을 힘써 찾으면 될 것이다. 그런 노력이 거북하다면 세종시 원안을 유지하면 된다. 분권 시대에 정부가 세종시에 있는 것은 결코 행정 비효율을 초래하지 않기 때문이다. 그래도 남아 있을지도 모르는 행정 비효율은 분권 체제를 강화해 비효율을 줄일 대책을 세워 가면 된다.

자족 기능이 부족한 것이 문제라면 자족 기능을 강화하면 된다. 그러나 세종시의 자족 기능은 이미 충분하다. 더구나 앞으로 행정 기능을 중심으로 도시가 특성 있게 발전해가기 위해 필요한 제반 조치들을 취해가면 자족 기능은 전혀 문제가 되지 않을 것이다. 여기에 균형발전의 선도 도시인 세종시의 백지화가 가져올 혁신도시 백지화 등 균형발전에 미칠 파장을 고려한다면 세종시는 원안 추진밖에는 달리 선택할 방안이 없다.

그럼에도 정부가 공공기관 이전에 적극적이지 않은 이유는 서울 중심의 사고 때문이다. 이런 사고가 이 나라의 모든 자원을 서울에 집중시켜 오히려 서울을 평범한 도시로 전락시키고, 국제 경쟁력을 상실시키고 있다. 그러므로 행정도시 문제를 해결하는 열쇠는 현 정부가 서울 중심의 사고에서 벗어나는 것에 있다고 하겠다.

02

수도권
규제에 대한
갈등

균형발전 주장에 대한 역공,
수도권 규제 철폐와 대수도론

그동안 수도권의 규제를 철폐하자는 흐름은 한나라당이 주도하고 있었다. 한선교 의원(2005년 5월 17일), 이혜훈 의원(2005년 7월 22일), 김영 의원(2005년 10월 14일)이 수도권정비계획법에 대한 개정안을 냈고, 김문수 의원(2005년 12월 1일)은 '수도권정비계획법 폐지 및 대체입법' 제정안을 발의하고 이를 추진했다. 여기서는 대체입법안의 문제점을 꼼꼼히 살펴봄으로써 이들의 속내를 드러내보겠다.

수도권 규제를 철폐하자는 주장과 그 문제점

수도권 규제 때문에 나라의 힘이 약해진다?

손실을 당한다고 생각하는 사람은 떠들고 이득을 본 자는 조용한 법이다. 균형발전이라는 이 게임에서 손실을 본다고 생각하는 수도권은 목소리를 높이고 있다. 그런데 이 목소리의 힘이 세다는 데 문제가 있다. 지금 이 목소리가 강력한 힘을 발휘하고 있다. 지방 목소리에는 꿈쩍도 안 하는 중앙 언론들이 수도권의 목소리에는 요동을 친다. 왜 그럴까? 지방은 약하고 수도권은 강하기 때문이다. 힘의 강약에 따라 갈 길이 달라지는 사회는 객관적인 사회가 아니다. 객관성을 상실한 사회의 끝이 어디인가는 굳이 설명할 필요가 없을 것이다.

수도권 규제는 무서운 중앙 집중 기세에 대한 가냘픈 브레이크에 불과했다. 그동안의 정부들은 이 무서운 중앙 집중의 위력에 놀라 수도권을 규제하는 정책을 시행했다. 그러나 그 정책은 불을 보고 달려드는 불나비처럼 무서운 기세로 수도권으로 몰려오는 무정한 지방 자원의 이동을 막아내지 못했다.

중앙 위주의 정책이 시퍼렇게 살아 있어 사람이 몰려오고, 땅값은 천정부지로 올라 땅값으로 돈이나 벌자는 기업이 서울로 진입한다. 기업들의 진입은 다시 땅값을 올리고 땅값 때문에 다시 기업이 대시하는 악순환이 계속되고 있다. 과연 수도권 규제가 기업들의 수도권 러시를 막아낼 수 있을까? 물론 수도권 규제 효과가 전혀 없지는 않았다. 전국에서 수도권 제조업체 수의 비중이 1990년 58.1%였으나, 2003년에는 56.8%로 1.3%포인트 하락했다. 그러나 같은 기간 중 제조업 종사자의 비중은 47.8%에서 47.2%로 극히 소폭 감소한 데 그쳐 수도권에 진입하고자 하는 사람들의 열망을 꺾지를 못했다. 부동산 가격 폭등도 수도권 진입 열망이 가열되고 있는 증거이다. 그리고 명성을 얻은 명문 대학들은 서울에 몰려 있고 세상은 명문 대학만을 대학으로 인정하는데, 4년제 대학의 증설을 규제하는 정책이 우수한 학생들의 서울 러시를 막아낼 수 있을까?

수도권을 규제하는 정책은 이렇게 허약한 브레이크에 불과했다. 약한 브레이크를 틈타서 몰려드는 자원 때문에 수도권의 생산 비용은 1980년대에 비해 30% 이상 증가했다. 이게 수도권 규제 완화 때문인가, 아니면 과밀로 인한 비용 상승 때문인가?

그러면 대책은 어떠해야 할까? 당연히 더 강한 브레이크, 근본적인 힘을 발휘하는 브레이크가 나와야 할 게 아닌가. 그런데 지금 수도권 정치인들은 이 브레이크가 약하니, 아예 브레이크를 없애자고 한다. 이 무슨 해괴한 논리인가?

4년제 대학 신설은 계속 억제하니 안심하라?

신설을 불허하는 것이 아니라 억제한다고 하니 허가할 수도 있으며, 신설을 억제한다고 하니 이전은 괜찮다는 말이다. 그러나 지방대학에 대한 수도권 이전 허용은 학생 기근에 시달리는 지방대학의 수도권 진입을 촉발할 것이다. 이 사태는 세 가지 문제를 유발한다. 하나는 지방에서 대학을 없앰으로써 지역 인재의 기근 현상을 심화한다. 또 하나는 수도권의 대학 공급의 증가가 가져올 수도권 대학의 질적 하락 현상을 심화한다. 그리고 마지막으로는 당연히 지방의 공동화와 수도권 과밀이다.

교수와 대학생들의 공부 장소가 수도권이어야 한다는 정서는 아무래도 야만적이다. 학문이 실천적인 면도 있어야 한다는 주장이 타당하다면, 너른 지방에서 지역발전의 실천적 과제를 추구하면서 학문을 연마하는 것이 바람직하지 않을까. 선진국의 사례를 봐도 그렇다. 선진국에는 지방마다 초일류 대학들이 포진해서 지방을 선도하고 있고 그것이 그 나라의 힘이 되고 있다. 미국의 하버드대학교, 스탠퍼드대학교, MIT가 워싱턴에 있나? 독일·프랑스·영국의 그 수많은 일류 대학들이 수도에 있나? 그 대학들은 우리나라 사람들이 그토록 폄하하는 지방에 있다.

지방이 제 역할을 해야 세계 속의 튼튼한 한국을 만들 수 있다. 지방대학이 활성화되어야 지방이 제 역할을 할 수 있다. 지방화가 착실하게 추진되어야 지방대학이 기댈 언덕이 생긴다. 지방이 죽지 않고 살아서 세계와 경쟁할 수 있어야 나라가 산다. 이 의견에 국민적 공감대가 만들어져야 지방화를 추진할 수 있다. 지방화가 추진되어 지방이 활성화되면 지방대학도 올라설 수 있다. 올라서는 대학을 찾아 세계의 명문 대학과 견줄 초일류 대학을 지방에 건설해야 한다. 아예 전 대학을 해체하고 새로 대학을 건설할 생각도 해보아야 한다. 그런데 우리나라 사람들은 지방대학을 아예 없애려 하고 있다. 이것이 얼마나 무서운 행동인지 그들은 정녕 모른단 말인가.

수도권 내 자치단체들이 통합행정을 하자?

통합행정 논의에 대해서는 세 가지 의견을 낼 수 있다. 첫째, 그렇게 하는 것이 타당하다면 그렇게 하면 되지 이렇게 정치적 쇼를 할 필요가 없다. 둘째, 통합행정이 반드시 필요하다면 수도권 자치단체장들은 단체장직을 내놓고 행정구역을 개편해서 서울시장 하나만 뽑으라. 셋째, 그렇게 되면 우리나라 수도 서울의 인구는 전체의 절반을 차지한다. 이런 나라를 상상할 수 있나?

수도권 자치단체장들은 자리를 내놓을 생각도 없고, 수도 인구가 절반을 차지해 나라가 괴물이 되든 말든 관심이 없다. 그럼 그들이 추구하는 바는 무엇이었을까. 그야 당연히 정치적 쇼다.

수도권을 묶어 광역경제권을 만들자?

이미 우리나라의 수도권은 하나의 광역경제권이다. 지금 서울 · 경기 · 인천의 경제권은 각자의 기능을 수행하면서 통합경제권을 구축하고 있다. 그런데 무슨 경제통합을 또 하자는 말일까. 그러니 정치적 쇼라고밖에 할 말이 없다.

수도권 옹호론자들이 예로 들고 있는 나라들의 경쟁력 있는 대도시권은 우리처럼 수도권 하나만이 아니라 여럿이다. 세계화 시대라면서, 세계를 배우자면서, 다양성의 시대라면서, 시대의 추세에 부응해야 한다면서 도대체 왜 우리나라만 서울 하나로 세계 사람들의 입맛에 맞추려 할까? 미국이 워싱턴 하나로만 경쟁하던가, 프랑스가 파리 하나로만 승부를 겨루던가. 더구나 우리는 국토가 좁아, 한구석이라도 낭비하지 말아야 하는데 왜 서울 이외의 지역은 깡그리 버리려고 하는가?

서울의 경쟁력을 뉴욕처럼 높여서, 뉴욕을 능가하게 해서 뉴욕을 이기고 싶은가? 그건 불가능하다. 서울은 결코 뉴욕을 모방해 이길 수도 없고, 모방할 수도 없다. 오직 우리만의 방법으로 뉴욕과 다른 도시를 만들어 뉴욕을 이기는 수밖에 없다. 그런데 어찌 다른 지방은 버려두고 서울만을 뉴욕처럼 만들고자 안달을 하는지 그것이 안타까울 뿐이다.

서울이 아닌 곳도 우리나라의 국토임을 세계가 알아야 한다. 선진국들처럼 우리도 지역을 강하게 키워 튼튼한 전사들을 세계로 내보내야 한다. 그래야 지방이 살고 서울이 살고 나라가 산다.

주택 보급률을 2020년까지 115%로 높이겠다?

우리나라에 그렇게 자원이 남아도나? 15%의 초과 주택까지 지어가면서 자원을 수도권에 낭비하겠다는 것인가? 사람을 수도권에 불러 모으지 않는 정책을 쓰면 그런 낭비도 없을 것 아닌가.

견물생심이요, 말고삐 잡으면 타고 싶은 것이 사람의 본성이다. 서울이 좋다고 사람들이 꾸역꾸역 몰려오는데 불편한 것 하나 없이 해주고 집까지 자꾸 만들어주면 그 이상의 수요가 생기는 것이 당연하다.

토다로(M. Todaro)[32]는 도시의 실업 문제가 심각해 실업 대책을 말끔히 세우면 도시의 기대소득이 높아진다. 이에 따라 인구가 도시로 몰려와 다시 실업이 증가하고 실업자들이 실업 대책을 요구하는, 무한 반복을 보여주었다.

마찬가지로 주택문제가 심각하다고 공급을 늘려 주택 사정을 쾌적하게 해놓으면 주택 수요가 늘어난다. 여기에 주택 투기를 통한 자산 증대의 꿈까지 가세해 주택 가수요가 폭발한다. 이에 따라 주택이 다시 부족해지고 주택을 다시 늘려야 하는 무한 반복이 나타난다. 지금까지 그래 왔다. 이제 그만할 때다.

법안의 성격

지역 정책과 수도권 규제 정책이 분리되었다

이명박 정부는 수도권 정책이 지역에 미치는 영향력을 전혀 고려하지 않고 있다는 점에서 커다란 오류를 범하고 있다. 수도권 관리 정책을 지역균형발전 정책과 연계하지 않는다는 것이다. 수도권 관리 대책을 국가경쟁력강화위원회에서 발표한 것도 그 증거 중 하나다. 비수도권은 이제 수도권 정책에 관여하지 말라는 뜻이다. 결국 지역발전과 상관없이 수도권의 규제를 풀겠다는 의지로 읽힌다.

수도권 밀집을 유도하고 있어 위헌이다

공장총량제, 대학의 증설 규제, 관광지 규제 그리고 자연보전권역의 폐지는 수도권으로 몰려오는 지방 자원에 대한 브레이크를 완전하게 무력화시킬 것이다.

대한민국 헌법은 지방 자원을 수도권으로 흡인할 정책을 다음과 같이 명백히 금지하고 있다. 헌법 제120조 2항은 다음과 같다. "국토와 자원은 국가의 보호를 받으며, 국가는 그 균형 있는 개발과 이용을 위해 필요한 계획을 수립한다."

국토와 자원은 국가의 보호를 받아야 하는데, 이 법안은 지방의 황폐화를 가속화해 국토를 사라지게 하고 있으니 어찌 위헌이 아니랴. 헌법 제122조는 다음과 같다. "국가는 국민 모두의 생산 및 생활의 기반이 되는 국토의 효율적이고 균형 있는 이용·개발과 보전을 위해 그에 관한 필요한 제한과 의무를 가할 수 있다."

헌법은 균형발전을 위해서는 그에 필요한 제한과 의무도 허용하고 있다. 지금 국가의 균형발전은 달성되지 않았고, 오히려 불균형이 심화되고 있다. 그런데 어찌 수도권 규제를 철폐하자고 덤비는 이 법안이 위헌이 아니랴. 제123조 2항은 다음과 같다. "국가는 지역 간의 균형 있는 발전을 위해 지역경제를 육성할 의무를 진다."

국가의 균형발전 정책은 이처럼 헌법의 명령을 준수하는 것이다. 그런데 어찌 감히 헌법을 위반하며 지역 간 불균형을 초래하는 법을 만들려 하는가.

무엇을 더 풀고 더 크게 만들자는 것인가

현재의 정책은 첨단 업종에는 규제를 풀어주고 있다(외국인 투자기업 3년 연장, 국내 기업 신설 허용). 그러나 첨단산업이라고 해서 반드시 부가가치가 높고 성공적인 경영을 보장하지는 않는다. 이 정책의 정신은 중요한 산업은 수도권에서 발전할 수 있도록 배려하자는 것이다. 중요하다고 해서 규제를 풀어주자는 말은 사실상 규제를 해제하자는 것이다. 더구나 미래의 경제는 새로운 첨단산업으로 헤쳐 나가야 한다는 점에서 볼 때 이 정책은 지방을 포기한다는 선언이다. 그리고 규제를 해제하지 않아도 수도권에 개발할 수 있는 땅은 충분하다.[33]

과거의 권위주의 정부가 지방을 특별히 총애해서 수도권 규제를 해왔나? 수도권이 지나치게 비대해지고 그로 인한 피해가 커서 규제를 한 것 아닌가. 그간의 수도권 규제와 지방화 정책이 중구난방이어서 확실하게 체계를 세워 균형발전 사업을 하자는 게 지금의 균형 정책이다. 현재 서울의 비중도 단연코 세계 1위인데 여기에 더해 수도권 자체를 아예 하나의 거대 도시로 만들자는 구상을 하고 있다. 거대 도시라야 국제 경쟁력을 가진다면, 미국의 라스베이거스는 왜 그렇게 잘나갈까. 스위스의 그 수많은 조그만 도시들은 국제적인 도시인가. 거대한 수도가 생긴다고 해서 나라가 잘산다는 논리는 성립되지 않는다.

지방분권을 악용한 치사한 처사

김문수의 대체입법안에서 황당한 구절을 보았다. 지방분권을 주장하는 부분이었는데, 수도권에 대한 중앙정부의 관리를 배제하라는 것이다. 중앙정부가 지방정부에 권한을 이양하자는 지방분권 정신을 악용해 수도권 정치인의 잇속을 차리자는 말이다.

지방분권의 정신은 수도권의 밀집을 초래하자는 것이 아니다. 민주주의와 효율성을 위해서 지방분권이 반드시 필요했다. 그러나 지방분권에는 두 가지의 선결 조건이 있다. 하나는 분배받은 권한과 예산을 최적으로 사용할 수 있도록 '자율과 자립의 능력을 제고하는 것'이며 또 하나는 지방의

'물적 토대를 튼튼히 하는 것'이다.

이런 배경을 무시하고 이미 중앙정부보다 힘이 세져 공룡이 되어버린 수도권의 자립만을 강조하는 건 어불성설이다.

솔직하지 못한 꼼수 법안

이 법안은 수도권에만 유리하게 돼 있다. 수도권 내의 증설을 막는 것처럼 보이기 위해 인구 집중 시설의 신증설 항목을 나열하고는 이것들의 인가 승인을 '아니 할 수 있다'고 표현한다(10조 1항, 11조 2항). 현 수도권정비법에는 7조 1항에 '해서는 아니 된다'고 되어 있다. 그러나 대체입법안에는 증설 승인을 안 해야 하는 것이 아니라 아니 할 수도 있다고 해놓았다. 결국 모든 신증설 승인을 해주게 될 것이다. 반면, 어느 항목에서는 '할 수 있다'고 표하기도 한다. 규제에 대해서 말할 때다. 규제해야 하는 것이 아니라 '할 수 있다'라고 한다(제7조 2항). 안 할 수도 있으니 안 해도 그만이다. 수도권에서 돈을 낼 때는 '출연할 수도 있다'고 한다(제23조 2항). 출연 안 해도 그만이다.

법안을 살짝 빼기도 하고 있다. 공장총량제, 대학 증설, 자연보전권역, 관광지 등을 뺀 조항은 현재의 법과 대조하지 않고 읽으면 그런가 보다 하고 넘어갈 것이다.

결국 막아야 할 정치놀음

이 법안의 목적은 결코 수도권과 지방의 상생에 있지 않다. 수도권 강화의 목적이 지방에 나누어줄 것을 늘리고자 함에 있다는 것을 보여주려는 듯, 부담금과 증세분의 일부를 균형발전회계로 넣자는 당근도 넣어두었다. 지금 지방에 돈이 없어서 자원이 서울로 몰리는 줄 아는가? 지방에 돈 좀 주면 지방의 경쟁력이 생기는 줄 아는가? 이 법을 만든 사람들도 물고기를 주는 것보다 물고기를 잡는 방법을 알려주는 것이 더 바람직하다고 참 많이도 외쳤을 것이다. 그런데 왜 지방에는 물고기만 주면 된다고 생각하는가?

인간은 언제나 새로운 욕망을 만들어내는 존재다. 우리나라의 수도권 사람들은 먼저 자기들의 파이를 키우면 나중에 지방에 나누어줄 마음이 생길 거라고 착각한다. 나는 그 마음을 믿지 않는다. 이 법안은 우리가 막아내야 할 정치인의 정치놀음이다. 막아야 한다.

구체적 내용

지방정부의 과다 개입

- 건설교통부(현 국토해양부) 장관과 시도지사가 수도권관리기본계획의 공동 입안자가 된다(4조 1항).

- 수도권관리기본계획 작성 시 수도권 3개 광역자치단체장이 기본계획에 반영할 계획을 작성해 건교부 장관에게 제출하며 이 내용은 기본계획안에 반영해야 함(4조 2항).

- 수도권관리기본계획안에 대해서는 수도권 지방의회, 주민, 관계 전문가의 의견을 수렴하고 이를 반영해야 한다(5조).

- 권역 지구의 구분 및 지정 중 '조례로 지정된 지구'는 시도지사가 조례에 의해 정책적으로 정한다(9조 1항, 2의 나).

- 시도지사는 과밀억제권역 안에서 수도권관리기본계획 및 세부시행계획에 부합하지 않을 경우 신증설이나 개발 사업의 인가 승인을 아니 할 수 있

다(10조 1항).

- 시도지사는 '발전정비지구' 안에서는 제10조를 적용하지 아니한다(12조).

- 시도지사는 전략산업 입지를 선정할 수 있다(14조).

- 시도지사는 전략산업 집적지를 효과적으로 육성하기 위해 지구를 지정할 수 있다(15조 2항).

우리가 지방분권을 주장하는 목적은 지방분권 그 자체에 있지 않고, 전 국토의 고른 발전을 위해 스스로의 역량을 키워 지역에 가장 알맞은 정책을 시행하자는 데 있다. 이제 공룡만큼 강대해진 수도권은 다른 지방이 자립 능력을 기르는 데 도움을 주어야 할 처지다. 그런데도 수도권은 지방화의 여세를 악용해 지방화 그 자체만을 달성하고 지역 이권을 취하고 있다.

나는 '수도권관리기본계획은 기타 다른 계획에 우선한다(3조 1항)' 는 조항에서 수도권이 그렇게 행동할 가능성이 높음을 생각했다. 그리고 5조를 보면 '3개 광역지자체의 의견을 반영해야 한다' 고 하고 있다. 오로지 자기 지역 이익만을 생각하는 가장 강한 집단의 주장을 반영해야 한다고 생각하면 아찔하다.

시도지사의 자의적 운용 가능성, 과밀억제권역 관리

시도지사는 과밀억제권역 안에서 수도권관리기본계획 및 세부시행계획에 부합하지 않을 경우 신증설이나 개발 사업의 인가 승인을 아니할 수 있다(10조 1항).

승인을 아니 할 수도 있다는 임의 규정이다. 그러므로 시도지사가 자의적으로 과밀억제권역 관리의 취지에 반하게 승인을 할 수 있도록 여지를 준 것이다.

인구 집중을 유발하는 시설의 대폭 축소

제2조 3항에서 현재의 '학교 · 공장 · 공공청사 · 업무용 건축물 · 판매용 건축물 · 연수시설 기타'에서 '공장 · 업무용 건축물'로 대폭 축소했다. 수도권의 규제를 철폐하려는 노력(?)의 산물이다.

대규모 개발 사업 중 관광지 개발의 배제

제2조 4항에서 대규모 개발 사업을 택지, 공업용지 등의 조성을 목적으로 하는 사업으로 축소해 '관광지 개발'이 빠졌다. 수도권 심의위원회의 심의 대상에서 배제되고, 부담금 비대상이 되는 등 대형 관광지 사업에 대한 규제가 대폭 완화되있다.

현재 각 지방에서 남아 있는 것이라고는 관광 자원밖에 없는 실정에서 많은 지방자치단체들이 주요 발전 전략으로 채택한 관광진흥 정책에 찬물을 끼얹는 처사다. 어업 정책에서도 어족 자원의 보호를 위해서 치어를 잡는 것을 금지하는데, 수도권의 욕심은 지방의 씨도 남기지 말자는 데까지 이르렀으니 섬뜩하기까지 하다.

과밀 부담금 부과 대상을 업무용 건축물에 한정

제 17조에서 업무용 건축물 등 인구 유발 시설을 건축할 때는 과밀 부담금을 납부해야 한다고 했다. 업무용 건축물만 부담금을 납부하도록 한 것으로 해석된다. 징수된 부담금의 50%를 국가균형특별회계로 귀속시켰으므로 이러한 조항은 국가균형발전특별회계로 넘어가는 수도권의 자금 규모를 줄이려는 속셈에서 나온 것 같다.

현 수도권 정비계획법에서도 공장 증설은 대폭 허용

현행 수도권 정비계획법은 14개 첨단 업종 중 기존 대기업 공장의 증설을 100% 허용했다. 외국인 투자 기업 25개 업종이 2007년 말까지 허용했으며, 8개 첨단 업종 중 대기업 공장 신증설을 2006년 말까지 한시적으로 허용했다.

공장총량제 폐지

현행 수도권 정비계획법 18조를 완전히 삭제하는 바람도 공장총량제도 삭제됐다. 양적 규제는 하지 않고 과밀억제권역에 대한 입지 규제만 하겠다는 것이다. 이렇게 되면 수도권 규제는 과밀억제권역의 설정 범위에 따라 결정될 것이다. 그런데 법안에서 과밀억제권역은 건교부 장관이 정하게 되어 있다(제9조 1항). 정부의 방침에 따라 얼마든지 늘리고 줄일 수 있다는 말이다. 기회만 오면 수도권 규제를 완화하려고 하는 정부의 속성에 지방의 운명을 맡겨야 하는 심정이 참으로 안타깝다. 이제 현재 지방에서 가동 중이거나 앞으로 신설될 대한민국의 모든 기업과 공장은 수도권으로 몰리게 될 것이다. 수도권 진입에 성공하면 폭등하는 땅값으로 돈을 벌게 될 텐데 그 기회를 놓치겠는가.

참여정부가 추진했던 지역별 전략산업 육성, 산학연 클러스터 정책 등은 궤도에 오르기도 전에 시효가 종료된다고 보아야 한다. 천신만고 끝에 지방으로 이전하는 기업이 늘고 있는데(2003년 135개 이전, 2004년 267개 이전), 이 무슨 날벼락이란 말인가. 지방에는 이제 씨도 안 남을 것이다. 정말 무서운 사람들이다.

자연보전권역 폐지

3개의 권역(과밀억제권역, 성장관리권역, 자연보전권역)으로 구분하고 있으나, 이 법 제9조에서는 권역을 과밀억제권역과 성장관리권역으로 구분한다. 난개발 방지를 위한 계획적 관리 시스템이 구축되기 전에 자연보전권역을 폐지할 경우, 과거 자연보전지역으로 묶여 있던 곳에서는 개발 수요의 폭증이 예상된다. 그 결과 현재 자연보전권역을 중심으로 엄청난 부동산 투기 붐이 일어날 것이다. 인구의 집중을 유발하는 시설이 집중적으로 몰려들어 수도권의 환경 용량을 초과할 것이다.

대학 규제 폐지

제2조 2항의 인구 집중을 유발하는 시설에 대학을 넣지 않았다. 우리나라 학생들의 대학 평가 기준은 수도권과의 거리다. 수도권에 가까울수록 좋은 대학이라는 인식이 형성되어 있는 상황에서 수도권 대학의 규제가 풀리면 아마도 지방 소재 모든 사립대학들이 어떤 형태로든 수도권 진출을 시도할 것이다.

짐작건대 지방에서 사립대학을 운영하는 국회의원들은 이 조항에 열광적으로 찬동할 것이다. 앞으로 지방의 사립대학은 모두 수도권으로 진출해서 없어진다고 보면 된다. 지방에 대학도 없이 무슨 지방분권이고 지방 자립화가 되겠는가. 대학을 해체하고 세계의 명문 대학과 견줄 초일류 대학을 지방에 새롭게 건설해야 하는 판국에 수도권 규제 철폐는 지방대학을 아예 없애려는 것과 진배없다.

전략산업 집적지

수도권의 국제 경쟁력 제고와 일자리 창출을 위해 제14 조에 '전략산업 집적지'의 선정과 육성, 제15조에 지원 사항을 규정하고 있다. 지원 사항에 투자 유치, 활성화, 기반 시설의 확충에 대해 언급하고 있는 것으로 보아, 대기업을 여기에 넣겠다는 속셈이다. 이 조항만으로는 어떤 것인지 알 수 없고, 몇 개의 분야를 대상으로 해 어떻게 선정할 것인지도 오리무중이다. 아예 수도권을 모든 분야를 포괄하는 하나의 나라로 만들려는 것 같기도 하다.

발전정비지구 도입

- 제9조 2항 가. 발전정비지구: 수도권 내 행정기관 및 공공기관의 지방 이전에 대응하거나 동북아 경제 중심 육성을 위해 선별적인 규제 특례를 부여하는 지역을 말한다.

공공기관이 이전해 간 지역은 그대로 두어도 자연스럽게 해당 지역의 필요에 따라 사용될 것이다. 여기에 특례를 부여해 고밀도로 개발하겠다는 발상은 수도권을 과밀화시키지 못해 안달이 난 걸로밖에 보이지 않는다. 수도권이 과밀하기 때문에 지방으로 이전하려는 것인데, 이전이 되기도 전에 더욱 과밀화시키겠다는 법을 제정하려는 사람들이 나는 두렵다.

상생

- 제21조: 징수된 부담금의 100분의 50은 국가균형발전특별법에 의한 국가균형발전특별회계에 귀속하고….
- 제23조 2항: … 개발 협약을 통해 개발 사업을 시행할 경우, 당해 시장군수와 시도지사는 개발협약에 따라 개발 사업으로 인한 세수 증대분의 일부를 … 국가균형발전특별회계로 출연할 수 있다.

지방과 상생하려는 모습을 보여주는 유일한 조항이다. 지방의 어려움은 오랜 중앙 집중의 역사로 형성된 국민의 서울 선호 사상에서 비롯된 것이다. 결코 돈이 부족해서 어려운 게 아니다. 모든 것을 서울에 집중시키고 그다음 서울의 파이를 지방에 분배하겠다는 발상은 결코 용납될 수 없다.

이 법의 우선 적용

- 제3조 1항: 수도권관리기본계획은 수도권 안에서의 '국토의 계획 및 이용에 관한 법률'에 의한 도시계획 기타 다른 법령에 의한 토지이용계획 또는 개발계획 등에 우선하며, 그 계획의 기본이 된다.

수도권 규제를 근본적으로 폐지하는 정신을 가진 이 법을 관련 다른 계획에 우선해 적용시킨다는 것은 혹시 남아 있을지도 모르는 수도권 규제의 완전한 무장해제를 뜻한다. 거기다 3차 수도권 정비계획으로 수도권 규제를 거의 완화하는 정책을 마련 중이다. 정부에서 마련한 3차 안에는 수도권 내부를 10개 내외의 다핵 구조로 전환해 수도권을 발전시키려는 계획이다. 구체적으로는 경쟁력 강화를 위해 정비발전지구 제도를 도입하고, 주택을 2020년까지 115% 수준으로 올리고, 산업단지 이외 공업 지역을 '제한'에서 '공장총량제'로 바꾸어 총량제하에서는 증가 가능하게 만들고, 수질오염총량제 시행을 전제로 자연보전권역에서 택지 개발허용 규모를 확대하는 등의 수도권 규제안을 만들고 있다.

나는 이 안에 대해서도 심각한 위기의식을 느낀다. 이 안에 대한 공청회에서 표출한 나의 우려가 채 전달되기도 전에, 이번 한나라당 의원들의 수도권 규제 폐기 법안을 또 보고 있다

이들은 왜 이러나?

개인의 정치적, 경제적 이득을 위한 보수적 시비 걸기

대수도론은 그냥 정치적 이벤트에 불과할 수 있다. 이게 지방자치의 단점 중의 하나다. 유권자에게 무언가 쇼를 해야 하는 중압감에 못 이겨 악수를 두고 마는 것이다. 수도권의 규모 때문에 수도권에 미동이라도 영향을 미치는 정책이라면 지방에는 태풍을 몰고 올 수 있다. 그러므로 수도권의 단체장들은 늘 신중해야 하고 수도권만을 위하는 정책을 세워서도 안 된다.

지방화 정책에 끌려다니는 형국에서 빠져나와 의제를 선점

그동안 행정수도 이전, 공공기관 이전 등의 지방화 의제를 공격하느라 지친 수도권 옹호론자들은 대수도론이라는 의제를 들고 나와 지방민들이 자신들의 의제를 공격하는 모습을 흐뭇하게 바라보는 것 같다.

수도권의 표를 얻고자 하는 속셈

유권자들은 수사적 제스처에 약하다. 사람들은 대개 현실보다 더 나은 세상이 있을 것이라는 희망을 갖게 마련이다. 이들을 달콤한 말로, 희망이 곧 다가올 현실인 것처럼 현혹시키면 금방 넘어온다. 돈을 떼먹는 사람들은 돈을 곧 받을 거라는 희망을 이용해 달콤한 말로 현혹하면서 돈을 빌려 간다. 그래서 정치인들은 이 자리, 저 자리에서 유권자들 듣기 좋은 말만 하고 다니며, 그러다 나중에 공염불인 게 드러나면 사기꾼 소리를 듣기도 한다.

대수도론! 지금도 대수도이다. 지금도 경제권이 통합되어 있다. 행정을 통합하고 싶으면 그렇게 하라. 그런데 한번 해보라. 그게 되는지.

땅값을 노리는 '성장연합'에게 넘어갔다

수도권의 규제를 해제하고자 안달이 난 사람들은 땅값 상승으로 덕을 보려고 그러는 것이다. 자신의 꾐이나, 땅 가진 자들의 꾐에 넘어갔을 가능성이 높다. 이를 점잖게 표현하면 '성장연합들이 득세'한 것이다. 수도권에서 행세하는 사람들이 성장연합의 도움 없이 살 수 있겠는가.

수도권 실패의 핑계를 규제에서 찾고 있다

지금 수도권의 경쟁력은 하락하고 있다. 수도권 집중 정책의 실패가 드러나기 시작한 것이다. 수도권 옹호론자들은 수도권 집중 정책의 실패를 인정하기가 싫다. 그 실패의 핑계를 다른 곳에서 찾고 싶은데 마침 대한민국에는 수도권 규제 정책이란 게 있었다(현재는 존재하지 않음). 그래서 그들은 옳다구나! 하고 수도권 규제에 모든 책임을 전가하기 시작했다. 정녕 우리나라는 수도권 집중의 나라인가, 수도권 규제의 나라인가. 왜 이렇게 수도권 규제에 책임을 모두 미루는가.

뿌리 깊은 중앙 선호 의식

진부한 이야기지만, 우리 민족의 끈질긴 중앙 선호 의식이 이런 결과를 낳았다. 중앙은 가치가 높고 지방은 가치가 낮으므로 가치가 높은 곳에 자원을 더 배분해야 한다는 뿌리 깊은 의식이 살아 있어서 그렇다.

지방을 후려친다

인간도 원시시대 때는 무기 없이 동물을 잡아먹어야 하는 동물이었다. 살기 위해서 싸워야 하는 DNA가 뼛속에 숨어 있다. 그래서 인간은 늘 싸우고

싶다. 보라, 역사서에서 싸우는 이야기를 빼면 뭐가 얼마나 남겠는가. 싸움
이란 대개 강한 자가 거는 법이다. 힘이 약한 동물이야 도망가기 바쁘지 감
히 강한 자를 공격하기란 쉽지 않다. 그런데 약한 동물이 강한 자를 건드리
는 경우가 있다. 새끼를 빼앗긴 어미는 강한 자에게도 감히 덤빈다. 지금
강한 수도권 옹호론자들은 싸움 본능을 약한 지방에 발산하는 중이다. 수
도권에 빼앗긴 지방의 자원을 돌려달라는 모성본능의 절규를 자신에게 감
히 대든 것으로 보고 수도권 옹호론자들이 불쌍한 지방을 후려치고 있다.

.2.
수도권 규제
철폐론자들의 쟁점

수도권 규제가 경쟁력 악화의 주범이다?

수도권 규제 철폐론자들은 수도권이 지금 규제에 묶여 세계 대도시권 간의 경쟁에 뛰어보지도 못한 채 뒤처지는 상황에 놓여 있다고 생각한다. 공장과 기업이 규제를 피해 해외로 빠져나간다고 보는 것이다.

실상은 그렇지 않다. 오히려 수도권 규제가 너무 약해 수도권 경쟁력이 하락했다. 지방의 많은 자원이 수도권으로 흘러가고 그 흐름이 다시 지방 자원의 수도권으로의 흐름을 촉진하는 악순환이 지속되었다. 지방은 지나치게 비고 수도권은 지나치게 밀집해 경쟁력이 하락했다. 또한, 규제 때문에 해외로 나간다는 주장은 참으로 난센스다. 우리나라에서 경쟁력이 없어 해외로 나가는 기업들이 땅값 싸고 임금 낮은 곳 찾아 동남아로 가지 미국 유럽 등의 선진국으로 가는가?

허재완(2005)은 경기개발연구원의 설문조사 결과를 활용해 수도권 기업이 공장을 이전하는 이유는 수도권 규제 때문이며, 이로 인해 제조업의 공동화 현상이 발생하고 있다고 했다. 이 연구에 의하면 이미 해외 및 지방에 공장 증설을 한 이유의 23.9%, 18.3%가 각각 수도권 규제, 부지 협소다. 그리고 앞으로 공장을 신증설할 때 이전 대상 지역으로는 수도권 내 37.2%,

해외 34.9%, 지방 23.3%였다. 지방으로 이전하려는 이유로는 부지 협소가 45%로 가장 높았고 해외로 이전하려는 이유로는 수도권 규제가 37%로 가장 높았다.

공장을 이전하겠다는 기업들의 이전 대상 지역은 수도권(37.2%)이 가장 높다. 이를 두고 수도권 규제 효과가 없으니 규제를 철폐하라는 주장이 제기될 수도 있을 것이다. 그런데 23.3%가 지방 이전을 희망한다. 60.5%가 국내 이전을 희망한다는 말이다. 국내 이전이 해외 이전을 압도한다.

지방으로 이전하겠다는 업체의 이전 이유는 수도권 부지 협소가 45%, 수도권 규제가 22%이다. 수도권에서 부지 때문에 고통을 받는다는 것이다. 수도권은 그래서 수도권 규제를 풀어달라는 것이지만, 지방은 그래서 지방의 넓은 부지를 활용하라는 것이다. 균형발전 정책은 지방의 여건을 개선해 기업의 지방 이전을 돕자는 것이다.[34]

업체가 해외로 이전하려는 이유는 수도권 규제 37%, 해외시장 개척 21%, 인건비 21%다. 항목의 성격을 자발성 여부로 보면 수도권 규제는 비자발적인 이유고, 해외시장 개척과 인건비는 자발적 이유다. 수도권은 기업의 해외 이전 이유로 수도권 규제(37%)를 들고 싶겠지만, 해외시장 개척과 인건비라는 자발적 이유(42%)가 더 크다. 기업들은 이윤을 위해서 자발적으로 이전하고 있는 것이다.

한편 대한상공회의소(2002)의 '중국 진출 한국 기업의 진출 목적 및 애로사항' 에 따르면 중국 진출 업체는 가장 중요한 진출 목적으로 저렴한 노동력 활용(25.5%)과 거대 시장의 개척 · 확대(25.5%)를 들었다. 다음으로 풍부한 노동력(11.5%), 현지 기업과의 전략적 제휴(9.0%), 불합리한 관행 및 규제(6.5%) 등이 지적됐다.[35]

또 설령 기업들이 수도권 규제 때문에 이전한다고 해도 이 때문에 경기도 내 제조업이 공동화되고 있을까. 전혀 그렇지 않다. 다음은 경기도 제조업의 비중이 증대 추세임을 보여준다.

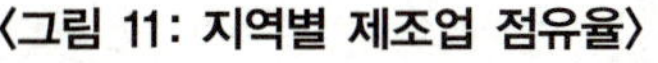

〈그림 11: 지역별 제조업 점유율〉 (전국=100)

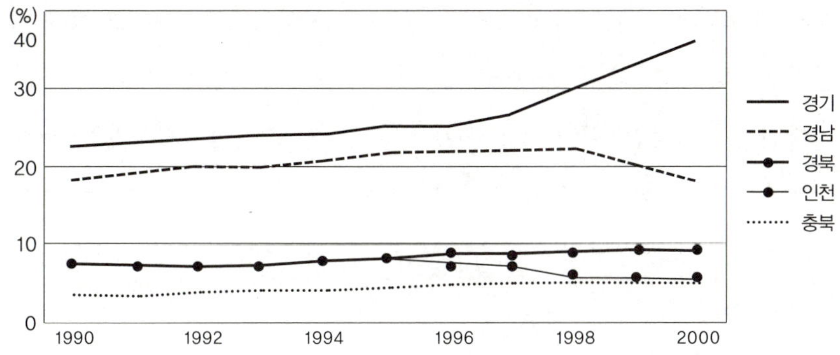

자료: 민경휘(2002), 「경제력의 지역 간 불균형 계속 확대」, 『산업경제정보 103호』, 산업연구원

민경휘 · 김영수(2003)는 수도권의 제조업 집중도를 1983년부터 1989년까지 집중 강화기, 1990년부터 1998년까지 집중 완화기, 1999년부터 재집중기로 구분하면서, 지식기반경제의 도래에 따라 혁신 환경이나 산업 입지 여건이 양호한 수도권 지역에 신산업 집중이 가속화된 때문으로 풀이했다. 이는 설령 수도권 규제로 기존 기업이 떠나간다고 해도 그 빈자리는 지식기반의 신사업이 채우고 있음을 의미한다.[36] 오히려 수도권 규제가 수도권의 경쟁력을 강화하고 있는 것이다.

수도권 규제는 개별 기업의 이익을 위해서가 아니라 사회적 비용 증가를 막기 위해 만들어진 제도임을 알아야 한다. 수도권 기업에 공장 증설을 허용해 모든 기업이 공장을 증설하면 더는 공장을 지을 땅이 사라질 것이다. 이때 초래되는 사회적 혼잡비용은 아무도 부담하려 들지 않을 것이다. 공장을 증설해 이익을 보는 기업은 사적으로 이익을 향유하지만 그 증설이 초래하는 사회적 혼잡비용은 부담하지 않기 때문이다. 그리고 만일 사회적 부담을 시장 내부화한다면 공장 증설의 요인은 크게 사라질 것이다. 개별 기업으로서야 나 하나쯤 공장을 증설하는 게 무슨 큰 문제냐고 항변하고 싶겠지만, 나 하나쯤이 모이면 이른바 '구성의 오류'를 초래함을 명심해야 한다.

한편 1인당 국민소득이 2만 5000달러 이상인 경제협력개발기구(OECD) 국가의 수위 도시들은 대부분 인구 비중이 높지 않고 다극 분산형 국토 형태를 지니고 있음을 보면, 수도권 집중은 국가 경쟁력 향상에 결코 도움이 되지 못한다.

<그림 12: 1인당 GDP와 수위 도시 인구 비중>

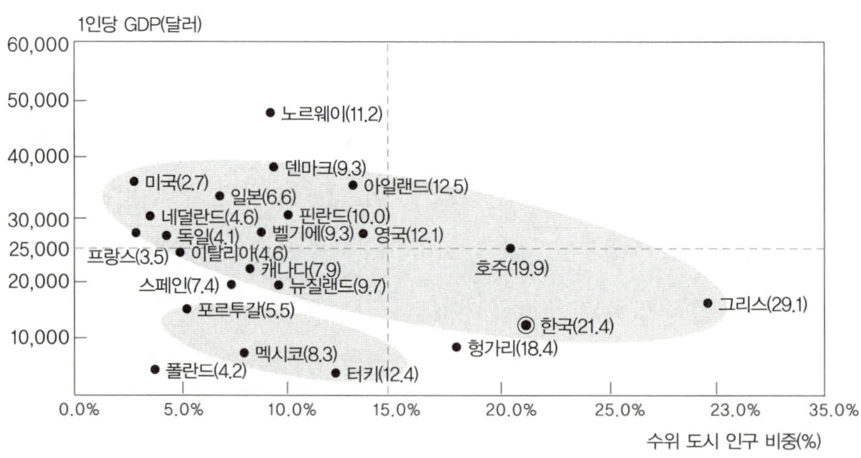

자료 : OECD 홈페이지에서 작성, ( )는 국가별 수위 도시 인구 비중

기업의 경쟁력이 떨어진 것이지 지역의 경쟁력이 떨어진 것이 아니다

기업의 경쟁력은 제품의 높은 품질과 낮은 가격에 있다. 규제를 심하게 하면 제품의 품질이 떨어지고 제품 가격이 높아진다는 것은 생각하기 어렵다. 수도권의 생산비 상승이 경쟁력 악화의 주범이다. 1980년대와 비교해 지금의 생산 비용은 30%나 상승했다. 규제가 생산 비용을 올리나? 생산 비용이 상승한 큰 이유는 부동산 가격이다. 수도권 기업의 공장을 지방으로 옮기면 기업의 채산성은 금방 회복된다. 더구나 선진국을 지향한다면서 첨단산업을 도외시할 수 없는데, 경쟁이 치열하고 성공률이 낮은 첨단산업을 부동산 가격이 높은 수도권에서 어찌 성공시키겠는가. 당연히 땅값 낮고 물과 공기가 맑은 지방에서 첨단산업을 성공하게 해야 한다.

지방 자원의 수도권 러시로 수도권의 부동산 가격이 증가하자 이미 부동산을 소유한 기업은 경쟁력이 낮아도 부동산 가격 차익 때문에 건재하다. 경쟁력 낮은 기업은 건재하고, 경쟁력 높은 기업은 부동산 비용 때문에 진입하지 못하는데 수도권에 무슨 경쟁력이 있겠는가. 결국 수도권 규제와 경쟁력과는 별다른 상관이 없다. 상관이 있다면 오히려 반대로 있다. 규제가 약해 부동산 비용을 높여 경쟁력이 낮아진다고 할 수 있는 것이다. 수도권에서 만든 제품의 품질은 우수하고 지방에서 만든 제품의 품질이 떨어지는 것은 아니다.

·3·

수도권 규제의
역할

중앙 집중 모델에서 수도권 규제의 역할

우리나라가 그동안 심화되는 수도권 과밀에도 불구하고 이만큼의 안정을 유지해온 것은 도시의 성장 과정에서 스스로 억제 기능이 작동했기 때문이다. 그렇지 않았다면 지방은 궤멸하고 수도권은 폭발하는 현상이 더욱 빨리 진행되었을 것이다. 최근의 수도권 옹호론자들의 준동을 방치하면 도시의 자율 조정 기능이 상실돼 빈익빈 부익부 모델이 아무런 저항 없이 작동할 것이다.

그러면 도시의 자율 조정 기능은 어떻게 작동할까? 먼저 인구와 노동 여건부터 살펴보자. 임금이 상승하면 유입되는 인구가 증가한다. 인구가 늘어나니 노동 공급이 증가한다. 노동 공급이 증가하면 임금이 하락한다. 임금이 하락하니 인구 유입이 준다. 여기서 자율 조정 기능이 발동했다.

다음으로 일자리와 공장을 보자. 임금이 하락하면 고용을 늘려서 공장을 증축한다. 공장을 증축하면 공장이 확대된다. 공장이 확대되면 노동 수요가 증가하고 임금이 상승한다. 여기서 자율 조정 기능이 발동했다.

다음은 토지가 산업 폭발을 자동 규제하는 과정을 보자. 공장 증축이 늘어나면 공장이 확대된다. 공장이 확대되면 수도권에 남은 토지가 줄어들어 토지 공급이 감소한다.[37] 토지가 부족해 공급이 줄면 공장 증축이 줄어든다. 여기서 자율 조정 기능이 발동했다.

이제 토지가 주택의 폭발을 자동 규제하는 과정을 보자. 토지의 공급이 증가하면 주택 건설이 증가한다. 이어서 주택 공급이 증가한다. 그러면 주어진 토지를 사용해 주택을 지었으니 남은 토지인 토지 공급량이 감소한다. 여기서 자율 조정 기능이 발동했다.

이때 공장이나 주택을 지을 수 있는 토지의 양[38]을 일정하게 유지하는 것이 바로 수도권 옹호론자들이 거부하는 수도권 규제이다. 그들은 공장부지, 주택용지를 늘려서 '토지 공급을 늘리라' 고 한다. 수도권의 규제를 해제하면 토지 공급이 늘어난다는 것이다. 공장 확대와 주택 공급 쪽의 움직임에 대한 자동 조정 기능을 무력화시키는 행위다. 이러한 행위는 자율 조정 기능의 발동을 막아 수도권을 폭발시킨다. 수도권 규제의 해제는 수도권에 해로운 인위적 조치인 것이다(주택 투자와 인구와 주택 여건은 설명을 생략했다).

수도권 옹호론자들의 주장은 결국 '중앙 집중을 계속하자' 는 것이다. 그들의 속셈은 유권자들에게 자신들의 노력을 가시적인 조치로 보여주는 것이다. 바로 수도권 규제 완화이다. 수도권 규제 해제는 수도권의 폭발을 막는 자동 조정 기능을 파괴한다.

빈익빈 부익부 모델에서 수도권 규제의 역할

수도권 규제가 없다면 중앙집권이 가져온 수도권 집중이 브레이크 없이 굴러가 수도권을 폭발시키고, 지방을 열악하게 만들어 지방 탈출을 가속화하는 악순환을 가져온다. 수도권은 팽창하는 방향으로 눈덩이처럼 굴러가고, 지방은 축소되는 방향으로 갈 것이다. 빈익빈 부익부 모델이 작동하는 것이다. 반면 수도권 규제가 있다면 수도권은 폭발에서 안정으로, 지방은 궤멸에서 안정으로 변환될 수 있다.

국가와 지방은 하나다

우주를 생각해보면 우주의 크기는 참으로 불가사의하다. 유한할 수도 없고 무한할 수도 없게만 생각되는 이 기묘한 것이 우주다. 많이 생각해보고, 이 책 저 책을 보니 마지막으로 가진 생각은 우주의 한 부분이 전체이고 전체가 한 부분일 수밖에 없다는 것이다. 그래야 우주의 존재가 가능하다.

우주의 한 부분인 대한민국에서도 지방이 대한민국이고 대한민국이 지방이지 않으면 대한민국의 존재는 불가능하다. 만약 지방이 죽고 수도권만 살아남으면 어떻게 될까? 마치 기린이 가뭄에도 얼마간 살아 있듯이 수도권도 얼마간은 살아 있을 것이다. 그러나 시간이 지나면 기린이 죽듯이 수도권도 죽을 것이다. 대한민국이 죽는 것이다.

치과의사가 치통을 제거하기 위해 무조건 치아를 제거한다면 사람들은 그를 돌팔이라고 부를 것이다. 마찬가지로 지방이 아프다고 지방을 버리는 정책만 쓴다면 이는 돌팔이 정책이다.

세계화 시대에는 사람이 어느 곳에 살던 세계와 연결될 수 있어야 한다. 서울에 살아도 좋고 지방에 살아도 좋다. 서울에 공장을 차려도 좋고 지방에 차려도 좋다. 그러나 어느 한 곳에만 집중하면 땅값이 오르고 환경이 오염되어 비용을 올리고 생명을 죽이니 국토 전체에 골고루 분산해서 살게 만들어주면 된다. 국토 전체를 골고루 잘 이용할 수 있도록 종합적인 계획을 세워야 한다.

서울이 먼저 돈 벌어서 나중에 골고루 분배해주겠다는 말은 하지 마라.

지방민들이 거지 노릇을 좋아하겠는가. 하기야 그런 아량이라도 있다면 얼마나 다행인가. 분배 정책은 돈을 나누어주는 것이 아니라 분배가 잘 이루어지도록 시스템을 만드는 일이다. 인위적인 돈의 분배가 아니라 시스템을 정비해 분배를 개선해야 한다. 중앙과 지방의 분배도 이런 원칙을 따라야 한다.

·4·

문제 해결의
모색

현재 상황

지금 정치권에서는 수도권 규제와 규제 철폐의 상반되는 주장이 다투고 있다. 이명박 정부가 대표하는 수도권은 규제를 해제해야 경쟁력을 가지고 국가 경쟁력을 강화시킨다고 주장하고 있다. 반면, 비수도권은 수도권의 규제를 강화해야 수도권 과밀이 해소되어 수도권의 경쟁력이 강화되고, 지방 여건이 개선되어 국가의 경쟁력이 강화된다고 주장한다.

〈그림 13 : 수도권 규제와 해제의 충돌〉

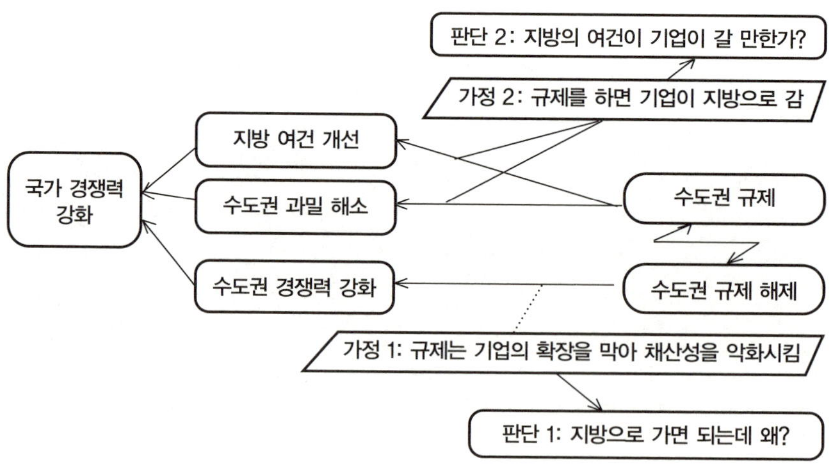

해결을 위한 판단 기준

두 요구를 동시에 들어줄 수는 없다. 어느 한쪽이 물러서야 한다. 이때 물러서는 기준은 두 가지가 있다. 하나는 힘이 센 자가 양보하는 것이다. 두 요구가 팽팽하고 논리의 우열을 가리기가 어려울 때 그 외의 방법은 사실 없다. 약자의 양보는 굴종으로 여겨져 마음속으로 승복하지 않기 때문이다. 현실에서는 반대로 힘이 센 자가 승리한다. 심판관이 힘이 센 자의 편을 들어주기 때문이다. 사회가 갈등으로 들끓는 이유다. 또 하나의 기준은 각자 주장의 기저에 있는 가정의 타당성을 살펴보는 것이다. 서로의 주장에는 그 주장이 성립하기 위한 가정이 있다. 그 가정이 깨지면 주장을 포기해야 한다.

첫째 기준으로 보면, 수도권이 힘이 세므로 양보해야 한다. 두 번째 기준은 자세히 논의를 해보아야 한다. 수도권 규제를 해제하라는 쪽에서는 규제 해제로 수도권 경쟁력을 강화하고 국가 경쟁력을 강화할 수 있다고 한다.

물론 나는 수도권의 규제를 해제하면 수도권 경쟁력이 강화된다는 고리도 인정하지 않고 또 설령 수도권이 강화된들 국가 경쟁력이 강화된다는 고리도 인정하지 않는다. 그리고 국가 경쟁력이라는 개념도 인정하지 않는다. 수도권 밀집이 가져온 폐해가 너무 심해 역대 정부 대대로 규제 정책을 펴온 마당에 수도권 규제 해제가 수도권 경쟁력을 강화한다는 이야기는, 수도권 밀집이 개선되지 않은 상황에서, 지나친 억지이기 때문이다. 또 설령 수도권이 강화된들 국토의 대부분인 지방을 죽이고서 이루어지는 수도권 강화는 국가 경쟁력을 강화시킬 수 없기 때문이다. 또한 규제 완화로 기업이 혜택을 본다면 그것은 기업의 문제이지 수도권이나 국가의 문제가 아니기 때문이다. 그럼에도 불구하고 수도권 규제 해제론자들이 주장하는 고리를 인정하고 논의를 하겠다.

수도권 규제 완화가 수도권 경쟁력을 강화시키려면 규제가 기업의 채산성을 하락시킨다는 가정이 필요하다. 수도권 규제는 기업 투자라는 물길을 안내하는 도랑 같은 존재다. 기업은 국가가 국가 경영의 필요에 따라 설치해놓은 규제라는 신호등에 따라서 움직이면 된다. 도로 위의 자동차가 신호등이 나를 불편하게 한다고 신호등을 없애달라고 하면 되나? 어느 도시가 일부러 차량 흐름을 방해하려고 신호등을 설치하겠는가. 어느 나라가 국가 전체의 기업의 채산성을 떨어뜨리려고 규제를 하겠는가. 운영 과정에서 운영 미숙으로 기업에 불편을 줄 수는 있지만 시스템 그 자체가 기업에 불이익을 주려고 있는 것은 아니다. 수도권 규제의 신호등은 수도권은 혼잡해 더 이상 진입하면 더 큰 혼잡으로 아예 교통이 엉켜버리니 한산한 다른 곳으로 우회하라는 신호를 보내고 있다. 지방으로 가라는 것이다. 앞에서 보았듯이 그렇게 하겠다는 기업들이 그렇게 하지 않겠다는 기업보다 더 많다. 그러면 되었지 않은가. 이렇게 규제 해제의 가정은 무너졌다. 규제 해제의 주장이 틀렸다는 것이다.

다음으로 규제를 해야 한다는 지방의 입장을 보자. 여기서의 가정은 규제를 하면 기업이 지방으로 가야 한다는 것이다. 물론 지금 이대로는 충분하지 않다. 기업이 지방으로 갈 수 있도록 지방의 여건을 개선해주어야 한다. 그러려면 지방분권을 해 지방이 권한이 있어야 하고 균형발전으로 지방의 체력이 다져져야 한다. 우리가 지방분권과 균형발전을 그토록 염원하는 이유다.

수도권아, 이제 너도 자립해라!

이 법안을 마련한 의원들에게 꼭 하고 싶은 말이 있다. '수도권아, 이제 너도 자립해라!' 그렇다, 수도권은 그동안 지방에서 끝없이 몰려오는 사람들 때문에 먹고살았다. 중앙집권 체제 때문에 중앙 위주로 펼쳐지는 정부의 각종 정책은 사람을 비롯해 지방의 온갖 물자를 수도권으로 올라오게 했다. 사람이든 기업이든 수도권으로만 몰려들자, 자연히 수도권의 땅값은 하늘을 찌를 듯 올라갔다. 수도권에 땅을 사놓으면 개인이든 기업이든 금세 부자가 되었다. 그것을 본 사람들과 기업들은 더욱 맹렬한 기세로 수도권으로 몰려들었다.

사람과 기업이 몰려들어 수도권 자치단체가 거두어들이는 세금은 곳간 가득히 쌓였다. 수도권의 지방자치단체는 이제 중앙정부의 도움 없이도 돈 걱정 없이 시민을 위해서 온갖 일을 해줄 수 있게 되었다. 그래서 수도권의 자치단체장은 기업체 사장과 달리 돈 벌 걱정 없이 돈을 쓰기만 하면 되니 얼마나 편한 자리인지 모른다.

수도권은 지금까지 지방에서 몰려드는 물자 때문에 생존해왔다. 수도권이 앞으로도 계속 지방에 의존해서 살아가면 지방은 정말 아무것도 없는 빈껍데기만 남을 것이다. 수도권도 불안하기는 마찬가지다. 몰려오던 사람과 기업이 갑자기 사라지면 수도권은 스르르 자체 붕괴하고 말 것이다. 그러니 나는 수도권이 지방에 대한 의존을 줄여가며 혼자 살아갈 방도를 강구해야 한다고 강력히 촉구한다.

수도권이 지방에서 독립하려면 먼저 지방에서 수도권 정치인들이 지금처럼 수도권 규제 철폐를 무작정 주장해서는 안 된다. 수도권의 기업 활동이 불편하다고 각종 시설, 용지, 제도의 규제를 풀어주면 그나마 지방에 남은 사람과 물자마저 깡그리 수도권으로 가고 만다. 10개 부족하다고 아우성친다고 공급을 늘려주면 20개를 더 달라고 외치는 것이 공공 부문의 법칙이다.

그래서 수도권 정책은 지방에서 사람과 기업을 불러올 수 있어서는 절대로 안 된다. 가진 것을 하나씩 버리면서 스스로 살아갈 준비를 혹독히 해야 한다. 그래야 수도권이 살고 지방이 살고 나라가 산다. 그런데 어찌 규제 철폐 운운하며 지방에 다시 손을 벌리는가, 치사하게.

03

균형발전에 대한

오해와

진실들

균형발전에 관한 오해

〈가치 판단 관련〉

오해 1 수도권 집중은 시장에 따라 이루어진 자연스러운 결과이므로 그대로 두어야 한다?

이 견해는 수도권 집중으로 인한 불균형 현상을 경제주체가 시장의 신호에 자연스럽게 따른 결과로 인식하고 있다. 기업은 생산성 높은 수도권으로, 개인은 직장을 따라 수도권으로 이전했다는 것이다.

→ 진실 초기 조건이 수도권에 유리하게 설정되었다. 공공기관의 위치는 정부가 결정한다. 정부는 중앙정부가 위치한 수도권에 공공기관을 세우는 것이 자연스러웠을 것이다. 그다음은 수도권에 집중된 공공기관이 기업과 개인의 수도권 유입을 견인하는 과정이다. 그냥 두어도 어찌될 줄 모르는 판에 토머스 셸링(1978)이 말하는 미시적 동기의 결과라고 하기에는 너무나 강력한 서울 편향적 정책들이 난무한 가운데, 수도권에 있는 공공기관은 '복잡계 경제학'의 교훈에 따라 지방의 자원을 흡인하는 데 큰 역할을 했다.

문제는 수도권 진입으로 이익을 보는 개인은 사회에 끼친 손실을 부담하지 않는다는 점이다. 시장에 참여하는 개별 경제주체는 사적인 이익을 추구한다. 개인으로 보면 수도권 진입은 비용보다 이익이 크므로 당연히 이전을 감행할 것이다. 여기서 개인이나 기업이 얻는 이익은 지극히 사적인 것이다. 하지만 그 때문에 발생하는 수도권 과밀의 피해는 사회 전체에 부담을 끼친다. 그렇다고 그 개인이 사회적 손실을 부담하지는 않는다. 명백한 시장의 실패다.

또 한편으로 마치 철부지 젊은이가 배우자를 외모로만 결정하고, 아이들이 치아가 상하는 줄도 모르고 단맛에 빠져드는 것처럼 어떤 개인은 특별한 편익이 없음에도 서울을 동경하고 무작정 서울 진입을 시도하기도 한다. 이 경우에도 서울 과밀이라는 비용을 사회에 부과하게 된다.

오해 2 잘하는 곳만 지원하고 못하는 곳은 지원하면 안 된다?

한국 경제가 실패한 가장 큰 원인은 잘하는 곳과 못하는 곳을 구별하지 않았다는 데 있다. 두 곳을 비교해 이긴 곳은 지원하고 패배한 곳은 잘라내야 한다(좌승희, 2006). 이 견해에 따르면 서울과 경쟁해 패배한 지방은 가차 없이 잘라내야 한다.

→ **진실** 비교우위는 누구나, 어느 지역이나 자기 안에 가장 잘하는 것이 있으니 그를 활용해 살아가라는 것이다. 한국 안에서는 농업보다 공업에 비교우위가 있어서 공산물 수출정책을 펴온 것이지 미국의 공산물보다 한국의 공산물이 절대적으로 낮기 때문에 그렇게 해온 것은 아니다.

사람이나 지역도 국가처럼 자신의 강점을 가지고 있다. 그런데 왜 서울과 지방을 직접 비교해 지방을 버리려 하는가. 이 점은 현 정부도 반복적으로 범하는 과오다. 국가는 각 개인과 지방 안의 우위가 어디에 있는지를 찾아주고 이를 가꾸어 세계로 나아가는 것을 도와주어야 하지 않는가.

〈투자 효과 관련〉

오해 3 지방의 생산성은 낮고 수도권의 생산성은 높으니 먼저 수도권에 투자해 성과를 얻은 후 그 성과를 지방에 퍼지게 하자?

지방의 생산성은 낮고 수도권의 생산성은 높다는 것이 일반적인 인식이다. 그래서 지방보다는 수도권에 투자해야 한다는 말에 별다른 거부감이 없다. 이렇게 믿는 사람들에게 지방 투자를 선도한다고 생각되는 균형발전 정책은 결코 곱게 보이지 않는다.

→ **진실** 수도권과 지방의 생산성에 대한 연구는 두 종류로 나뉜다. 경기개발연구원(2001)은 수도권 인구와 기업체 수가 늘어날 경우 국부가 증가하고 수도권의 투자 효율성이 높다고 주장했다. 김성수(2001)는 수도권 교통 시설의 탄력성과 교통 시설 스톡의 한계생산이 비수도권보다 높다고 주장했고, 문미성(2001)은 수도권 전자통신기기산업의 집적이 기업의 혁신 수행을 향상시킨다고 했다. 서승환(2001)은 수도권의 총요소생산성이 전국에 비해 1.3%포인트 높은 것으로 나타난다고 했다.

이상호·김홍규(1996)는 서울시의 집적 경제 효과는 줄어들고 시급 도시의 집적 경제 효과는 증대되고 있다고 밝혔다. 김의준·이호민·박승규(2003)는 집중도가 낮은 성장관리권역과 수도권 북부의 집적 이득은 커진다면서 집중이 덜한 지역들을 육성해야 한다고 주장했다. 민영휘·김영수(2003)는 수도권보다 비수도권에서 집적 경제의 생산성 효과가 지속적으로 증가했으며 절대적 크기도 더 큰 것으로 추산했다.

이처럼 생산성에 대한 매우 다양한 견해가 존재한다. 그럼에도 수도권의 생산성이 높다고 자신할 수 있을까? 이와 관련한 김영수(2002)의 연구를 보자. 1998년에서 2000년까지 제조업의 노동 생산성과 자본 생산성을 지역별로 비교한 연구다.

〈표 5 : 권역별 제조업 생산성장에 대한 요인별 기여도 및 기여율〉

	생산성장 기여도						생산성장 기여율			
	TFP 증가율	노동투입 증가율	자본투입 증가율	중간투입 증가율	생산 성장율	총요소 생산성	노동 투입	자본 투입	중간 투입	생산 성장
수도권	1.13	−0.26	2.65	3.57	7.08	15.9	−3.7	37.4	50.4	100.0
중부권	0.29	0.25	5.34	7.36	13.24	2.2	1.9	40.3	55.6	100.0
서남권	0.53	0.06	3.03	6.09	9.71	5.5	0.6	31.2	62.7	100.0
동남권	0.92	−0.18	2.48	4.66	7.88	11.7	−2.3	31.4	59.2	100.0
전국	0.83	−0.16	2.96	4.59	8.22	10.1	−1.9	36.0	55.9	100.0

자료 : 김영수(2002), 「지역 산업의 생산성과 결정 요인 분석」, 산업연구원

이 연구 결과 수도권의 노동 생산성과 자본 생산성은 지방보다 낮았다. 반면에 수도권의 총요소생산성은 지방보다 높았다. 이에 대해 김영수는 수도권의 경우 산업 인프라가 잘 갖춰져 있고 연관 산업의 집적 효과가 높아 제조업의 기술적 효율성이 높게 나타나는 것으로 해석했다. 김영수는 수도권에의 과도한 집중을 억제하고 지역 간 산업의 균형발전을 유도하기 위해서는 지역 제조업의 총요소생산성을 제고하기 위한 시책이 필요하다고 진단했다.

다음으로 수도권 투자가 과연 다른 지방에도 스필오버(spillover, 어떤 생산 활동이 다른 생산성까지 증가시켜 전체의 생산성을 높이는 것을 말함) 되는가를 살펴보자. 박양호(2003)는 수도권의 경우 산업성장의 지역 내 파급효과(국지성)는 가장 높은 반면 지방으로의 산업 연계력은 가장 낮음을 지적했다. 수도권 산업생산의 국지성을 100으로 본다면 호남권은 63.6, 영남권은 89.4, 충청·강원·제주권은 59.9에 불과했다. 수도권 산업생산의 지역 간 연계력을 100

으로 본다면 호남권 216.5, 영남권 136.3, 충청·강원·제주권 241.7로 오히려 지방이 더 높았다. 결국 수도권에서의 산업투자는 지방과 충분히 연계되지 못하고, 수도권 내부 위주로 파급됨으로써 수도권의 자기확대적 성장효과를 일으켜 수도권과 지방의 상생 발전에 장애가 된다 할 것이다.

이런 결론은 한국은행(2007)의 자료에서도 강력히 뒷받침된다. 한국은행은 '2003년 지역 산업 연관표'를 통해 각 지역의 최종 수요 증가가 전국의 생산 및 고용에 미치는 파급효과를 분석했다. 그 결과 생산 유발 효과는 경남권이 가장 크고 수도권이 가장 작았고, 취업 유발 효과는 전라권과 강원권이 가장 크고 경남권이 가장 작았다.

이렇듯 수도권에 투자하는 것은 타 지역에 스필오버 되지 않는 수도권만의 잔치로 끝날 가능성이 높다. 김의준(1992)은 지방에 투자하는 것이 단기적으로는 성장에 불리하지만 장기적으로는 유리하다고 했는데, 위의 자료가 이를 잘 설명해주고 있다. 지방에 투자하는 것은 타 지역에 대한 스필오버를 통해 경제 성장을 추동하는 것이기 때문이다. 김의준(1992)은 지역 간 연산 일반 균형 모형을 사용해 전국 대비 수도권 투자 비율을 5%포인트 감소하는 대신 지방 투자 비율을 5%포인트 증가했을 때의 정책 효과를 분석했는데 다음은 그 결과다.

오해 4 균형발전 정책은 한국 경제를 퇴보시켰다?

좌승희(2006)는 한국 경제가 퇴보한 원인을 궁극적으로 균형발전 정책에 둔다. 한국 경제의 낮은 역동성, 서울 공화국, 농촌의 피폐, 경제력 집중, 중소기업 약화, 소득분배의 악화 등이 모두 균형발전 정책에서 비롯되었다는 것이다. 균형 정책은 적극적으로는 나라의 동력을 떨어뜨렸을 뿐만 아니라 소극적으로는 그 효과를 내지 못해 나라를 나락에 빠뜨렸다는 것이 그의 인식이다.

<表 6: 지역 투자의 정책 효과>

	연평균 증가율(%)			
	단기(0~3년)	중기(4~6년)	중장기(7~10년)	장기(11~13년)
수도권 중심 투자				
1인당 국민소득	0.11	−0.16	−0.55	−0.65
지역 간 소득 격차	5.68	2.60	0.24	−0.89
수도권 인구 집중률	0.70	0.99	0.99	0.85
지방 중심 투자				
1인당 국민소득	−0.10	0.09	0.29	0.14
지역 간 소득 격차	−3.38	−1.66	−0.26	0.45
수도권 인구 집중률	−0.34	−0.50	−0.52	−0.45

주: 수도권 중심투자: 수도권 투자비율을 5%포인트 증가시키는 대신 지방의 투자비율 5%포인트 감소
　　지방 중심투자: 지방의 투자비율을 5%포인트 증가시키는 대신 수도권의 투자비율 5%포인트 감소
자료: 김의준(1992), 「지역 간 투자분배와 국가의 경제성장」, 『국토 계획』, 제27권 제4호,

→ **진실**　1997년 우리나라가 IMF 구제금융을 받았을 때, 그렇게 된 가장 큰 원인으로 기업의 방만한 경영, 특히 무분별한 해외 차입이 지적되었음을 상기해야 한다. 기업이 혁신하지 못하고 낮은 이자나 요구하며 낮은 이자의 해외차입에 몰두하고, 규제 철폐를 외치면서 금융이 실물을 감독하지 못하게 한 것도 그 원인이었다. 무엇보다 한국 경제를 위기로 내몬 근저에는 과도한 물량 투입 위주의 성장 정책이 있었음을 부인하는 이는 없다. 당시에는 우리 안의 강점에 살아갈 길이 있다는 경제학의 기본 상식인 비교우위론도 인식하지 못했다. 그래서 굴지의 한 초대형 재벌은 오로지 세계 1등만이 살아남는다는 전혀 경제학적이지 못한 주장을 해대기도 했다.

만일 우리나라가 IMF 구제금융을 다시 받아야 할 만큼의 위기가 온다면 그것은 균형발전 정책 때문일까? 그보다는 고도 성장기의 향수에 젖어 혁신을 외면한 물량 투입 위주의 성장 때문일 가능성이 높다. 그리고 비교우위론을 무시하고 남과의 경쟁에서 이긴 자에게만 몰아주자는 정책 때문일 가능성이 높다.

균형발전 정책은 물량 투입 위주에서 혁신 위주의 투입으로 바꾸자는

것이다. 지역마다 특성을 살려 살 길을 찾아가자고 호소한다. 지방은 중앙에 의존하지 말고 스스로 살 길을 찾으라며 그 길을 도와주겠다고 했다. 이런 균형 정책을 두고 왜 나라를 망치는 정책이라고 하는가.

〈균형 정책에 대한 평가 관련〉

오해 5 균형발전 정책은 지방에 퍼주는 정책이다?

균형발전 정책에 대한 매우 심각한 비난 중의 하나가 균형발전 정책이 지방에 돈을 쏟아 부었다는 것이다. 2004년 5조 원 규모로 시작해 2007년에는 6조 8000억 원에 이르는 국가균형발전특별회계를 보고 그런 판단을 했거나 아니면 현 정부가 균형발전을 국정 최우선 과제로 내세워온 여파일 수도 있다.

→ **진실** 균형발전특별회계는 중앙정부의 지방예산 지원의 효율성을 높이기 위해 만들어졌다. 그동안 각 중앙 부처는 비슷한 사업을 지방에 중복해서 투자해오고 있었다. 같은 사업을 여러 개로 나누어 부처마다 지원하다 보니 사업효과를 내기에 적절한 규모를 확보하기가 어려웠고, 사업 집행 시기가 부처마다 달라 적절한 시기에 맞추어 사업을 진행할 수가 없었다. 지방에 지원하는 예산의 이 같은 비효율성을 타파하지 않고는 지방의 발전을 유도하기가 힘들었다. 그래서 각 부처마다 산발적으로 지원하고 있던 균형발전 관련 사업을 하나의 특별회계로 통합해 체계적으로 재정을 지원하고자 했던 것이다.

균형발전특별회계는 지금까지 대부분 지방에 지원하던 예산으로 구성되었다. 순증분은 거의 없다는 말이다.[39] 중앙정부는 지자체에는 보조금 및 양여금이라는 형태로, 민간에는 민간 보조금 및 출연금이라는 형태로 예산을 지원하는데, 이러한 재원 중 일부를 모아 균형발전특별회계가 만들어졌다. 2005년 기준으로 약 5조 원가량의 재원으로 운영되며, 이 중 지자체 보조금(3.9조 원)이 가장 큰 비중을 차지한다.[40]

〈그림 14: 균형발전특별회계의 재원〉

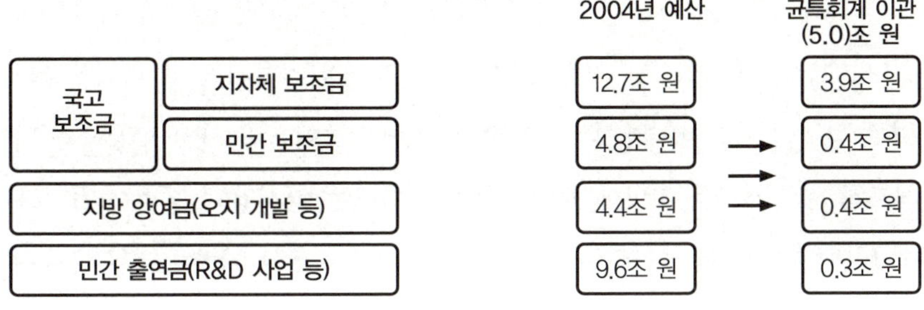

자료: 기획예산처

한편 16개 시도별 연구개발 사업의 투자 현황을 보면 2005년을 기준으로 서울(1조 6312억 원), 대전(1조 5171억 원), 경기(1조 1716억 원)가 대부분을 차지한다. 반면에 전남(1374억 원), 제주(435억 원) 등 지방의 연구개발 투자는 수도권에 훨씬 못 미친다. 게다가 지방은 지방자치단체의 관심조차 미미해, 대부분의 지자체에서 자체 연구개발 투자가 아예 이루어지지 않고 있다. 지방 중 그나마 연구개발 투자가 높았던 대전도 사실 대전 지역의 투자가 아니라 국가적 연구과제에 투자되는 예산이어서 지역발전과의 연계성은 높지 않다.

오해 6 균형발전 정책은 반시장적 정책이다?

균형발전 정책은 공공기관을 지방에 강제로 이전하고 생산성 낮은 곳에 자원을 강제로 배분하는 중앙집권적이며 반시장적 정책이라는 비판이다.

→ **진실** 국가균형발전 정책은 지방분권의 여건을 갖추자는 것이다. 공공

기관 이전과 신활력 정책으로 지방에 활력을 불어넣고, 혁신 정책으로 지방의 자립을 돕도록 했다. 기업들이 지방에 투자를 꺼리는 요인을 찾아 이를 제거하고 기업을 활성화하고자 했다. 이렇듯 지방화 시대에 지역이 국가의 걸림돌이 되지 않고 제몫을 다하도록 돕는 정책이 균형 정책이다.

그럼에도 일부에서는 이중적인 잣대를 들이대며 균형 정책을 비판하고 있다. 개발독재 시설이나 지방의 자원을 서울에 배치하자는 안에는 현명한 정부 정책이라고 환영하면서, 그 정책 때문에 죽어버린 지방에 활력을 되찾도록 공공기관을 지방에 재배치하자는 안에는 반시장적 정부 개입이라고 비판한다. 이런 불공평함이 어디 있는가. 무엇보다 지방으로 옮기려는 그 기관들은 서울에서는 모래알에 불과하지만 지방에서는 바윗돌의 무게를 가진다. 그럼 어떻게 해야 하는가? 답은 자명하지 않은가.

오해 7 균형발전 정책은 결과적 평등을 추구한다?

이 견해는 '어떻게 수도권 도시와 지방 도시가 결과적인 평등을 실현할 수가 있는가?'라고 강한 의문을 제기한다. 각 지역마다 경제·사회·문화·역사적 전통과 현재의 기반이 다르므로 결과적 평등을 달성하는 것은 불가능하다는 주장이다. 좌승희(2006)는 한국의 경제성장이 정체된 원인으로 평등주의 확산을 꼽으며 역대 정부의 지역균형발전 정책을 통렬히 비난했다.

→ **진실**   우리가 주창하는 균형은 결과의 평등만을 기계적으로 강조하지 않는다. 이에 대해 좀 더 구체적으로 살펴보자.

첫째, 균형발전 정책은 지방민에게 공정한 기회를 균등하게 부여하자는 것이다. 모든 국민은 사는 지역에 따라 삶을 누리는 기회가 달라서는 안 된다. 만일 현재 삶의 여건이 지역에 따라 다르다면 국가는 지역별 경쟁이 동일한 조건에서 이루어지도록 조치를 취해야 한다.

둘째, 균형발전 정책은 결과의 완벽한 평등이 아닌 지역의 잠재적 가능성을 극대화하고자 한다. 완벽한 평등은 불가능하며, 각 지역이 가진 자원은 최대로 발굴되고 효율적으로 이용되어야 한다.

이상의 두 가지 논점에 대해 김학은(2006)은 '기회의 평등'은 모든 사람이 같은 기회를 갖는 것을 의미하지는 않으며, '능력에 따라 열려진 인생'을 보장하는 것이라고 다른 사람의 말을 재인용해 말한다. 이 말은 사람은 개성에 따라 서로 다른 인생을 살 수 있다는 뜻이다. 우리는 현재 중앙과 지방의 게임이 공정하지 않으니, 지방이 각자 자기 지역의 개성을 발휘할 기회의 평등을 달라고 정부에게 요구하고 있는 것이다.

셋째, 국민은 자신이 사는 지역에서 국민으로서 국가의 보호를 받을 권리가 있다. 따라서 정부는 그 보호의 방편으로 지역 간 균형발전을 추구하고 있는 것이다.

넷째, 지방화 정책이 더 많은 재원을 지방으로 이전시키는 것은 아니다. 지방화 개혁의 핵심은 중앙정부가 지방에 배정해주는 예산의 성격을 타율에서 자율로 바꾸어 자주 재원의 비중을 늘려 예산 사용의 효율을 증대시키려는 것이다.

다섯째, 정부가 특별히 낙후 지역을 선정해 지원하는 것은 마치 노약자나 장애인을 위해 자립 지원금이나 특수 시설비를 보조하는 것과 같다. 그게 잘못된 일인가.

오해 8 수도권의 낙후 지역에 대한 배려가 없다?

수도권의 일부만 과밀할 뿐, 수도권 내에도 낙후 지역이 많다. 이뿐만 아니라 수도권 지역으로 인구나 산업이 계속 이동하는 것으로 보아 아직 수도권이 과밀하다 할 수 없다(한국시스템경영학회, 2006, 미발표). 그런데도 수도권 내의 낙후 지역을 배려하지 않은 것은 옳지 않다.

→ **진실** 현 정부의 신활력 사업은 수도권 내 낙후 지역을 대상으로 한다. 그런데도 끈질기게 수도권의 낙후 지역을 배제하고 있다고 주장한다. 아마도 혁신도시나 기업도시 대상 지역에서 비켜서 있기 때문으로 보인다. 그러나 혁신도시나 기업도시는 낙후 지역을 대상으로 한 정책이 아니라 광역 단위의 거점 개발을 위해서 마련되었다. 수도권의 낙후 지역 정책은 재정이 상대적으로 풍부한 수도권의 광역지자체가 균형발전 정책으로 보완해야 할 것이다.

또한 수도권 내 낙후 지역이 주로 농촌이라는 점에 주목해야 한다. 이 지역의 낙후성은 산업구조 조정의 결과이지 지역 차별 정책으로 생긴 것이 아니다. 그래서 이 문제는 농촌 정책이나 산업 정책으로 풀어야 한다.

지방 사람들이 수도권으로 몰려드는 이유는 아직 수도권이 과밀하지 않거나 쾌적해서가 아니다. 산업 인프라가 이곳에 집중되어 있고, 수도권이 블랙홀처럼 지방을 흡인하기 때문일 수 있음을 염두에 두어야 한다.

오해 9 규제 때문에 수도권이 혼잡해졌다?

수도권의 인구와 산업은 증가하는데, 각종 규제 때문에 혼잡해졌다. 선진국 대비 기반 시설이 부족하다. 수도권의 주택문제나 부동산 폭등 문제도 수도권에 유입되는 인구를 수용하지 못해 발생한 것이다.

→ **진실** 이 주장은 수도권 혼잡의 문제가 아니라 수도권 시설 수급의 문제다. 필요한 수도권 시설을 제대로 충족시키지 못해 시설 내에서 발생하는 현상이라는 의미이다. 그렇다고 공급을 늘리면 수도권 전체에서 혼잡이 일어나게 된다. 그리고 선진국과 비교하려면 수도권 인구 비중부터 선진국 수준으로 즉각 낮추어야 한다. 중요한 것은 우리나라의 다른 지방에 비해 수도권이 지나치게 혼잡하고, 이 때문에 경쟁력도 떨어진다는 것이다.

공급을 늘려 수요 증가에 대비하려는 정책은 이미 토다로(Todaro) 법칙[41]에 의해 강력한 제동이 걸렸다. 공급을 늘려 가격을 내리려는 정책이 타당하려면 공급이 증가해도 수요가 일정하게 유지된다는 전제조건이 필요하다. 그러나 우리나라의 경우 이미 공급 증대 신호는 강력한 수요 폭등을 유발해 오히려 부동산 가격을 상승시켜왔다. 우리나라 신도시 개발과 신도시 부동산 가격 폭등이라는 반복의 역사가 그 증거다.

오해 10 지방 분산 효과 없는 수도권 공장총량제를 폐지해야 한다?

이 주장은 공장총량제 때문에 기업이 지방으로 이전하지는 않는다고 한다. 지방 분산 효과가 없는데도 수도권 공장 증설만 막아 불편을 초래하므로 폐지해야 한다고 역설한다. 최근에는 수도권의 산업 구조가 고부가가치산업, 서비스산업 중심으로 변하고 있고, 이런 산업들은 인구 유발 요인이 낮으므로 공장총량제를 폐지해도 수도권 집중은 심화되지 않는다는 주장이다.

→ **진실** 수도권 규제가 지방 이전을 유발하는 것은 확인된 사실이다(허재완, 2005). 공장총량제의 진정한 목표는 기업의 지방 분산이 아니라 수도권 과밀로 인한 비용 증가를 막자는 것이다. 만일 이 같은 주장대로 공장총량

제를 실시해도 기업이 지방으로 이전하지 않는다면 이는 지방의 여건이 부족한 탓이므로 지방이 기업의 경영 여건을 개선해서 대처할 수 있다. 지방의 여건을 개선하기 위해서는 무엇보다 자치단체의 권한이 필요하다. 그 권한은 지방분권이라는 개혁을 통해서 만들어야 한다.

오해 11 균형발전 정책은 수도권 규제를 강화하고 있다?

균형발전 정책을 비난하는 글 대부분은 수도권 규제를 성토한다. 시대착오적인 수도권 규제 때문에 우리나라가 패배의 나락으로 빠져들고 있다는 것이다. 그리고 이런 비판은 대개 수도권 규제뿐만 아니라 규제 일반에 대한 성토로 이어진다.

→ 진실 현재의 균형발전 정책은 결코 수도권 규제를 목표로 하지 않는다. 오히려 수도권 규제 철폐를 향해 끝없는 질주를 하고 있다. 이명박 정부의 균형발전 정책은 지방의 체력 증강(= 지방 육성)과 수도권의 체질 개선(= 수도권의 계획적 관리)이다. 이명박 정부는 먼저 지방의 체력을 보강하고 나서 수도권의 체질을 개선하겠다고 했으나, 지방에 혁신도시를 건설하고 행정중심복합도시를 건설하는 등의 과업 수행에 수도권의 협조를 얻어내기가 어려워지자 수도권 규제 완화의 보따리를 먼저 풀어버리는 과오를 범했다. 다음은 이명박 정부의 수도권 규제 해제 내용이다.

- 성장관리권역 첨단산업 공장 증설 허용(100%까지)

- 25개 첨단 업종 외국인 투자기업의 공장 신증설 2007년 말까지 연장

- 8개 첨단 업종 국내 대기업의 공장 신설 허용

- 평택지원특별법에 의거해 61개 업종의 외국인 투자에 대해 신증설 허용

- 수도권 각종 신도시 개발(판교, 국민임대주택단지 등)

- 관리지역 내 공장 설립 면적 제한 폐지(현행 1만 제곱미터)
- 개발제한구역 내 국민임대주택단지 규모 30만 평에서 50만 평으로 확대
- 자연보전권역의 개발 허용 면적을 현행 6만 제곱미터에서 30만 제곱미터
  로 확대
- 수도권 개발제한구역 3900만 평을 2020년까지 단계적으로 해제

이제 도대체 무엇이 남았는가. 더구나 지방화 사업은 10년 후 쯤이나 실체가 드러날 일인 데 비해, 수도권 규제 해제는 지금 당장 효과가 나타나는 일이다. 불공평하지 않은가.

〈경제 위기 책임론 관련〉

오해 12 균형발전 정책은 수도권에 피해를 준다?

균형발전 정책은 수도권의 자원을 빼앗아 지방에 이전하므로 수도권에 피해를 주니 이를 막아내야 한다는 것이 수도권 정치인들의 생각이다. 수도권의 공공기관 이전 정책 그리고 행정중심복합도시 건설 정책이 아마도 그런 인상을 강하게 심어주었을 것이다.

→ **진실** 균형발전 정책은 지역이 주도하는 내생적 발전을 강조한다. 이 기조 아래 지역의 각 구성원들이 협력 체제를 구축하는 지역혁신 정책, 지역의 강점을 바탕으로 한 전략산업 단지의 클러스터화, 공공기관과 기업의 지방 이전으로 지역발전의 거점을 만들어 지역의 내생적 발전 추구, 타 지역에 비해 현저하게 뒤처져 한국의 발전을 더디게 하는 낙후 지역에 약간의 자금을 지원해 발전의 씨앗을 파종, 그리고 과거 물량투입 구조를 개선해 새로운 혁

신 산업으로의 구조 개편과 삶의 질 개선을 추구하는 수도권의 질적 발전 등을 추진하고 있다. 이 정책은 결코 중앙과 지방 간의 제로섬 게임이 아니다.

결국 균형발전 정책의 핵심은 지역의 내생적 발전을 위한 체력 구축이고, 수도권의 질적 개선이다. 지방의 발전은 수도권으로 흘러 들어가고 수도권의 질적 발전은 지방에 스필오버 될 것이다.

〈정책의 현실성〉

오해 13 외국의 경우 이미 균형발전 정책을 포기했다?

– 영국 런던권 규제 해제설 세계화 속의 경쟁과 유럽의 통합으로 인한 대도시 간 경쟁에서 우위를 차지하기 위해서는 런던의 역할과 기능을 확충해, 세계 도시로서의 위상을 강화하는 것이 영국 전체의 경쟁력 강화에 도움이 된다. 그동안 균형발전 정책을 써오던 영국 등 선진국들은 이미 정책의 방향을 선회했다. 특히 영국은 런던권 규제를 포기하고 이제까지 지역 정책의 핵심이었던 낙후 지역 투자를 탈피해 지역의 내생적 발전을 지원하고 있다. 이를 통해 시장 기제가 원활히 작동하게 하며, 지역 정책이 지역의 특성에 맞게 집행될 수 있도록 지역의 제도적 역량을 강화하고 있다.

영국은 잉글랜드 남동부 지역계획 가이드라인을 통해 대런던의 부활을 기획하고 있다. 세계경제의 중심지인 런던의 경쟁력을 강화하기 위해 지난 30년간 투자가 부족해서 노후화한 기반 시설들을 현대화하고 'Central Activity Zone'을 선정해 국제적인 기업활동에 필요한 여러 가지 지원을 제공함으로써 경쟁력을 높여나가고 있다.

– 프랑스 파리 규제 해제설 1980년대에 들어서면서 파리의 인구와 산업의 집

중도가 감소했다. 수도권의 계획과 관리는 지방분권화 이전의 경우 중앙정부가 주도적 역할을 했으나, 1982년 지방분권화 이후에는 광역 지방자치단체인 일드프랑스 레지옹에 그 권한이 넘어갔다. 우리나라도 경기도에 수도권 계획의 주도권을 주어야 한다. 한편으로는 유럽 대륙의 통합에 대비한 경쟁력 제고를 위해 수도권 기능을 강화해야 한다는 의견도 제기되기 시작했다.

→ 진실

- 영국 규제 해제설 주장자들이 언급하는 잉글랜드 남동부 지역계획 가이드라인은 그 첫째 의제가 지속가능한 개발이다. 경제, 사회, 환경적 이슈를 통합적으로 이해해 경제개발에 적용해야 한다는 것이다. 이 가이드라인은 성장 일변도와는 다른 방식의 개발 모델이다. 그런 점에서 지역의 내생적 발전을 지향한다는 주장은 당연히 받아들여야 할 내용이며 우리나라의 균형발전 정책 또한 그러하니 시비 대상이 못 된다. 이에 대해 박양호(2006)는 2002년 영국 정부가 설정한 목표는 '지역 격차 완화'이고, 그 격차 해소 정책은 "지역 소득과 실업률 같은 경제 부문에서 더 나아가 전반적 지역 삶의 질 분야로 확대되는 경향을 보이고 있다"고 표현한다. 이 가이드라인의 두 번째 의제는 유럽적 관점을 견지하는 것이다. 유럽 통합의 가속화와 유럽구조기금과 같은 유럽연합 차원의 지역 정책이 더욱 중요해지고 있음을 의미한다(한국시스템경영학회, 2006).

아직도 일부에서는 영국이 균형발전 정책을 포기했다고 주장하지만, 영국이 2010년까지 2만 28명의 공공기관 일자리를 지방으로 이전할 계획을 고수했음을 알아야 한다. 최근에는 중앙정부가 아닌 지방정부가 오히려 규제에 적극적이다. 런던권에 속하는 지방정부들은 지나친 성장으로 인한 주택가격 상승 등의 부작용을 방지하기 위해 토지 이용이나 환경에서 규제를 강화하는 방향으로 정책을 만들고 있다.

- 프랑스 파리로 유입되는 인구가 감소해 균형발전 정책을 포기했다는 것은 우리가 지향하는 바다. 프랑스 수도권과 지방의 인구 증가율은 1999년 이후 거의 일정하게 유지되고 있다.

우리도 수도권으로의 인구 유입이 줄어들어 규제를 해제하는 것이 정책의 목표다. 따라서 파리가 인구 안정[42]으로 균형발전 정책이 완화되었다면 그것은 균형발전 정책의 승리를 입증하고 있다. 그러나 우리는 아직도 수도권으로의 인구 유입이 거세지 않은가.

프랑스에서는 프랑스 전역을 균형 있게 발전시킨다는 정책 기조를 흔들림 없이 추진하고 있다(박양호, 2006). 프랑스는 1963년 창설한 국토균형개발청(DATAR)을 2005년에 국토균형 및 지역경쟁력강화개발청(DIACT)으로 확대 개편해 더욱 강력한 균형발전 정책을 기획했다. 프랑스는 규제 해제 주장자들이 늘 말하듯이 세계화 시대에 대비하기 위해 '집중을 선택' 한 것이 아니다. 프랑스 전 국토를 다극 분산 네트워크의 경쟁력을 갖춘 구조로 변혁시키려 했다. 그 효과는 착실하게 나타나고 있다. 특히 2002년에는 일드프랑스에 비해 다른 지역의 발전이 더 빠른 속도로 이루어지고 있다. 이는 분명 40여 년간 지속되어온 균형발전 정책의 효과다. 그리고 이러한 성과는 파리권에서 추진한 지방분권화에 기초한 독자적인 발전 체계로 이어진 것으로 해석이 가능하다(건설교통부, 2005).

물론 영국이나 프랑스에서 균형발전 정책의 작은 변화는 있다. 그러나 그것은 균형 정책의 폐기가 아니라 개선이다. 일방적인 이전에서 지역의 내생적 발전을 보완하고, 비교우위에 따라 지역의 특성을 찾아 발전 계획을 만들고 있다. 어찌 그런 변화를 균형 정책의 포기라고 하겠는가. 또한 그들과 우리는 사회 안전망, 지역의 자본 축적 정도, 지방자치의 역사 등에서 차이가 있다. 우리는 그런 차이를 고려하면서 그들의 정책이 변하는 의미를 읽어야 한다.

오해 14 역대 정부가 모두 균형발전을 강조했으나 효과가 없었으니 포기하라?

한국 경제가 실패한 모든 책임은 균형 정책에 있다고 강조하는 이도 있다 (좌승희, 2006). 여기서 말하는 책임의 형태를 크게 두 가지로 보자. 하나는 균형 정책이 직접적으로 피해를 입혔다는 것으로, 한국 경제의 역동성을 떨어뜨렸다는 것이다. 또 하나는 균형 정책에도 불구하고 불균형이 더욱 심화되었다는 것이다. 균형발전 정책 속에서도 수도권 집중은 심화되었고, 농촌은 더 피폐해졌으며, 소득분배 역시 더 악화되었다고 개탄한다. 직접적으로 피해를 입힌 것이야 말할 나위도 없고 정책의 효과가 없었음에 대해서도 책임을 져야 한나는 것이다.

→ **진실** 역대 정부의 균형발전 정책에도 불구하고 기업, 대학, 공공기관, 문화시설 그리고 사람이 수도권으로 몰리는 현상이 심화된 것은 분명한 사실이다. 문제는 그 책임의 소재가 어디에 있느냐다. 과연 균형발전 정책이 이를 막아내지 못했기 때문에 책임을 져야 하는 걸까? 물론 그럴 수도 있다. 지금까지 역대 정부는 균형발전 정책을 사용해왔다. 문제는 제대로 된 균형발전 정책을 제대로 사용했느냐다. 역대 정부의 경제정책은 중앙 집중형의 기조를 따랐다. 중앙정부의 기획 아래 산업 방향도 설정하고 기업의 배치도 했다. 사회간접자본(SOC) 투자도 그 계획을 뒷받침하는 것이었다. 그에 따라 지역 간, 도농 간 불균형은 날로 심화되었다. 뒤처지는 지방에 대한 위무의 제스처가 필요했다. 그러다 보니 체계적인 법과 제도적인 기반도 없이 즉흥적으로 정책을 만들었다. 부처끼리 중복되고 충돌했다. 더구나 요즘 강조하는 내부 혁신을 통한 내생적 발전은 전혀 추종하지 못했다. 그래도 정부는 별로 관심을 가지지 않았다. 애초부터 균형발전 정책은 생색내기였기 때문이다.

역대 정부의 수도권 정책도 적극적인 지방발전보다는 소극적인 수도권 집중 억제에 목표가 있었다. 그리고 범정부 차원의 강력한 추진 체계와 법적·제도적 기반이 부족해 대내외 경제 여건이 변동하면 수시로 정책을 바꾸었다. 그러면서 수도권 집중 현상은 지속되었다.

우리나라 역대 정부가 균형발전이라 이름 붙인 정책을 많이 만들었다고 해서 실제로 이 나라를 균형발전된 나라라고 생각해서는 안 된다. 그것은 마치 충성과 효도의 소리가 높다고 해서 그 사회에서 충효가 잘 이루어진다고 말하는 것과 같다. 국가에 충성하는 자가 부족할 때 충성이 강조되는 것이며, 부모에 효도하는 자가 적을 때 효도의 소리가 높은 것이다. 우리나라처럼 균형발전이 나락에 떨어져 있을 때 균형발전에 대한 소리가 드높다는 사실을 왜 모를까.

마지막으로 균형발전 정책이 효과가 없다는 비난에 대해 '서울대학교 지역균형선발제'의 효과를 소개함으로써 이 논란의 종지부를 찍으려 한다. 서울대학교는 그야말로 평등주의를 실천했다. 정시 학생과 실력 차가 확연한 지역의 학생을 균형 정신에 입각해 선발했다. 몇 년 후 균형 선발된 학생들은 정시학생보다 더 좋은 성적을 냈다.

〈그림 15 : 서울대학교 05학번 인문자연 계열 학점〉

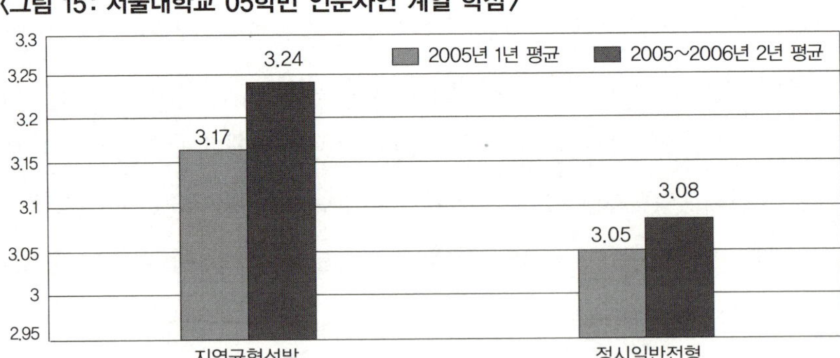

자료 : 서울대학교 입학관리본부

오해 15 공공기관의 이전은 벽돌 옮겨 쌓기에 불과하다?

공공기관 이전은 단순히 이곳의 벽돌을 저곳으로 옮겨 쌓는 것에 불과하다는 주장이 있다. 노동자들을 놀릴 수 없어서 벽돌을 이리 옮기고 저리 옮기는 행위처럼 아무런 효과도 없는 정책을 시행하는 것일 뿐, 얻을 게 없다는 말이다.

→ 진실 이 벽돌 옮기기는 그냥 옮기는 것이 아니라 이쪽에서 저쪽으로 옮겨 더 나은 부가가치를 만들자는 것이고, 부가가치를 만들 수 있는 벽돌 옮기기를 하자는 것이다. 벽돌로 집을 짓자는 것이다. 지나치게 빽빽한 숲의 나무 몇 개를 민둥산에 옮겨 심고 번식시켜 숲을 우거지게 하자는 것인데, 이게 뭐 그리 잘못된 일인가. 논에 모를 군데군데 심거나 잔디밭에 잔디를 군데군데 심은 뒤 얼마 지나면 온 들판과 잔디밭에 푸른 물결이 넘실대지 않던가!

공공기관의 지방 이전은 많은 선진국이 심혈을 기울여 추진하고 있다. 우리는 이 일을 오히려 늦게 시작했다. 스코틀랜드에서는 경쟁력을 높이기 위해 이미 광역 단위에서도 분산을 시작했다. 이를테면 대구, 광주, 부산에서 경북, 전남, 경남으로 이전해 영남, 호남의 경쟁력을 높인다는 의미다. 그럼에도 지금 우리는 중앙에서 지방으로 분산하는 데도 원색적인 비난을 퍼부어대고 있다.

오해 16 생산성을 높일 수 없다?

높은 생산성을 달성하기 위해서는 서울에 있어야만 한다고 믿는 것이다. 투자 효율이 높은 수도권에 대한 투자를 줄이고 투자 효율이 낮은 지방에 대한 투자 비율을 높이면 국가 경쟁력이 하락한다고 생각하기 때문에 지방 분권은 절대로 할 수 없다는 결론으로 이어진다.

→ **진실**   지방의 적절한 활용은 나라 전체의 생산성을 높인다. 지금까지 국어, 영어, 수학 공부에만 투자해 전체 성적을 올려온 학생이 국어, 영어, 수학은 이미 95점을 달성했으나 사회, 과학, 예술 분야의 성적이 낮아 평균 80점을 유지하고 있다고 가정해보자. 이 학생이 이제 어느 과목에 투자를 해야 평균 성적을 90점 이상으로 올릴 수 있을까? 한계 생산성을 이미 체감한 국어, 영어, 수학보다는 사회, 과학, 예술 과목에 시간을 더 투자하는 것이 평균 성적을 올리는 길이다. 우리나라의 수도권은 국어, 영어, 수학에 해당하고 지방은 사회, 과학, 예술이라고 할 수 있다. 공공기관을 지방에 이전하는 것은 국어, 영어, 수학 공부시간을 빼서 사회, 과학, 예술 과목을 더 공부하는 것이다.

물론 수도권을 재정비해 95점에서 99점을 목표로 해야 한다. 그러나 국어, 영어, 수학 과목의 점수를 95점에서 99점으로 올리려면 지금까지의 방법이 아닌 새로운 혁신적인 방법을 적용해야 한다. 그동안 부족했던 운동도 하면서 약해진 몸도 추스르고, 아픈 곳이 있으면 병원에서 치료도 해야 할 것이 아닌가. 마찬가지로 수도권도 문제가 생긴 곳을 추스르고 제도도 개선하면서 재도약을 준비해야 한다.

현재 진행 중인 지방 이전은 수도권 집중이 초래한 비효율을 개선하기 위한 것이다. 비효율로 인한 사회적 비용은 이미 극에 달해서 지방화를 통한 활력 찾기는 우리 민족이 살아남기 위한 필사의 탈출구가 되었다. 이대로 서울을 방치하면 서울의 도로는 주차장이나 다름없어지고, 상수도는 제한 급수를 해야 할 것이며, 쓰레기는 처리할 곳이 없어질 것이다. 그렇다고 지방을 쓰레기 처리장으로 쓰려는 것은 아니잖은가! 사람들은 계속 몰려들고(연간 35만 명) 주택난은 가중되어 매년 하나씩의 신도시를 건설해야 한다는 결론에 도달하게 된다.

수도권은 공공 부문을 감축하고 민간을 증대해야 하며, 아무것도 없는 지방은 공공 부분을 이식해 국가 전체의 생산성을 증대시킬 필요가 있다. 민간 부문의 효율이 더 높다는 것은 상식이다. 수도권의 공공 부문을 감축하면 민간 투자가 들어서서 효율을 높일 것이다. 그러나 지방은 아직 공동화 상태이니 경제가 자리 잡을 때까지는 공공의 역할이 필요할 뿐 아니라, 아직 공공 투자 때문에 밀려난 민간 부문의 역할도 있을 수 없는 상태다.

오해 17 규모가 너무 작다?

설령 효과를 인정한다고 해도 공공기관 몇 개 이전한다고 지방에 실익이 있겠느냐는 입장이다. 지방이 발전돼 있지 않은 만큼 이익을 내기 위해서는 어느 정도의 규모가 필요한데, 작은 이익을 내기 위해 공공기관을 이전하는 것은 무모하다고 주장한다.

→ **진실** 수많은 기업과 공공기관이 이미 포화 상태로 들어서 있는 서울에서는 공공기관 몇 개가 모래 한 알일지 모르지만 지방에서는 바위 덩어리만큼의 역할을 할 수 있다. 그리고 지금 지방에 주고자 하는 것은 지방에서 필요한 모든 것이 아니라 향후 필요한 것을 만들어낼 가능성이다. 다시 말해 지방에서 필요한 만큼의 많은 물이 아니라 단지 펌프를 가동할 수 있는 한 바가지의 물을 보내려는 것이다. 그것도 싫은가?

〈비용과 관련해〉

오해 18 괜한 생돈이 들어간다?

이전은 물론 혁신도시를 건설하는 데에도 돈이 들어가니 어디든 돈만 들어간다는 우려를 한다. 이전은 괜한 짓이고 이전 비용은 생돈이 들어가는 것이며, 나라 경제가 어려운 이때 그 돈을 차라리 어려운 사람들에게 나누어 주는 것이 낫지 않느냐며 비꼬고 있다.

→ 진실　이 문제는 행정수도 건설 때부터 줄기차게 제기되었다. 대중들은 '이렇게 아까운 돈' 운운하며 감정을 들쑤시면 대체로 수긍하면서 넘어간다. 그래서 이 말은 단골메뉴로 써먹는 마타도어(matador)다. 공공기관 이전에 드는 비용은 불필요한 일에 쓰는 헛돈이 아니다. 지금 공공기관을 이전하지 않으면 죽어가는 지방을 살릴 기회를 놓치게 되고, 그로 인한 국가 자원의 낭비는 수조 원 이상일 것이다. 나중에 가래로도 막지 못해 쩔쩔매지 말고 지금 호미로 막자는 말이다.

　돈을 쓰다 보면 소비할 때와 투자할 때가 있다. 과자를 사 먹는 것은 소비지출이고, 농촌에 공장을 짓는 것은 투자지출이다. 공공기관 지방 이전은 서울을 개선하고 지방을 살릴 투자지출이다. 누구나 알듯 투자 없이는 성과도 없다.

오해 19　돈이 너무 많이 든다?

설령 이전이 필요하다고 해도 돈이 너무 많이 들어갈 것이라는 주장이다. 그 돈이면 국방, 복지 등 다른 일에 훨씬 유용하게 쓰일 수 있다고 지적한다.

→ 진실　도시를 건설하는 데 드는 비용을 모두 정부가 대는 것은 아니다. 오히려 민간에서 자신의 이익을 위해 투자하는 돈이 더 많다. 이전을 반대하는 쪽은 민간이 투자할 돈까지 합해 제시하면서 이전 비용을 과장하고 있다.

오해 20　공공기관은 중앙 부처 옆에 있어야 한다?

공공기관은 중앙 부처가 필요로 해서 만들어졌다. 중앙 부처에 출입할 일도 많고, 국가 전체를 상대하므로 공공기관은 중앙 부처와 가까워야 한다고 생각한다.

→ **진실**   공공기관은 중앙 부처가 아니라 국민을 자주 찾아야 한다. 공공기관은 부처의 필요가 아니라 국민의 필요로 만들어졌다. 그런데도 굳이 중앙부처가 설립한 것은 민간이 담당하기에 벅찼기 때문이다. 공공기관은 이전해가는 곳의 일을 살펴야 할 가능성이 더 높다. 지방의 특성과 기관의 특성을 연결해 이전할 것이기 때문이다. 그리고 서울이나 연기, 공주도 특정 지역인데 그곳에서 할 수 있는 일을 다른 지역에서는 할 수 없다는 것도 납득하기 어렵다.

〈이전 당사자 입장에서의 오해〉

오해 21   왜 하필이면 나인가?

우리나라의 발전과 위기 극복을 위해 공공기관 이전을 찬성하지만 그 이주 대상이 왜 하필 나인가?

→ **진실**   무슨 일에나 당사자는 있을 수밖에 없다. 지방이 필요로 하는 공공기관이 있고, 공공기관에서 일한다면 누군가는 이주해야 한다.

오해 22   개인의 행복 추구권이 훼손된다?

가족과 떨어져 살게 되어 가정의 행복이 훼손되는 것은 물론 개인이 지금까지 형성해온 삶의 계획과 네트워크가 파괴된다는 주장이다.

→ **진실**   공공기관 이전은 사람이 살기 좋은 혁신도시를 만들어 실천하겠다는 것이다. 혁신도시에서 매우 중요하게 여기는 것이 정주 여건이다. 즉, 사람이 살 수 있는 최적의 환경을 만들어주고 이전시킨다는 것인데 왜 온

가족이 이주하지 않는다는 것을 전제로 논의를 하는가? 사람의 삶이란 언제나 그 여건이 변화하는 것이다. 지금의 삶의 여건을, 그것도 주변 삶의 네트워크를 정부가 보장하라는 것은 납득하기 어렵다.

또한 인간이 보수적이기만 했다면 살아남지 못했음을 잊어서는 안된다. 인간에게는 자기에게 익숙해진 단순한 것을 좋아하는 절약의 법칙(rule of parsimony)이 존재한다. 그래서 인간은 보수적이나, 진보주의자들의 덕으로 보수를 뛰어넘기도 하기에 지금까지 살아남았다. 그러나 노루는 극단적으로 보수적이기에 늘 같은 길로 다니다가 사냥꾼에 잡힌다. 인간도 보수적이기만 했다면 날카로운 이빨, 발톱도 없이 멸종했을 가능성이 높다.

현재 한국 사람들에게는 중앙 집중을 지키려는 보수성이 있다. 서울 중심에 길들여져 있는 것이다. 중앙 집중은 산노루들의 길처럼 인간에게 익숙한 길이지만 우리가 변하지 않고 보수의 길만을 고집한다면, 우리에게 닥칠 것은 삶의 고통뿐이다. 분권, 균형, 공공기관 이전을 반대하는 이 보수성 때문에 우리는 궤멸할 것이다.

우리는 지금 중앙 집중 때문에 극심한 고통을 겪고 있음을 잊지말자. 당장 힘들다고 포기하지 말고 공공기관 이전의 가치를 믿고 새로운 세계를 만들어가자.

오해 23 자녀의 교육 환경이 나빠질 것이므로 갈 수 없다?

지방의 교육 여건은 서울보다 열악한 것이 자명한데 자녀의 미래를 두고 도박하기 싫다는 것이다.

→ **진실** 혁신도시에는 최상의 교육 여건을 담는다. 그러니 교육 여건이 취약하다는 이유로 거부하는 것은 명분이 약할 수밖에 없다. 지방의 교육 여

건이 서울보다 열악하다는 것은 지나친 기우이다. 서울 강남 지역보다 더 나은 입시 성적을 내는 지방들이 있지 않은가. 서울 지역이라 해도 지방의 좋은 곳들보다 교육 여건이 열악한 곳이 많다.

무엇보다 교육은 그 효과를 입시에서만 찾을 수는 없는 것이다. 세상 어디에서 교육 목표가 명문 대학에 입학하는 것이라고 가르치는가! 오늘 부모 세대가 자녀들에게 무엇을 보여주어야 하는지 생각해야 할 대목이다.

오해 24 강제 이주는 개인의 자유를 침해하는 것이다?

아무리 공공 이전의 장점을 말해도 본인이 가기 싫다는데 왜 강제로 이전시키려 하느냐, 강요한다면 개인의 자유를 침해하는 것이라는 주장이다.

→ **진실** 세상에서 뜻대로 살 수 있는 곳이 얼마나 될까? 일반 회사에서도 회사의 필요(이익, 이미지 제고, 소유주의 선호 등)에 따라 지방에 발령을 내면 그 명령에 따라서 옮겨 간다. 회사의 그 발령장을 강제 이주 명령서라고 부를 수는 없다. 회사가 발령을 내서 싫지만 해고 등의 불이익이 두려워 대부분의 직장인은 지역을 옮긴다. 공공기관 이전도 같은 맥락에서 이루어진다. 자신을 고용한 정부의 필요에 따라 본사 위치를 지방으로 옮길 수도 있는 것이다.

〈방법론의 입장에서〉

오해 25 공공기관이나 기업이 지방에서 자연스럽게 생성되도록 해야 한다?

지방에 기관이 있어야 하는 것에는 동의하나 굳이 강제로 이전시키는 것보다 지방의 필요에 따라 새롭게 생성되도록 하는 정책을 쓰는 것이 바람직하다는 입장이다.

→ **진실**　지금 수도권은 지방을 흡인하는 블랙홀이다. 블랙홀이 형성되었을 때 세상을 자연에 맡기면 주변의 모든 것이 블랙홀로 빨려 들어가고 만다. 자연스럽게 생성되도록 맡기면 지방에 생기려던 기관도 수도권으로 빨려 들어간다. 예를 들어 체중 조절을 한다고 치자. 왜 사람들이 헬스장에 돈까지 내면서 무거운 짐을 들고 힘겹게 뛰겠는가. 평소의 생활습관을 고치면 좋겠지만 부득이 관리를 받으면서 운동을 해야 하는 경우도 있다. 이미 체중이 과다해서 성인병에 걸릴 우려가 있다면 강제로라도 운동을 하게 해야 한다. 공공기관의 지방 이전도 마찬가지다. 수도권에 위치한 기관을 지방으로 이전해서 자체적인 저력이 생기도록 하면 이후 여러 기관이나 기업은 자연스럽게 만들어질 것이다.

오해 26　집단이 아니라 개별적으로 이전해야 한다?

집단으로 이전하면 준비 기간이 너무 많이 걸리고 준비하는 도중에 흠집에 생겨 이전 자체가 무산될 수도 있으니 우선 가능한 기관부터 이전하는 것이 낫다는 제안이다.

→ **진실**　단계별로 접근하자는 안으로 고려의 가치가 있다. 그리고 집단으로 이전하더라도 이 안을 첨가해 시행해야 한다고도 본다. 이명박 정부는 현재 개별적으로 각 지방에 분산시키는 안을 검토하고 있으나 단계별 접근은 아니다. 단계별로 접근했을 때 생길 부작용도 염려된다. 단계별로 분산시킨 공공기관의 성격이 향후 집단으로 이전시킬 안에 영향을 줄 수 있기 때문이다.

오해의 기저에는
무엇이 있을까?

지방 정책에 대한 혹독한 비판

균형발전에 대한 비판의 핵심은 이것이 시장 원리를 거스르는 억지 정책이라는 것이다. 시장 원리에 따라 버릴 것은 버려야 하는데, 버릴 지방을 억지로 껴안고 가려니 한국 경제에 큰 부담을 준다는 것이다. 최대한 호의적으로 해석하면 생산성이 높은 수도권의 성장에 집중해 생산성이 낮은 지방에 분배하면 된다는 뜻일 수 있다. 균형에 반대하는 사람들의 눈에는 지방이 투자해봐야 별 효과가 없는 곳이다. 그래서 하루빨리 지방을 버려야 한다고 생각하는 것 같다.

결국 비판자들의 논리는 이렇게 요약된다. '한국 경제가 어렵다. 그것은 생산성도 낮고 투자 효과도 없는 지방에 돈을 쏟아 붓는 균형발전 정책, 수도권 규제 정책 때문이다.' 이게 사실일까? 한국 경제가 어려워진 근원이 정말 균형발전 정책에 있을까? 그리고 그들은 진정으로 그렇게 생각하는 걸까? 아마도 그렇지는 않을 것이라고 믿는다.

지방에 대한 편견으로 거대한 왕따가 시작되었다

학교에서 벌어지는 집단 왕따는 다수의 집단과 이질적인 아이에 대해 이루어진다. 이른바 우리라는 집단에 끼지 못하는 아이는 배제되는 것이다. 지방도 수도권이라는 주류와 이질적이어서 배척되고 있다. 나는 균형에 대한 오해를 보면서 지방에 대한 편견이라는 공통점을 찾아냈다. 과거 호남 차별이 이제 지방 차별로 확대되었다. 서울로 이사해 간 사람들이 이제 2세대, 3세대에 이르러 그들에게는 모든 지방이 그저 구질구질한 곳일 뿐이다.

서울이 거대해지자 수도권이 생겨났다. 수도권 사람들은 나라 인구의 절반이 되었다. 나라 안에서 가장 큰 집단이다. 수도권이 대한민국의 '우리'라는 말이다. 당연히 우리가 최고이니 서울이 최고가 되었고, 우리 사회의 주류는 수도권 사람이 되었다. 권력, 재력, 신분 등 모든 면에서 수도권 사람들이 지방민을 압도하게 되었다. 우리가 아닌 지방은 배척되기 시작했다.

수도권 사람들은 아마 '지방은 내가 가지 않을 곳'이라고 생각할 것이다. 지방은 자신과는 아무런 관계가 없는 곳이라는 말이다. 그래서 가장 힘이 센 수도권에서 거대한 지방 왕따가 시작되었다.

그나마 서울 이민 1세대들에게는 고향이 살아 있었다. 공공기관 지방 이전 정책이 수도권에서 배척되는 동안 서울의 지방 출신 인사들이 자기 고향에 공공기관을 유치하기 위해 노력하는 모습이 자주 목격되었다. 역시 '우리'라는 의식은 그렇게 중요했다. 그러나 어쩌겠는가. 이제 고향은 서울의 주류들에게는 '우리'가 아닌데.

지방민이 서울로 옮겨 가기 쉽지 않은 점도 지방 배척의 큰 힘이 되고 있다. 지방에 남아 있는 사람이라도 지방을 특별히 사랑해서 남아 있는 것이 아니기 때문이다. 그들 대부분은 여러 가지 여건상 지방에 남을 수밖에 없는 사람들이다. 다시 말하면 서울로 이사 가기 힘든 사람들이 지방에 산다는 말이다. 이들에게 '억울하면 서울 가서 살아라'고 말하면 안 되는 이유이고, 국가가 그들을 특별히 보살펴야 하는 이유다. 왕따는 당하는 아이가 집단 안으로 들어가기가 쉽지 않을 때 더욱더 큰 힘을 발휘한다. 그 아이가 아무리 노력해도 우리라는 집단으로 들어갈 수 없다면 아이의 고통은 더욱 클 것이다. 희망이 없기 때문이다. 마찬가지로 지방민들도 원하는 누구나 서울로 이민가지 못한다. 그래서 서울로부터 배척받을 때 지방민들은 더욱 큰 고통을 느끼는 것이다. 결국 중앙집권이 문제다.

04

지역혁신 체계
구축을 위한
인재 양성

지역발전에 필수적인
인적자원 개발

배경 및 필요성

지역의 경쟁력과 삶의 질 향상을 위한 인재 개발

지방분권 개혁은 지방의 자율성을 증가시키지만 그에 따르는 책임도 커진다. 중앙정부에서 넘어온 권한과 예산을 어떻게 사용하느냐에 따라 지역의 미래가 좌우되기 때문이다.

지역발전에는 무엇보다 인재와 기술이 꼭 필요하다. 인적자본은 이제 노동, 물적 자본과 더불어 중요한 생산요소로 작용하고 있다. 기술은 물적 자본에 대한 투자보다는 인적자본에 대한 투자의 영향을 받는다. 하준경(2004)에 따르면 인적자본의 수준이 높아지면 기술의 창조와 흡수가 빨라져 경제에 유익한 영향을 준다. 교육과 훈련으로 만들어지는 인적자본은 인재에게 축적된다. 인재들은 축적된 인적자본을 바탕으로 기술을 개발하고 혁신시켜 산업의 흐름을 리드하고 생산성을 향상시켜 나간다.

무엇보다 지역 책임의 주체는 시민이다. 시민은 지역의 인적자원이기도 하다. 인적자원으로서의 시민에게는 높은 성과가 요구된다. 시민에게 새로운 아이디어와 지식을 축적한 인적자원으로서의 역할을 부여하고, 그 역할을 이용해 지역발전을 이루려면 지역은 시민에게 평생학습의 환경을 제공해야 한다. 평생학습을 통해서 개인은 인적자본을 축적하고 지역사회는 사회적 자본을 축적한다.

과연 우리나라의 지방에는 인적자본과 사회적 자본이 원활하게 축적되고 있는가? 지역에는 인적자원의 인프라가 갖춰져 있지 않을 뿐 아니라 인적자원 개발 관련 업무에 대한 정책도 부족해 인력 양성 체계는 지역과 거의 연결되지 않고 있다. 그리고 산업과 인적자원 간의 연계가 부족해 지역 인재는 수도권으로 심하게 유출되고 있다. 지역 인적자원을 지역이 양성해 활용하는 비율은 매우 낮았던 것이다. 따라서 이제 지역은 지역 인적자원을 개발하는 일에 적극적으로 나서야 한다. 이를 위해 관련 수체 및 관련 기관 간의 협력 체계를 구축하고, 학습을 통해 시민의 능력을 개발하고, 지역주민의 사회적자본을 축적해 지역 공동체 의식과 문화 수준을 함양한다. 이를 통해 지역의 경쟁력과 삶의 질을 높여야 한다.

지방대학과 지역

지방대학은 지역 인재 양성의 주체

지방에서 인재를 양성해서 기술을 개발하고 혁신하는 플랫폼은 해당 지역의 대학이다. 세계적인 흐름을 보아도 21세기 지식기반 사회의 경제발전과 국가혁신은 지방대학을 중심으로 한 지역혁신클러스터에서 시작되었다. 미국의 실리콘밸리가 그렇고, 프랑스의 앙티폴리스, 핀란드의 울루 지역이 그렇다.[43] 따라서 정부는 지방대학을 육성해 지역에 인재와 기술을 공급하는 데 어려움이 없도록 해야 하며, 지방대학은 지역발전을 선도해야 한다.

그러나 현재 우리나라 지방대학의 역량은 지역혁신을 감당하기에는 역부족이다. 우리나라의 대학에 대한 투자는 GDP 대비 0.49%로 OECD 가입국 평균 1.06%의 절반에도 미치지 못한다. 이는 OECD 가입국들 중 최저 수준이다. 우리나라의 대학이 국가 경쟁력에 그다지 큰 기여를 하지 못하는 건 어쩌면 당연한 일인지도 모른다(교육인적자원부, 2004). 특히 지방대학은 숫자상으로는 수도권보다 약 2배나 더 많지만 전체 연구개발(R&D) 예산의 절반 이하를 배분받고 있어 예산 배정에서도 소외되고 있다. 그 결과 지방대학의 연구 역량은 매우 열악하고 지식 창출을 통한 지역혁신 기능이 미흡하다.

〈표 7: 지방대학의 R&D 예산 배정 실태〉

정부 R&D 예산	대학 지원 예산		비중
4조 5,276억 원	전체 7920억 원		17.5(100%)
	수도권 대학(123개) 4113억 원		9.1(52%)
	지방대학(234개) 3807억 원		8.4(48%)

자료: 2001년 국가연구개발사업 조사 · 분석 · 평가 결과(국가과학기술위원회)

〈표 8: 미 톰슨 ISI사의 연구 논문 인용 건수(SCI 포함)의 국제 순위〉

대학(종합 순위)	분야별 순위
경북대학교(국내 7위)	엔지니어링 663위(891중), 화학 702위(735중), 물리학 540위(580 기관 중)
부산대학교(국내 8위)	메티어리얼 사이언스 374(500중), 엔지니어링 672위(891중), 화학 630위(735중)
전남대학교(국내 10위)	Clinical Med. 2103위(2408중)

*『매일경제』 2004년 2월 4일자 및 톰슨 ISI

이뿐만 아니라 대학별로 연구 분야의 특성화가 이루어지지 않고 지역별로 핵심 · 선도 대학이 없는 형편이다. 이는 지방대학에 대한 각 부처의 투자가 산발적이고 연계가 부족해 대학별 특성화를 위한 핵심 역량이 갖추어지지 않았기 때문이다.

오늘날 지방대학의 형편은 이상과 같이 연구 역량을 언급하는 것조차 부끄러운 지경이다. 심화되는 중앙 집중 현상은 일자리를 수도권에 편중시킬 뿐 아니라 학벌주의, 대학 서열화와 지방대학 경원 현상을 야기해 대학생들의 서울 집중을 부추기고 있다. 더구나 1990년대 들어서는 인구가 감소하면서 대학 입학 지원자 수마저 급격히 줄어들고 있다. 상황이 이러한데도 지방대학 수는 급격히 증가해 입학 정원이 고교 졸업자 수를 31.4%나 상회, 2003년 기준 4년제 지방대학의 충원율은 86.9%(전문대 포함하면 81.4%)에 불과하다. 그리고 취약한 재정 형편으로 인한 충분치 못한 교원 확보율(2004년 기준 62.7%)과 양질의 취업 기회 부족으로 인한 저조한 취업률(2004년 기준 58.4%)은 오늘날 열악한 지방대학의 처지를 그대로 말해주고 있다.

〈표 9 : 수도권 / 비수도권 지역 고등학교 졸업생 수 대비 대학 입학 정원〉

고교	졸업생 수(2003년 졸업자)				대학 입학 정원(2003학년도)			
구분	일반계고	실업계고	기타	계(A)	전문대	4년제대	계(B)	비율(B/A)
수도권	188,979	72,993	6,940	268,912	99,166	114,800	213,966	79.6%
비수도권	211,924	116,517	5,845	334,286	186,756	252,448	439,204	131.4%
전국	400,903	189,510	12,785	603,198	285,922	367,248	653,170	108.3%

주: 1) 기타에 예고, 체고, 과학고, 외고 포함
　　2) 4년제 대에 산업대, 교대 포함
자료: 교육인적자원부 · 한국교육개발원(2003), 『교육통계연보』

지방대학과 지역의 관계

지방대학이 지역발전을 주도하지 못하면 결국 지역혁신의 실패로 귀착된다. 지역혁신의 실패는 지역경제의 낙후를 초래하고, 지방 문화에 대한 향유 욕구를 감소시켜 문화에 대한 투자를 소홀하게 만든다. 이로 인해 지방 문화가 피폐하게 되고 지역주민들은 문화적 박탈감을 더욱 느끼게 된다.

이런 악순환에서 벗어나기 위해서는 대학이 새롭게 변해야 한다. 지금 같은 열악한 상태를 방치하면서 지방대학에 지역발전의 견인차가 되라고 주문할 수는 없다. 스스로의 몸도 가누지 못하는 지방대학이 어떻게 지역 기업에 지식과 기술을 전파하며, 지방자치단체와 지역의 혁신 주체들 간의 네트워크를 주도하겠는가.

대학은 지역혁신에서 인재를 공급하고 기술을 혁신하는 역할을 담당한 다. 그래서 지방대학은 지역의 인재를 양성하고 기술을 혁신하기 위해 지 방정부 및 지역기업과 함께 지역혁신 체계를 구축해야 한다. 대학은 지역 혁신 체계에서 지역발전의 원동력을 공급해 지역 인적자원 개발과 지방대 학 육성 → 지역혁신 활성화 → 지역 산업의 발전 → 지방과 수도권의 격차 완화 → 인재의 지방 정착 → 지방대학의 발전 등으로 이어지는 선순환의 고리를 마련하고 새로운 '자립형 지방화' 의 토대를 구축해야 한다.[44]

그렇다면 지역 인적자원 개발과 지방대학 육성에서 지방대학의 발전으 로 이어지는 선순환을 어떻게 만들어낼 것인가? 지방화를 위해 지방대학 에 요구하는 것은 지역에 특성화된 인재를 공급하고, 기술을 개발·혁신해 지역기업을 도우며, 지역발전에 필요한 각 주체들 간의 네트워크를 잘 갖 추어 지역혁신 시스템을 구축하라는 것 등이다. 따라서 정부는 지방대학의 교육 역량을 강화하고, 연구 역량을 강화하며, 지역 인적자원 개발 추진 체 계를 만드는, 혁신 시스템을 구축하기 위해 세 가지 핵심 과제를 선정했다. 이 세 가지 과제를 통해 지방대학을 지역혁신의 기반으로 삼고, 지방대학 의 특성화를 유도하며, 지역을 리드할 선도 대학을 육성해 지역혁신 체계를 완성해 국가균형발전을 달성할 것이다.

좀 더 구체적으로 살펴보면, 교육 역량을 강화하기 위해서는 지방대학을 특성화하고 지역 인재를 양성해 지방대학 중심의 지역혁신 체계가 성공할 수 있도록 지방대학의 혁신 역량을 강화하는 사업(NURI, New University for Regional Innovation)을 시행한다. 연구 역량을 강화하기 위해서는 지방대학별로 연구 분야를 특성화하고 지방대학 중심의 지식 클러스터를 육성해 지식 확산을 통한 지역혁신을 도모한다. 혁신 시스템을 구축하기 위해서는 지역 인적자원 개발추진 체계를 구축해 지역 인적자원 개발을 추진하고자 했다.

지역 인재 양성과 관련된 정부의 정책은 지역혁신 체계(RIS), 지역 인적자원 개발(RHRD), 지방대학 연구 역량 강화, 그리고 지방대학 육성 사업 등이었다. 이 정책들은 인재 양성을 통한 지역발전이라는 고리를 통해 서로 연결되어 있거나 연결되어야 하므로 정책적 역할 분담 및 통합적 정책 협조가 요청된다.

2

지역 인적자원 개발

지역 인적자원 개발이란?

지방자치단체가 지역주민의 삶의 질 향상과 지역주민의 재생을 목적으로 교육기관, 연구기관, 기업, NGO 등과 긴밀한 파트너십을 맺어서 인적자원을 양성하고 문화 · 예술 등을 위한 제도와 인프라를 구축하는 데 총체적으로 지원하는 것을 말한다.[45]

〈그림 16: 지역 인적자원 개발의 개념 모형〉

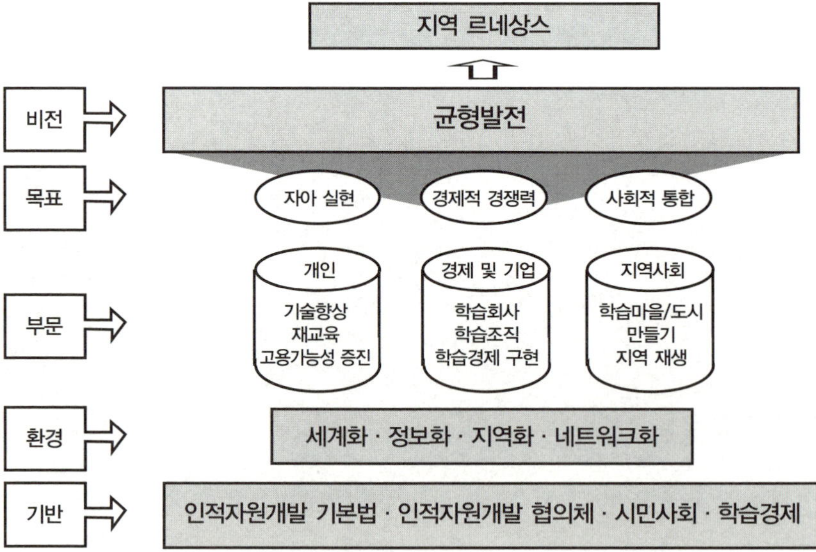

인적자원 개발은 이제 투입 위주에서 성과 위주의 개발로 진화하고 있다. 많은 사람이 투입보다 성과가 핵심이고, 뛰어난 인재와 기업들이 배출되어야만 지방이나 국가의 미래가 보장된다는 것을 알게 되었다. 개발의 성과를 보려면 지역은 새로운 아이디어를 중시하고, 지식의 창출과 지속적인 개선을 추구하며, 항구적인 학습의 체계를 갖추어야 한다. 최근 강조되는 '평생학습'도 이런 맥락에 닿아 있다. 평생학습은 인적자본과 사회적 자본을 동시에 축적하는 것을 지향한다. 인적 자본은 경제적 경쟁력 제고를 위한 직업교육에 의해, 사회적 자본은 적극적 시민정신 증진을 위한 시민교육에 의해 축적된다. 그러므로 지역은 직업교육 정책 위주의 좁은 틀에서 벗어나 인적자원 개발을 의미하는 넓은 틀의 시민교육을 아울러 추구해야 한다. 시민교육은 더 이상 시민단체의 전유물이 아니다. 그리고 필요에 의해서건 사회적 추세에 밀려서건 정부나 지방정부의 정책 과정에서 민간의 참여는 점점 증대하고 있다. 따라서 지역민에 대한 지속적인 교육과 학습은 지역발전을 위해서 끊임없이 이루어져야 한다. 이는 서구 선진 국가들에서 보편적으로 나타나고 있는 현상이다.

학습경제와 학습지역

지역발전에 학습의 역할이 강조되면서, 학습하는 능력에 따라 지역경제가 좌우된다는 '학습경제' 론이 보편성을 얻었다. 또 지역을 '학습지역(learning regions)'으로 만들어야 한다는 목소리도 커졌다. 학습지역이란 기존의 인적자본에 신뢰(Trust), 연대(Network), 규범(Norms)으로 이루어진 사회적 자본을 추가함으로써 지역 전체가 지식 자본(Knowledge Capital), 인적자본(Human Capital), 사회·문화적 자본(Social Capital & Cultural Capital)으로 충만한 클러스터이다. 학습지역은 개별 학습과 조직 학습을 원활히 해서 개인 차원에서는 인적자본이, 사회 차원에서는 사회적 자본이 형성되어 경제적 생산성과 사회적 결속력을 높이고, 궁극적으로는 학습경제가 요구하는 지적 자본을 충분히 갖추는 지역을 의미한다.

개별 학습은 개인들이 교육 과정에 참여해 정보, 지식, 이해, 기술을 습득하는 것이다. 개별 학습은 인적자본에 축적되며, 이것은 다시 지식 자본의 형태로 나타난다. 그래서 학습경제를 지식기반 경제라고도 부를 수 있다. 그리고 조직 학습은 개별 학습으로 만들어지거나 외부에서 차용한 지식을 확충하고 네트워크를 통해 공유하면서 조직의 특성을 만들어간다. 그 과정은 네트워크나 공동체 안에서 상호작용을 통해 이루어진다.

결국 학습지역이란 지역 평생학습 체제나 지역혁신 체제가 구동되는 혁신적이고 창의적인 지역이다. 미국의 실리콘밸리가 그 대표적인 예다. 이렇게 볼 때 학습지역만들기운동은 지식기반 사회의 지역혁신 전략이라고 할 수 있다. 인적자본과 사회적 자본을 연계해 학습지역이 조성되는 모형을 제시하면 다음과 같다.

〈그림 17: OECD 학습지역 모형- 인적자본 및 사회적 자본간의 관계〉

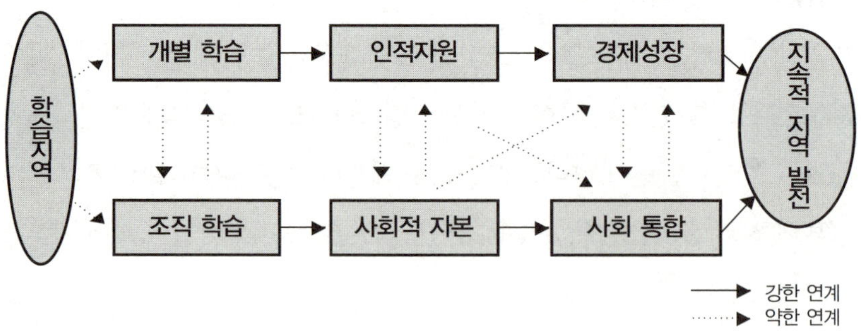

자료원 : 이희수 외(2003)

지역주민의 실상

그러나 현재 지방의 모습은 위에서 말한 상호작용을 통한 학습지역과는 거리가 멀다. 왜 그럴까?

첫째, 인적자원을 양성해 공급하는 체계가 미흡하다. 고급 인력 양성 체계가 없고 연구개발 인력이 부족해 인적자원의 질적 경쟁력이 미흡하며, 지역 산업 및 유관 기관과의 연계 구조가 취약하다.

둘째, 인적자원의 수급이 일치하지 않는다. 교육 훈련 체계와 노동시장이 일치하지 않고, 인재의 수요가 저조해 지역 인재의 역외 유출 현상이 심하며, 전략산업과 고급 인적자원 간의 연계가 부족하다.

셋째, 인적자원의 인프라가 갖추어져 있지 않다. 지역 인적자원에 대한 종합 정보 인프라가 취약하고, 정책 추진 체계가 갖추어져 있지 않아 지역 인적자원의 개발 및 활용에 대한 지역 차원의 종합적이고 전략적인 비전과 관련 업무에 대한 총괄 · 조정 기능이 부족하다.

넷째, 관련 법과 제도가 미흡하다. '인적자원개발기본법'에는 지역 인적자원 개발 기본계획 수립 및 지역 인적자원 개발 추진 체제, 추진 주체, 업무 등에 대한 명확한 규정이 미비해 교육청과 시 · 도청 간의 경계 업무, 주변 업무로 인식되어 인적자원 개발이 사장되고 방치될 우려가 있다.

다섯째, 지역 인적자원 개발 사업에는 교육인적자원부, 노동부, 중소기업청 등 정부의 각 부처와 해당 지방자치단체 및 행정기관이 참여해야 하는데, 구심점이 없을 뿐만 아니라 이들 간의 사전 협의 · 협력이 부재해 인적 자원 개발 관련 정책이 비효율적으로 운영되고 있다. 이 때문에 중복 투자, 일관성 부재, 통합성 미흡 등의 문제가 발생하고 있다. 특히 지역 인적자원 개발 업무의 상당 부분이 시 · 도청에서 관장하는 업무라는 점을 고려

할 때 시장·도지사의 협조와 리더십 발휘가 매우 필요하다. 하지만 시·도청의 역할이 매우 제한적이어서 시·도교육청에서 시범사업을 추진하는 데 적지 않은 애로가 있다.

여섯째, 경제개발 이후 지속되어온 지역 간 경제력 격차가 여전히 해소되지 않아서, 지역 인적자원 개발이 활성화되는 데 걸림돌로 작용하고 있다. 실제 우수한 학생이 지방대학을 외면하고 수도권 대학에 진학하고 있어, 인적자원의 개발 단계에서부터 지방의 역할에 제약을 받고 있다.

과거(2002년 9월~2003년 10월) 이런 문제점을 해결하고자 부산, 광주, 충북 지역에서 인적자원 개발 정책을 시범 운영했으나 여전히 다음과 같은 요구사항을 남겨두고 있다.[46] 첫째, 지역 내 관련 주체들의 연계·협력 관계를 구축하고 이것의 운영을 활성화하는 것이 중요하다. 인적자원 개발 기관 사이의 네트워크 구축과 협의체의 구성·운영이 지역 인적자원 개발의 성패를 좌우한다. 둘째, 지역 인적자원 개발을 담당하는 정책 및 지원 체계가 갖추어져야 한다. 셋째, 지역 인적자원 개발 관련 중앙정부 정책사업의 부처 간 연계·조정 및 통합이 이루어져야 한다. 넷째, 지역 인적자원 개발 관련 업무에 대한 권한을 해당 지역에 위임하고 확대해야 한다.

정부의 역할과 과제

정부는 이 같은 요구사항을 수용해, 지역발전과 지역 인적자원 개발의 연계로 지역의 경쟁력을 높이고 사회적 통합과 지역주민의 삶의 질을 향상시켜야 한다. 이를 위해 마련된 정책과제는 지역주민의 능력 개발, 지역 공동체 의식 및 문화 정립, 지역혁신 체계 등의 구축이다. 구체적으로 살펴보자.

첫째, 지역주민의 능력을 개발하기 위한 프로그램이 필요하다. 이를 위해 소외 계층에 대한 교육을 통해 이들의 능력을 제고하고, 지역의 특성화 사업에 부응하는 교육을 제공해 주민들의 직업능력을 함양시키며, 평생학습과 기초교육기회를 보장한다.

둘째, 지역공동체 의식 및 문화의 정립이 필요하다. 오늘날 자치 의식이 희박해졌다면 중앙집권제도에 그 책임이 있지만, 지역공동체 의식이 사라진 데도 그 책임이 있다. 중앙으로 빠르고 거대하게 집중되는 현실은 지역에 대한 자긍심마저 사라지게 하고 지역 공동체 의식을 붕괴시켰다. 이제 더 이상 지역주민들은 지역의 이슈 해결에 대한 공동 책임 의식을 가지지 않는다. 따라서 지역 문화예술 활동을 활성화하고, 전동문화를 부활시키고, 청소년 문화를 육성하고, 여가활동을 자유롭게 하도록 해서 공동체를 견고히 서도록 해야 할 것이다.

셋째, 공동체의 부활에 다소 시간이 걸린다면 인위적으로 모형을 만들어 지역협동을 촉진해야 한다. 이것이 참여정부가 추진했던 지역혁신 모형인데, 여기에 지역 인적자원 관련 협력 체계를 연결시킨다.

시 · 도청, 지방대학, 교육청, 지방 노동관서, 중소기업청 등의 역할과 과제
정책 과제를 직접 담당할 관련 기관들은 파트너십을 가지고 네트워크를 결성해 추진해 나가야 할 것이다. 다음과 같이 지역 인적자원 개발 추진 체계를 구축하고 학습지역 모형을 통해 지역혁신을 이루어야 한다.

참여정부는 시 · 도별 인적자원 개발 추진 체계를 구축하기 위해 지역 인적자원 개발 협의체를 구성하고 지역인적자원개발지원센터를 지정 운영했다. 지역 인적자원 개발 협의체는 국가균형발전특별법상의 지역혁신

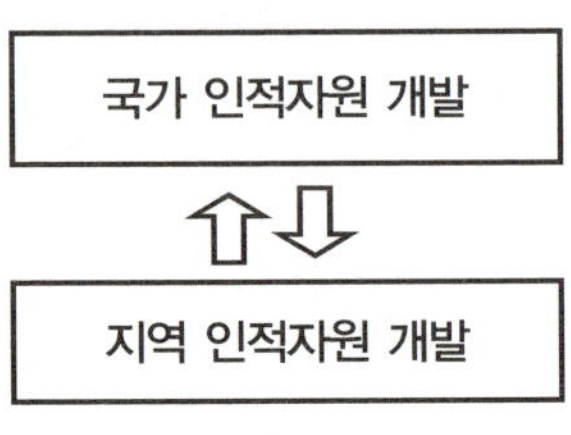

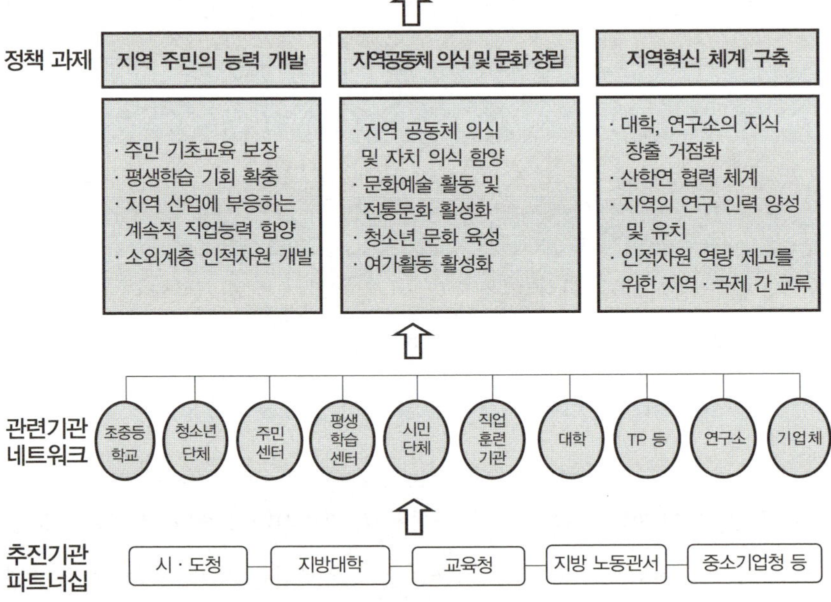

협의회 내에 전문 분과위로 배치했다. 이로써 지자체, 교육청, 대학, 지방 노동관서, 중소기업청 등 관련 기관 사이에 네트워크가 구축되기 시작했다. 그리고 지역인적자원개발지원센터는 시 · 도가 관련 정책을 추진하는 데 전문적인 지원을 하도록 배려했다. 지원을 원활하게 하기 위해서는 관

련 데이터베이스(DB) 구축 등 정보 인프라 구축에 힘써야 할 것이다.

다음으로 시·도별 지역 인적자원 개발시책을 추진했다. 인적자원 개발 시책은 지역주민의 능력 개발, 청소년 복지 실현, 농어촌 지역 공동화 방지, 시·군 단위의 인적자원 개발 특구 지정 등으로 구성되어 있다. 지역주민의 능력을 개발하기 위해 주민 기초교육을 보장하고, 평생학습의 기회를 넓히며, 직업능력을 향상시키고, 소외 계층에 대한 인적자원 개발 투자를 늘리고자 했다. 청소년 교육복지 실현을 위해서는 비진학 청소년에 대한 사회교육을 지원하고, 소외계층 자녀에게 방과 후 Day-Care 사업을 실시하며, 청소년 문화 체험 및 사회적 학습 기회를 더 많이 제공하고, 청소년직업상담센터 등을 준비했다. 농어촌 지역 교육 공동화 방지를 위해서는 농어촌 지역 학교를 현대화해 주민들이 복지센터로도 이용하도록 하며, 농어촌 마을에 학습장과 컴퓨터실을 설치하고, 각 지역에 농어촌 학습 체험장을 운영토록 했다. 시·군 단위의 인적자원 개발 특구 지정 육성을 위해서는 광역자치단체 주도로 지역 인적자원 개발(RHRD)사업특구를 지정해 실시할 계획이었다.

지방대학 혁신 역량 강화 사업

지역혁신 체계에서 지방대학의 역할

지방대학은 인적자원은 물론 기술과 시설 등을 지역사회에 제공함으로써 '지역학습'을 구동하는 엔진이 될 수 있다. 지방대학을 육성하면 지역혁신이 활성화되고 특성화된 지역 산업을 발전시켜 인재의 지방 정착을 가능하게 한다. 이 과정은 다시 지방대학의 발전을 가져온다. 따라서 제한된 인적자원과 취약한 역량으로 지역을 발전시키려면 지역과 연계된 지방대학 육성이 전제되어야 한다.

〈그림 19: 지역혁신 체계에서 지방대학의 역할〉

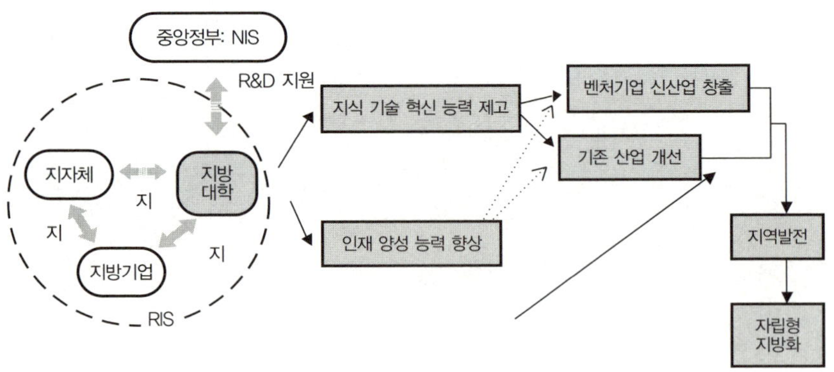

자료: 국가균형발전위원회(2004), 「국가균형발전의 비전과 과제」

그동안의 산업단지들은 산업 집적 중심의 지역발전 정책으로 산발적으로 형성되었다. 만약 지방대학이 지역과의 연계성을 높이면서 꼭 필요한 인재와 기술을 제공한다면 기존의 산업단지에 연구개발을 더해 지역혁신의 기틀을 만들 수 있다. 특히 지방대학이 지역에서 지식과 기술을 창출할 내생적 동력을 제공할 수 있다면 이는 지역혁신의 의미가 크게 살아나는 것이다.

지역발전을 위해 추구해야 하는 정책

21세기 지식기반 사회의 경제발전과 국가혁신은 지방대학을 중심으로 한 지역혁신클러스터에서 시작되고 있다. 그래서 지역의 인재를 양성해 국가를 발진시키는 전략은 세계적인 추세가 되었다. OECD의 Territorial Development 프로그램과 Learning Region 조성 사업 등이 그런 전략이 실현된 것이다. 지역혁신클러스터로는 미국의 실리콘밸리, 프랑스의 앙티폴리스, 핀란드 울루 지역 등이 사례로 거론된다. 그리고 일본은 지역과 연계해 사업을 추진하는 대학을 지원하기 위해 2003년에 약 5432억 원을 투자했고, 프랑스는 지방대학을 중심으로 지방정부와 기업, 연구소 등을 연계해 지역혁신을 위한 'U3M'(2000~2006)을 추진하면서 7년간 총 약 4조 5000억 원을 투자하는 등 세계는 지금 지방대학을 통한 인적자원 개발에 전력투구하고 있다.

우리나라도 이와 마찬가지여야 한다. 지역 인적자원 개발을 통해 지역을 발전시키려면 먼저 지방대학을 지역 특성화를 이끌 센터로 육성해야 한다. 이를 위해서는 지역 특성화 대학에 집중 투자해서 대학이 기술 및 지식혁신의 중심 거점 역할을 맡게 해야 한다. 그리고 지방대학의 역량을 강화해 지역에 대한 재량권과 책무를 부여해야 한다. 지방대학은 교육청, 지방자치단체, 연구기관과의 연계를 통해 인재 교류, 프로그램, 시설 공동 활용, 정보 공유 등의 네트워크 사업을 활성화할 책무가 있다.

이제 지방대학은 사회봉사 기능을 담당해야 한다. 높은 수준의 인적자원과 물적 자원을 활용한 평생교육 프로그램의 운영이야말로 대학이 할 수 있는 가장 적합한 사회봉사일 것이다. 대학은 평생교육원을 통해 주민들의 평생학습 욕구를 충족시키고 능력 향상 기회를 제공해 지역발전에 기여해야 한다. 다만 취미 교육에서 벗어나 고등 교육기관에 적합하게 지역사회 시민성 향상을 위한 강좌와 고등교육 수준의 직업 재교육(계속교육) 프로그램을 운영해야 한다. 정부는 대학 평가 시 지역사회 봉사 부문 평가를 더욱 강화해 지역주민 봉사 부문 평가 후 지방비에서 대학 재정을 지원해야 할 것이다.[47]

지방대학 혁신 역량 강화 사업

참여정부는 지역발전에서 지방대학이 해야 할 역할을 충분히 숙지했다. 그래서 지난 2003년 7월 국가균형발전을 위한 핵심 사업으로 지방대학 혁신 역량 강화 사업을 선정하고 2004년 2200억 원의 예산을 확정했으며, 이후 2008년까지 총 1조 4100억 원을 투자하기로 했다.

지방대학 혁신 역량 강화 사업은 지방대학을 지역의 특성화 분야와 연계시켜 집중 지원하고, 교육 내실화를 통해 지역사회가 필요로 하는 우수 인력을 양성토록 해 지방대학을 활성화하고 경쟁력을 강화하도록 했다. 그리고 지방대학으로 하여금 지역혁신클러스터 구축의 중심적 역할을 담당케 함으로써 지역발전을 촉진하려고 했다.

〈표 10: 지방대학 혁신 역량 강화 사업의 연차별 투자계획〉 (단위: 억 원)

연도별	2004	2005	2006	2007	2008	계
지원액	2,200	2,500	3,000	3,000	3,400	14,100

지방대학과 국가균형발전의 모델

〈그림 20 : 지방대학 육성을 통한 국가균형발전 과정 모형〉

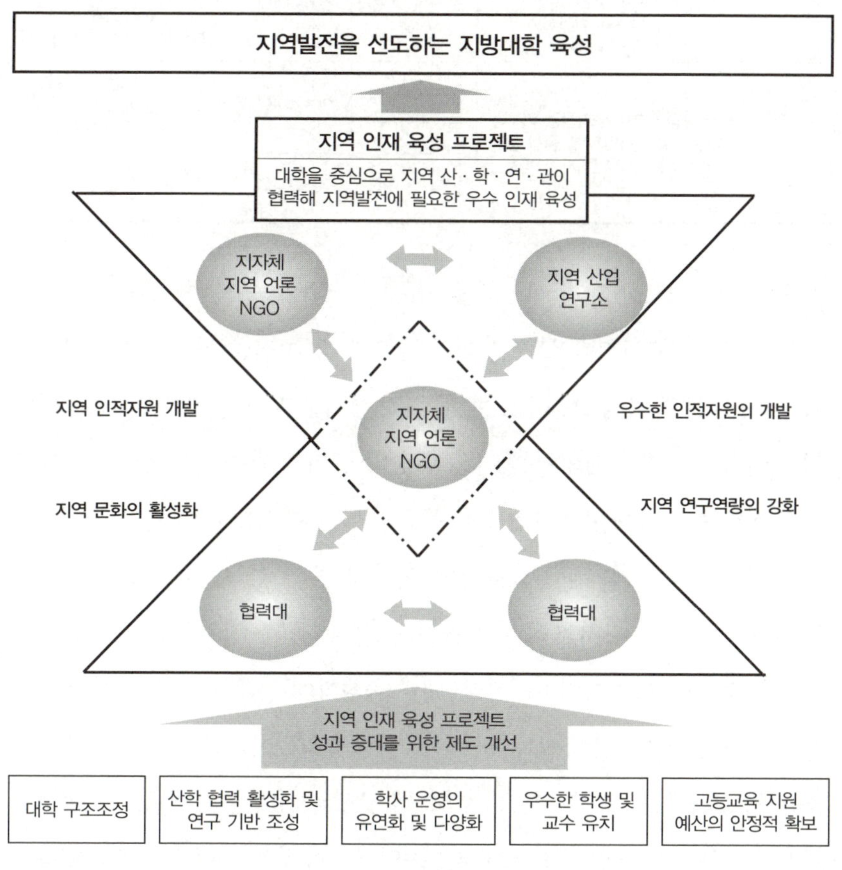

이 사업은 사업 추진 대학이 지역 산업 발전에 필요한 인력 양성에 관련된 모든 분야(인문, 사회, 공학, 자연과학, 환경, 문화 등)에 걸쳐 관련 연구소, 지자체, 사업체 등과 연계해 사업단을 구성해 추진한다. 이 사업의 유형과 지원 규모는 다음과 같다.

<표 11: 사업 유형 및 지원 규모>

유형	목적	신청 사업비	배분 비율	요건
대형	지역 전략산업 육성·발전에 필요한 인적자원 개발	30~50억 원 이하	50% 내외	광역지자체 및 산업체 참여 필수 (광역지자체 대응투자 10%)
중형	지역 산업·경제의 기반을 이루는 인문, 사회, 자연과학, 공학 등 다양한 분야의 인적자원 개발	10~30억 원 이하	30% 내외	지자체 또는 산업체 참여 필수 (대응투자 5%)
소형		10억 원 이하	20% 내외	하나 이상의 외부 기관 참여 필수

수도권을 제외한 13개 시·도를 기준으로 권역을 구분했으며, 초광역권으로 지역혁신협의회를 설립한 대구/경북과 광주/전남에는 권역 지원액을 5% 더 추가해 권역 통합을 유도했다. 선정 사업은 시도별 지역혁신협의회의 지역 인적자원 개발 협의체를 거친 후 중앙 단위의 최종 평가에서 결정토록 하고 결정된 사업마다 제시된 성과 목표의 달성 여부를 매년 평가해 사업비 누수를 막는 등 사업의 내실화를 위해 연차 및 중간평가를 실시했다.

이 사업을 통해 지역의 특성과 관련된 분야에 집중 지원하면 특성 분야로의 학부/학과의 통폐합이 이루어져 대학 특성화에 성공할 것이다. 이렇게 대학 경쟁력이 상승하면 특성화 분야의 신입생 충원율이나 교원 확보율이 개선되는 등 교육 여건이 획기적으로 개선될 것으로 기대된다. 다음으로 현장을 중시하는 우수 인력 양성 프로그램은 졸업생들의 취업 능력을 높여 취업률을 향상시킬 것으로 기대했다. 이 사업의 중심 대학으로 선정된 대학은 지역의 산업체, 주변 협력 대학, 각종 연구소, 지방자치단체, 지역 NGO 등과의 유기적인 연계를 통해 지역혁신클러스터를 구축해 지역발전을 선도할 사명을 부여받았다. 그 결과 지역 내 우수한 인적자원이 원활하게 개발되고, 특성화 분야의 연구 역량이 강화될 것이며, 지역 산업이 혁신·발전되리라 기대했다.

지방대학 혁신 역량 강화로 기대되는 결과

이상과 같이 지방은 특성화 발전 전략을 확고히 하고 지방대학은 여기에 부응해 대학별 특성화로 확고한 경쟁력을 가진다는 비전을 세워야 한다. 특성화 비전이 관철되면 특성화된 대학이 특성화된 지역에 공급해야 할 인재와 기술에 대한 수요가 증가하고, 지방대학 입학 지원자 수는 늘어나고 지방대학 경원 현상이 줄며, 대학 서열화도 완화될 것이다. 또 기업은 대학으로부터 인재와 기술을 공급받아 생산성을 크게 높이며, 지역의 취업률이 증가하고 지역경제는 활성화될 것이다. 소득이 높아진 지역민들은 문화에 대한 욕구를 증대시켜 지역문화에 대한 배려가 늘어나며 지역주민의 문화 만족도가 증가할 것이나. 이런 선순환은 결국 수도권으로만 치달던 인구 이동이 역진되거나 완화되는 것으로 귀착될 것이다.

〈그림 21: 지방대학 혁신 역량 강화 사업의 정책 비전〉

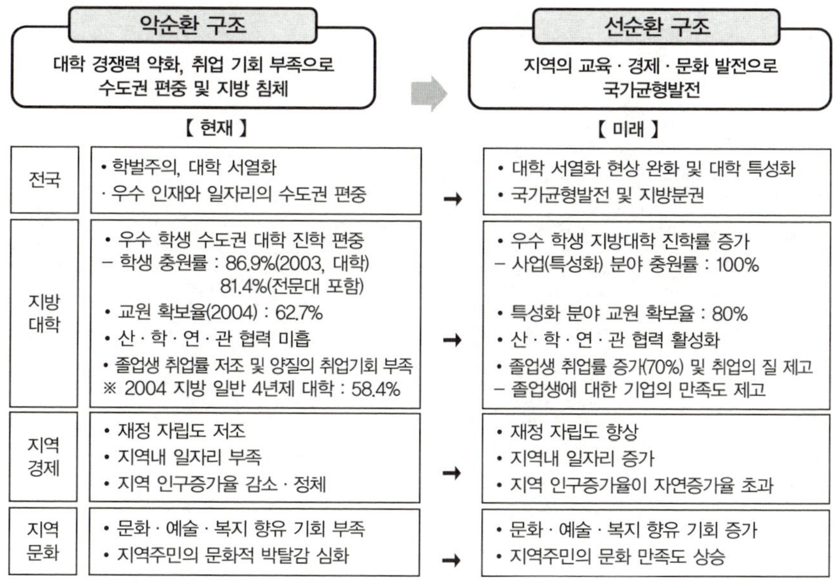

05

지역언론이 살아야

지역이

산다

.I.
지방분권 시대의 지역방송: 지상파방송의 위성방송 전송 반대[48]

지역방송과 지방분권

지방분권을 후퇴시킨 위성 동시 재전송 사태

이 나라의 가장 큰 과제는 지역감정의 타파이며, 지역감정의 타파는 오직 지방분권화로만 가능하다고 생각한다. 지금처럼 중앙이 나라의 모든 것을 움켜쥐고 있는 한 중원을 차지하려는 지방 맹주들의 지역민 선동은 결코 끝나지 않을 것이다. 또 중원을 놓고 벌이는 패권 다툼 속에서 이 나라는 영원히 지역감정의 소용돌이에서 벗어나지 못할 것이다. 지역감정의 문제는 역설적으로 지역민이 자신의 지역에 대한 무한한 긍지를 가질 때 해결될 수 있다. 마음에 맞는 정치인에게 표를 주고, 자신의 소망과 이웃의 소망을 합해 자신이 사는 지역을 가꾸어갈 때 지역민들은 지역을 사랑하고 타 지역을 존중하게 된다. 그때야 비로소 우리는 지역감정의 사슬에서 벗어나지 않을까. 그래서 우리는 하루빨리 완전한 지방분권을 이루어야 하며, 서울과의 균형을 위해 지방에 대한 획기적인 조치가 필요하다.

그럼에도 오히려 위성방송 동시 재전송 정책 같은 퇴행적 조치가 등장했다. 이는 지역방송의 시청률 하락을 불러오고 지역에 대한 지역민의 관심도 낮추게 된다. 지역민들이 지역에 관심이 없으면 지방분권은 불가능하다. 지방권력 또한 지역민들이 관심 가지 않으면 무능과 부패로 얼룩질 것이다. 이렇게 지역민의 무관심을 가져올 수밖에 없는 지상파의 위성방송 동시 재전송은 있을 수 없는 시도다.

지방분권을 매개로 한 지역방송인들과 지방분권운동가들의 결합

지방분권운동 조직을 만들려던 사람들이 동시 재전송에 반대하는 심포지엄을 열었다.[49] 지역방송 관계자들도 이 일을 계기로 지역방송을 사수하는 일이 얼마나 중요한가를 인식하고, 지방분권에 매우 시대한 관심을 보여주었다. 그래서 지방분권은 전 국민적 관심 사항으로 떠올랐고, 2002년 대선 기간 중 가장 뜨거운 이슈로 등장했다. 만일 지역방송인들의 그 같은 관심이 없었더라면 지방분권이라는 테마가 참여정부 시절 국정 최우선 과제로 부상하지는 못했을 것이라고 생각한다.

민주주의를 위해 지상파가 미치는 범위나 시간을 제한해야 한다

민주주의의 근간은 사회의 다양성이다. 국가의 주인인 국민은 천차만별이므로 다양할 수밖에 없고, 민주주의를 실현한다는 뜻은 국민의 다양성을 최대한 존중한다는 것이다. 만일 하나의 거대 방송사가 방송의 네트워크를 완전히 장악하면 그 방송사는 시민들에게 보내는 정보를 조절하면서 시민들의 생각을 한 방향으로 몰아가는 엄청난 위력을 행사할 것이다. 이렇게 되면 민주주의의 바탕인 사회의 다양성은 커다란 침해를 받을 수밖에 없다. 그러므로 정부는 방송 네트워크가 지나치게 비대해지는 것을 경계해야 하며, 구체적으로는 공중파가 미치는 공간적 범위나 시간을 제한할 필요가 있다.

중앙방송과 지역방송의 특징을 고려하지 않는 경쟁 논리는 허구다

지금은 어찌되었든 경쟁의 시대다. 그래서 많은 경우 경쟁에서 이기라는 주문에 꼼짝 못하고 당한다. 하지만 이런 주장에는 논리적 약점이 들어 있다. 중앙의 방송과 지역의 방송은 결코 경쟁하는 관계가 아니다. 서로 보완하는 관계다. 중앙방송과 지역방송은 담당하는 고유 영역이 엄연히 다르다. 교양, 문화, 오락 프로그램은 중앙방송의 영역이다. 지역의 경제, 문화, 여론 형성 및 정책 대안을 제시하는 논의의 장은 지역방송의 영역이다. 그런데 왜 그들끼리 경쟁하라고 하는가?

지역방송은 지역 문제에 천착하라

가끔 지역방송이 세계를 상대로 취재를 한다. 중앙방송을 흉내 낸 오락 프로그램을 내보내기도 한다. 하지만 지역방송더러 이러한 규모의 방송으로 경쟁하라고 주문하는 것은 무리다. 물론 지방의 독특한 문화에 토대를 둔 좋은 프로그램을 만들어내라는 주문이야 백번 타당하지만, 지금처럼 시청률에서 경쟁력을 가지라는 식의 주문은 철회되어야 한다. 어떻게 연예인으로 도배질한 오락 프로그램을 지역방송이 흉내 낼 수 있겠는가? 그건 가능하지도 않고 그래서도 안 된다. 지역의 이야기가 상실된 방송은 지역방송이 아니다.

지역 문제에 무관심해지는 지역민을 방치할 수 없다

한번은 지역방송 지키기에 나섰다가 왜 재미없는 지역방송을 보라고 강요하느냐는 항의를 받은 적이 있다. 중앙방송의 무엇이 그렇게 재미있더냐고 물으니 오락 프로그램이야기를 했다. 재미있다고 그것만 보게 할 수는 없는 것이 세상 이치다. 치아가 상하는데도 아이가 좋아한다고 사탕을 계속 먹게 할 것인가. 나중에 이가 썩으면 고통이 뒤따르고 치료비가 들어간다. 그러니 사탕 먹는 걸 자제시키고 영양가 높은 음식을 권해야 하지 않겠는가. 지역방송도 마찬가지다. 지역의 문제에 관심을 가지는 시민이 지방자치 시대의 진정한 시민이다. 건전한 시민을 양성하기 위한 프로그램을 지역방송은 내보내야 한다.

중앙방송과 지역방송을 경쟁으로 내몰고 있다

재화에는 대체재와 보완재가 있다. 대체재는 커피와 녹차처럼 둘 중 하나를 선택해야 하는 재화다. 반면 보완재는 커피가루와 크림처럼 같이 사용해야 하는 재화를 말한다. 중앙방송과 지역방송은 둘 중 하나를 선택해야 하는 대상이 아니라 두 개를 같이 시청해야 하는 보완재의 관계다. 커피가루와 크림이 합쳐져 구수한 커피가 되듯이 중앙 소식과 지역 소식을 동시에 전달해야 하나의 완결된 방송이 이루어지는 것이다. 지상파방송 위성 동시 재전송은 중앙방송과 지역방송을 대체재의 관계로 내몰아 지역방송을 중앙방송과 경쟁하게 만든다. 결국 지역방송은 퇴출될 수밖에 없다.

시장의 실패

시장에 재화의 공급을 맡겨놓았더니 시장에서 공급이 사라지는 경우를 시장의 실패라고 부른다. 시장이 실패하는 주요한 이유 중의 하나는 재화가 공공재기 때문이다. 공공재는 공공의 이익을 위한 것이다. 지역방송도 지역에 꼭 필요한 공공재다. 이런 재화를 민간의 경쟁에만 맡겨놓으면 공급에서 사라지기 십상이므로 정부가 공급해야 한다. 다리, 도로, 철도 등이 여기에 해당된다. 국가는 경제성이 없지만 지역민의 편의를 위해 다리를 건설하기도 한다. 공공의 이익을 위해 꼭 필요하지만 시장성이 떨어져 시장에서 실패하면 정부가 개입해 이를 치유해야 한다. 영리상의 이유로 시장에서는 공급될 수 없는 공공재를 정부가 나서서 공급해줄 수 있다. 지역방송도 마찬가지다. 지역방송이 공급되도록 국가가 각종 조치를 취해야 한다.

지역방송과 중앙방송 프로그램은 동일 선상에서 비교할 수 없다

물론 중앙의 방송을 보게 하는 것 역시 선택권 보장이 될 수는 있다. 그러나 중앙방송에는 그와 유사한 프로그램이 다른 시간대에도 많다. 요컨대 지역방송 프로그램은 존재냐, 아니냐의 문제지만 중앙방송 프로그램은 다른 대안이 얼마든지 있다. 동시 전송이 아닌 재편집 방송, 재방송 등으로 시청자의 욕구를 풀어줄 여러 가지 방법이 있다.

설령 소비자에게 선택의 기회를 주기 위해서라고 해도 진입하는 새로운 제품은 반드시 기존의 질서 위에서 자생적으로 확보한 경쟁력으로 시장에 침투해야 하는데, 이것을 위배했다. 이는 기존의 질서 아래에서 자생적으로 뿌리를 내린 제품만이 효율성을 지녔기 때문이다. 경제학에서는 이를 '자원 배분의 효율성'이라고 말한다. 이것을 무너뜨리는 것은 자본주의를 하지 말자는 말과 같다. 또한 시청자가 리모컨을 조작하면서 방송을 순간적으로 이동하는 것을 고려하면, 지금의 정책은 지역방송의 리모컨 선택행위를 매우 어렵게, 혹은 불가능하게 만들어 자본주의의 기본 질서를 위배했다.

지방분권과 지역언론의 관계

지방분권이 지역언론에 끼치는 영향

지방분권을 실시하면 시청률이 올라간다. 왜 그럴까? 지방분권화는 지방자치단체의 권한을 커지게 한다. 그렇게 되면 지방자치단체가 결정하는 정책 하나하나가 과거보다는 더 지역민의 삶에 직접적인 영향을 끼치게 된다. 지역의 정책과 지역민의 삶과의 관련성이 증가하는 것이다. 지역의 정책이 자신들의 삶에 끼치는 영향을 알게 된 지역민들은 자치단체장의 선출이나 정책 결정 과정에 과거와는 비교할 수 없는 관심을 보이게 된다. 또한 정책의 옳고 그름이나 향후 파상 등 그때그때 생산되는 지역의 각종 뉴스를 더 깊이 알기 위해 정보를 수집하려고 할 것이다. 그러한 정보의 창이 지역뉴스다. 그리고 지방분권이 되면 중앙정부의 기능이 지방자치단체로 이전되어 지방자치단체의 정책거리가 늘어나기 때문에 지방분권 시대의 뉴스거리는 중앙집권 시대보다 더 많아진다. 따라서 지방분권이 지역방송 시청률을 상승시킬 것이라고 말한다.

뿐만 아니라 지역 뉴스거리가 늘어나면 지역방송 시간도 확대된다. 현재의 중앙과 지방의 방송 편성 시간대는 중앙집권 시대를 반영한 것이다. 지역의 뉴스와 관심거리가 늘어나게 될 지방분권 시대에는 지역 프로그램 비율이 증가해야 한다. 방송사의 사정에 따라 어려움을 당할 수도 있겠지만, 지역방송끼리 연대해서 제작비용을 줄일 수도 있다.

한편으로는 지방분권이 되지 않아 지역방송 문제가 터졌다고 볼 수 있다. 중앙집권화된 구조에서는 지역에 대한 관심이 소홀할 수밖에 없다. 위성방송 동시 재전송 문제가 터진 당시만 해도 지역방송이 없어지면 어떤 파국이 올 것인가를 심도 있게 고민한 흔적을 발견할 수 없다. 만일 우리나라가 지방분권을 충실히 했다면 방송 정책에서 지역방송이 갖는 문제를 보다 충실히 검토했을 것이고 정책도 달리 나왔을 것이다. 방송 정책도 결국 중앙집권의 시각에서 짜이니, 서울에서 일방적으로 서울 생각만 하고 밀어붙이는 형태로 나타난 것이다.

지역언론이 지역에 끼치는 영향

– 지방분권에 대한 영향　지역방송이 튼튼해야 지방분권이 잘 이루어진다. 왜 그럴까?

첫째, 지역방송은 지방분권에 대한 감시 기능을 하기 때문이다. 지방분권을 주창하는 또 한편에서는 지방단체장과 지방 관리들의 부정부패를 염려하는 목소리가 높다. 그래서 중앙에서 예산과 권한을 대폭 가져오고 난 후, 그 집행과정과 결과를 어떻게 감시할 것인가가 초미의 관심사이다. 그 감시와 견제의 기능을 지역방송이 가장 잘 수행할 수 있다. 지역방송은 감시 결과를 주민에게 알려서 주민의 의사를 형성하게 하고 표현하도록 도와주어야 한다. 그렇지 않으면 지방자치는 불가능하다. 지역방송은 지역민들에게 지역의 각종 이슈에 대한 정보와 토론의 장을 제공하고 여론을 형성해 행정기관을 감시·비판하며, 주민 자치 능력을 높여야 한다. 지역 관심사에 대한 토론의 장은 주민의 참여 의식을 높여 지방자치를 성공으로 이끌 것이다.

둘째, 지역방송은 지역에 대한 관심을 유발하기 때문이다. 지역방송이 지역민에게 지역에 대한 관심을 갖도록 유도하면 지방분권화가 촉진된다. 지역방송에서 지역의 문제를 충실히 다루어야 지역에 대한 올바른 관심이 축발되고 지방자치를 위한 분권화도 이루어진다.

셋째, 지역방송은 지방분권화를 위한 힘의 결집체이기 때문이다. 지역방송이 힘을 잃으면 중앙의 권한과 예산을 분권화시키기가 매우 어렵다.

넷째, 지역방송은 지역의 의견을 모으는 기능을 하기 때문이다. 지역의 의견이 반영되지 않는 지방분권화는 무의미하다. 지역방송은 지역 의견 결집에 가장 유용한 매체이다.

다섯째, 지역방송이 지역을 잘 가꾸어 나가면 사람이 들어오고 지방분권화의 기틀이 마련되기 때문이다. 지역방송이 지역의 자긍심을 부각시켜주고 지역 문제를 제대로 발굴해서 해결해 나가면 지역에 사람이 살게 될 것이다.

– 균형발전에 대한 영향 　지역방송은 지방 간 상호 학습을 가능하게 해 각 지방이 수평적으로 발전할 수 있는 틀을 구축해주기 때문에 국가균형발전을 추구하는 정부는 지역방송을 반드시 살려야 한다. 지방 간 고른 발전을 위해서는 타 지방으로부터 배우면서 우리 지방의 경험을 타 지방에 전달해주는 과정도 필요하다. 정보의 신속한 교환으로 필요 없는 낭비를 줄이고 상호 학습을 통해 지방 간 균형발전에 한걸음 더 나아갈 수 있다. 그런 정보 교환과 상호 학습은 전문가들 사이에서만 이루어지는 것이 아니다. 지역민 모두가 타 지역으로부터 배우고 자신의 지역을 타 지역에 홍보해야 한다. 누가 이런 역할을 하겠는가? 지역과 지역을 연결하는 기능이 탁월한 지역방송이 당연히 그런 역할을 하지 않겠는가?

지역방송이 살아야 하는 이유

지역 여론이 형성되는 공간

지방분권이 중앙 집중보다 효율적이라는 것은 상식이다. 지방분권화를 위해서는 반드시 지역 의견을 반영해야 한다. 지역 의견 결집에 지역방송보다 더 좋은 방안은 생각하기 어렵다. 취재를 하고 보도를 해도 시청자들 다 빼앗기면 어떻게 여론을 만들고 시정을 하겠는가? NGO의 시대라는데, NGO들의 활동 상황이 지역민의 지지를 받을 기반조차도 무너지는 상황에서, 지역방송이 죽는다면 지역의 문제를 발굴해내고 해결하려는 NGO들의 노력도 물거품이 될 것이다.

생활 방송으로서의 지역방송

금강산이 아름다운 것도 중요하고 세렝게티 초원의 동물이 번성하는 것도 중요하지만, 내가 살아가는 터전의 형편과 전망이 더 중요하다. 그렇기에 우리는 끊임없이 민주주의를 위해, 지방자치를 위해, 지방분권을 위해 노력하는 게 아닌가. 내 생활과 직결된 소식을 가장 빠르게 전해 듣고 지역 문제 해결을 위한 참여 방법과 수단을 끊임없이 제공해주는 생활 방송인 지역방송은 반드시 살아 있어야 한다.

지역방송은 지역의 공공재

지방방송이 지역에서 정말 시급히 해결해야 할 일을 취재해 각성을 촉구하고 대안을 제시했다고 하자. 그런데 그 시간대에 모두들 중앙의 방송을 보느라 지역의 문제를 외면한다면, 과연 지역의 문제를 지역이 해결하는 지방자치가 가능하겠는가? 지역방송은 지역 문제에 대한 공론화의 장이며 지역문화에 대한 공부의 장이어야 한다. 그래서 지역민에게 지역에 대한 자부심을 주어야 한다. 이런 점을 따져보았을 때 지방방송 프로그램은 지역의 공공재이다.

소비자 선택권

오늘날 세상의 중심 주체는 소비자다. 가히 소비자 주권 시대라 할 만하다. 달리 말하면 이제는 생산자가 소비자에게 봉사해야 하는 시대라는 말이다. 이는 생산자들의 존립 근거가 소비자에게 있기 때문이다. 만약 공자님께서 오늘날 다시 사신다면 군신, 부자, 부부, 친구 간의 예절 이상으로 생산자와 소비자의 문제를 걱정했을 것이나.

생산자가 재화를 생산하는 목적은 소비자가 효용을 극대화하는 소비를 하는 데 지장이 없도록 하기 위해서다. 그러므로 생산자들은 소비자들이 만족하도록 다양하고 충분히 생산해야 한다. 여기서 애덤 스미스의 분업의 원리가 나왔고 꼭 필요한 재화를 충분히 생산하기 위한 방법이 연구되었다. 이렇게 생산된 재화는 소비자에게 전달되지 않으면 아무런 소용이 없다. 재화가 소비자에게 잘 전달되도록 하기 위해서는 교환이 원활해야 한다. 그래서 원활한 교환을 돕는 화폐가 탄생했고, 화폐의 융통이 필요해 금융이 탄생했으며, 금융만으로 세계가 흔들릴 만큼의 발전을 이루어냈다.

방송국 기업에서 만들어내는 방송이라는 재화는 다양하고 충분히 만들어져 시청자에게 도달해야 한다. 그런데 지상파 위성 동시 중계라는 새로운 방송 정책이 유통 과정을 혼란시켜 방송이라는 제품의 원활한 생산과 소비를 막고 있다. 이는 수도권의 지상파가 위성을 통해 전국으로 실시간 방송됨을 의미한다.

정부가 개입해야 하는 이유

정부의 기능 중에 으뜸은 세상을 안정시키는 일이다. 새로운 산업이 시장에 진입하는 것은 누구도 막을 수 없다. 이때 정부는 이 진입이 기존의 산업에 어떤 영향을 줄 것인가를 면밀히 검토하고 기존의 산업에 주는 불안정을 최소화시키는 데 최선을 다해야 한다. 지상파 위성 동시 재전송 정책은 이와는 완전히 거꾸로 가는 정책이었다. 새로이 진입하는 산업에 특혜를 주어서 그간 형성된 산업의 질서를 현저히 무너뜨리는 것이다. 정부의 기능은 안정화에 있지 혼란에 있지 않다. 그동안 형성된 방송 질서는 오로지 순수한 경쟁에 의해서만 변경되어야 한다. 그 어떤 불공정도 들어가서는 안 된다. 이는 국가의 기본 기능이다. 정부가 개입해야 더 다양한 방송을 내보낼 수 있다.

지역방송을 중앙방송과 경쟁하게 하면 지역방송은 사라진다. 방송국이 인기 프로그램에 치중해서 비인기 프로그램을 사장시키듯, 지역방송도 사라질 것이다. 대략적으로 설명해보겠다. 만약 시청자들의 80%가 중앙방송을 보려 하고, 20%만이 지방방송을 보려 한다고 하자. 이때 정부가 시간대별로 지역방송을 하도록 규제하고 지상파의 위성 동시 중개를 허용하지 않으면 중앙방송과 지역방송이 동시에 공급된다. 그러나 중앙방송과 지역방송을 경쟁하게 하면 위성방송 측은 지역방송을 내보내기보다는 중앙방송만 내보내려 할 것이다. 방송에서 프로그램 경쟁을 같은 시간대에 하도록 만들어놓으면, 모두가 흥미 위주의 방송을 할 것은 뻔하다.

.2.
지역언론을 위협하는
미디어 관련 정책

이명박 정부와 한나라당은 경쟁 체제 도입을 명분으로 미디어렙(Media Representative, 방송광고대행사)을 민영으로 설립할 수 있게 하고, 대기업과 일간 신문들도 방송에 진출하게 했다. 대기업이나 일부 대형 신문사들은 방송시장 독점을 열망했다. 경쟁을 빌미로 한 정책 변화가 실제로는 거대 자본의 독점 체제를 조장할 여지가 충분하다.

미디어법 개정은 지역에 심각한 영향을 미친다. 지역방송의 설 자리가 초라해지고 그에 따라 지방분권, 균형발전 그리고 지방자치가 심각하게 영향을 받을 것이다.

미디어 관련 법 내용들

신문법/방송법

정부는 신문법을 개정해 '일간신문과 뉴스통신은 상호 경영할 수 없으며 종합편성 방송사업 겸영을 금지한다' 는 규정을 폐지해 경영난에 처한 신문사들이 방송을 인수해 수익을 올리도록 길을 터주었다. 또 방송법을 개정해 대기업의 방송 진출도 허용했다. 그동안 대기업은 지상파 방송사의 소유가 전면 금지돼 있었다. 이는 자산 규모 10조 원 미만으로 자격을 제한해놓은 기존 방송법 때문이다. 개정된 방송법은 10조 원 규모 이상의 대기업도 지상파 방송사에 진출할 수 있게 했다. 또 종합편성과 보도 전문 채널도 소유할 수 있도록 문을 열어놓았다.

복수 미디어렙(Media Representative) 도입

지금까지는 한국방송광고공사(이하 코바코)가 광고주로부터 광고를 받아 방송국에 배정해왔다. 기업들은 코바코를 통해서만 방송광고를 할 수 있었다. 즉 코바코가 판매하는 방송광고 자리를 살 수 있었던 것이다. 헌법재판소는 이를 두고 코바코의 방송광고 판매대행 독점이라고 판결했다. 이제별 수 없이 코바코 이외의 방송광고대행사(이하 미디어렙)들도 방송광고를팔 수 있게 되었다. 이론적으로는 모든 미디어렙에 모든 방송사의 광고를판매할 수 있게 되었고, 한 방송사 당 한 미디어렙을 둘 수도 있으며, 공영방송 담당 미디어렙과 민영방송을 담당하는 미디어렙을 구분하는 방법도있을 것이다.

지역방송과 지역신문에 끼치는 악영향

신문의 방송 겸영이 지역 신문에 끼치는 영향

조선일보, 중앙일보, 동아일보 등 거대 신문사가 방송사를 소유하면, 신문사와 방송사가 하나가 되는 언론 패키지가 형성되어 신문과 방송의 동시광고 효과를 누리는 광고주들의 광고를 집중적으로 흡인할 가능성이 높다.

그렇게 되면 다른 전국 일간지뿐만 아니라 지역신문의 광고 판매는 급격히 줄어들게 된다.(이 현상을 타개하고자 하는 지역신문들이 조선·중앙·동아를 비롯한 전국 일간지들과 제휴하면, 지역신문이 지역을 대변하기가 어려워질 것이다.)[50]

대기업이 방송에 진출했을 때 지역방송에 끼칠 영향

대기업의 지배를 받는 지역방송은 이제 사익을 위해 일할 수밖에 없다. 지자체의 입김으로부터 자유롭지 못할 것이고 시민들에게 알 권리를 충족시켜주는 의무를 다하지 못할 것이다. 대기업이 방송사를 소유해 자신의 방송사에 광고를 집중시키면, 지역방송같이 규모가 작은 방송사들의 광고 판매는 현저히 줄어든다. 지상파 전체가 종합편성채널의 등장으로 인해 줄어들 수밖에 없는 상황에서 각 방송사들은 지역방송의 광고 물량을 줄여 이 문제를 해결할 가능성이 아주 높다.[51]

복수의 미디어렙이 가져올 악영향

복수의 미디어렙을 둔다는 것은 경쟁 체제를 도입한다는 것이다. 즉 지금까지 코바코를 통해 지역방송에 배정하던 광고 물량이 급격히 줄어든다는 말이다. 중앙 집중이 심각한 우리나라에서 시청자의 관심을 끄는 뉴스와 프로그램은 단연 서울에서 생산된다. 중앙의 방송이 지역방송을 통해 지역에 중계되고, 지역방송은 극히 일부의 시간만 지역의 이야기를 제공하는 구조 속에서 광고를 광고주에게 일임하면, 지역방송의 광고는 거의 사라질 것이다. 지역방송이 더불어 사라질 것은 물론이다.

그러나 지역방송의 지역적 공공성 때문에 지역방송은 존재해야 한다. 그래서 지금까지는 코바코에서 지역방송의 생존을 위해 중앙방송 광고와 지역방송 광고를 연계해 광고를 판매해왔던 것이다. 만일 중앙방송과 지역방송의 광고를 연계해 판매하지 않은 채 복수의 미디어렙을 두어 경쟁 체제로 간다면 지역방송은 생존이 사실상 어렵게 될 것이다.

일반적인 문제점

야당과 언론은 미디어법 개정을 반대했다. 일부 거대 신문사와 대기업이 신문과 방송을 아예 독점하는 사태를 염려했기 때문이다. 그 독점 세력은 신문과 방송을 동시에 장악한 막강한 독점력을 자신들의 이익을 관철하는 데 사용할 것이다. 방송의 생명인 공정성이 심각하게 훼손될 우려가 있다.

복수의 미디어렙을 도입하려는 취지는 코바코의 방송광고 대행 독점을 해체하기 위함이다. 그럼 독점 해체 명분을 내세운 미디어렙의 향후 독점화 방지 대책은 무엇인가? 미디어렙 경쟁 체제 도입으로 지역방송이 고사해 이 나라에 중앙방송만 존재하는 방송 독점 문제는 어떻게 할 것인가?

민영 미디어렙 문제도 살펴보자. 애초에 방송광고 대행사가 필요했던 이유는 방송이 공공성이 강해서 직접 광고를 판매하지 못하기 때문이다. 미디어렙의 근저에 방송의 공공성이 전제되어 있는 것이다. 따라서 방송의 산업적 측면을 강조하면서 대기업에게 방송을 넘겨주려던 시도는 근본적으로 발상이 잘못되었고, 방송에 대한 공익론과 산업론의 논쟁도 의미 없는 일이다.

지역발전에 끼치는 악영향

미디어법 통과로 지역방송이 타격을 받는다면, 지방분권과 균형발전도 큰 타격을 받을 것이다. 나는 그 타격을 네 가지로 제시했는데(2001), 여기에 두

가지를 더 보탠다.

첫째, 지역방송의 지방자치단체 감시 기능이 약화되어 지방분권을 위협한다. 지역방송은 지역민들에게 지역의 각종 이슈에 대한 정보와 토론의 장을 제공하고 여론형성을 통해 행정기관을 감시·비판하며 주민 자치 능력을 제고하는 매체기 때문이다.

둘째, 지역민들의 지역에 대한 관심과 자부심이 줄어들어 지역의 의견을 반영한 지역발전이 어려워진다. 지역방송에서 지역의 문제를 충실히 다루어야 지역에 대한 올바른 관심이 촉발되고, 지역민들이 지역발전에 동참할 수 있기 때문이다.

셋째, 중앙정부에 지역의 목소리를 모아 전달하기가 매우 어려워져 균형발전을 이끌어갈 동력이 사라진다.

넷째, 지역언론을 장악한 중앙의 자본은 지역의 중요한 문제에 관심이 없어서 지역사회의 발전에 도움을 주지 못한다.

다섯째, 지역민은 이제 시청자로보다는 기업의 홍보를 수용하는 소비자로 전락하고 말 것이다. 중립적 입장에서 지역사회의 문제를 진단하고 지자체에 대한 감시 기능과 시민들의 권리를 보장하는 정보를 전달해야 하는 지역방송이 사적 이익을 위해 일하게 되면 그 피해는 고스란히 지역사회와 시민들에게 귀착된다.

여섯째, 지역방송을 장악한 대기업은 상업성에 치중해 시청률 경쟁을 강요함으로써 지역발전에 필요한 성격의 프로그램 비중이 줄어들게 될 것이다.

세계의 실패 사례가 보여준 교훈

일본에서도 1975년에 신문과 방송의 겸영이 허용되었다. 그 실태를 보면

① 니혼TV는 요미우리신문사, 요미우리TV 등이 최대 주주이고, ② 후지TV
는 후지미디어홀딩스가 100% 보유하고 있고(후지미디어홀딩스는 후지TV, 산케
이신문, 닛폰방송 등을 계열사로 두고 있음), ③ 아사히신문은 TV아사히가 소유하
고 있으며, ④ TBS는 마이니치신문과 협력 관계에 있다.

여기에서 파생된 문제점을 보면 야당과 언론이 염려한 대로다. 같은 계
열의 신문과 방송이 서로를 비판하지 않는 것은 말할 것도 없고, 방송사를
지배하게 된 보수 신문의 영향이 일본 사회를 보수화시켜 보수 정당인 자
민당의 50년 집권을 가능하게 만들었다.

이탈리아 역시 마찬가지다. 기업가 출신인 베를루스코니 전 총리는 지
상파 방송인 카날레5를 세우고 이탈리아1, 레테4 등의 민영 방송사를 사들
여 방송사의 힘으로 총리에 당선되었고, 나중에 문제가 있어 공영방송사인
RAI에 의해 물러난다. 그러나 다시 자신의 방송사 힘으로 당선되었다. 당
선 후 '가스파리법'을 만들어 RAI를 친정부 인사로 교체하고, 대규모 숙청
을 했으며, 시사프로그램도 없앴다. 이탈리아의 언론은 그가 저지른 수많
은 비리에 침묵했다.

·3·
정부와
지역언론에 주어진 과제

정부에 주어진 과제

지역언론을 중앙언론의 보완재로 간주해야 한다

모든 국민은 자기 고장의 지역민이다. 그래서 국민이 듣고 보아야 하는 언론은 전국을 상대로 한 내용과 지역을 상대로 한 내용으로 구성되어야 한다. 지역의 이야기와 전국의 이야기가 서로 보완되어야 완벽한 방송이고, 신문이다. 지역방송과 중앙방송은 서로 부족한 부분을 보충해주는 보완재다. 마찬가지로 지역신문의 뉴스와 전국신문의 뉴스도 서로 부족한 점을 보완해주는 보완재다. 따라서 모든 지역민은 중앙방송과 함께 지역방송도 보아야 한다. 전국지와 함께 지역신문도 보아야 한다. 그래야 완전한 정보를 알고 살아갈 수 있다. 중앙언론과 지역언론이 서로 보완적인 일을 하기 위해서는 정부가 서로의 영역을 구분해주어야 한다. 그것이 정부의 사명이다. 그런데 지금 정부가 하는 언론 정책은 지역언론더러 중앙언론과 경쟁하라고 몰아치는 셈이다. 서로 보완해야 하는데 왜 서로 경쟁하라고 하는가. 정책의 기본을 갖추어야 한다.

지역방송의 성격을 공익으로 규정해야 한다

중앙언론을 보완하는 업무를 지역언론에 부과하려면, 상업성을 강요해서
는 안 된다. 원래 지역방송은 상업성을 갖추기 힘들다. 지역이 날로 쇠퇴하
는 현실에서 지역의 뉴스와 이야깃거리가 지역민의 관심을 크게 끌지 못해
중앙방송과의 시청률 경쟁에서 이길 수 없기 때문이다. 그러나 지역방송
없이 지역사회가 유지될 수는 없다. 지역방송은 지자체를 감시하고 지역
여론을 결집시키며 지역 비전을 만드는 데 동반자기 때문이다. 그러므로
정부는 지역방송에 상업성의 굴레를 씌우지 말고 공공성을 허용해주어 지
역방송의 원래 기능을 충실히 하도록 도와야 한다.

방송 프로그램을 육성해야 한다

지역 관련 프로그램을 지원해 지역방송이 지역에 관심을 가지도록 유도해야
한다. 지역방송에 지역에 대해 관심을 가지라고 강요만 하는 것은 무리이다.

민영 미디어렙의 도입은 옳지 않다

원래 미디어렙을 도입한 의도는 방송의 공익성을 관철하기 위해서였다. 공
익을 추구해야 하는 방송이 광고 확보에 전력을 기울이면서 공익을 실천하
기란 어려운 일이다. 그 때문에 코바코라는 공영 미디어렙을 두고 광고판
매 대행을 시켜왔는데, 이제 와서 도대체 왜 민영미디어렙까지 두면서 방
송의 공영성을 해치려 하는가.

중앙방송의 광고를 반드시 지역방송과 연계해 판매토록 해야 한다

지역방송은 중앙방송보다 공익성이 훨씬 높다. 짧은 방송 시간 내에 지역

의 뉴스와 이야깃거리를 압축해 보여주어야 하므로, 지역에 반드시 필요한 정보 위주로 방송이 진행되기 때문이다. 지역방송의 공익성을 담보하는 가장 확실한 방법은 중앙방송의 광고 판매액 일부를 지역방송에 할당해주는 것이다.

제도를 보완해야 한다

– **지역방송위원회 신설** 앞서 언급한 대로 지역방송은 위성방송에서 공중파 방송을 전송하는 것을 허용하려는 정책 때문에 큰 위기를 맞을 뻔했다. 지방의 현실과 지방분권에 대한 사려 깊은 통찰 없는 매우 천박한 정책이 시행될 뻔한 것이다. 이런 일이 왜 일어나는가. 지역과 지역방송에 중대한 영향을 끼칠 수 있는 정책을 중앙의 시각에서 처리하게 만든 당시 방송위원회라는 제도 때문이다. 지역의 방송 정책은 지역방송위원회에서 다루도록 제도를 개혁해야 한다.

– **신문위원회 신설** 방송 분야에서 방송 관련사의 설립 등에 관한 정책 권한을 방송통신위원회가 가지면서 방송사의 난립을 막고 방송의 공익성을 위해 노력하는 것처럼, 신문 분야에서도 신문 관련사의 설립 등을 관할하는 신문위원회를 설치해 신문의 공익성을 위해 노력해야 한다. 신문위원회는 지방 신문사의 난립과 중앙지의 과다한 지방 점유 등에 대처하는 적절한 정책을 만들어야 한다.

– **언론위원회와 지역언론위원회 설치** 언론위원회와 지역언론위원회를 설치할 필요가 있으며, 그렇지 못할 경우 방송위원회와 신문위원회를 통합해 언론위원회를 설치할 수도 있다. 또한 지방 언론 정책을 관할하는 지역언론위원회를 두는 것이 바람직하다.

– **지역신문 난립과 중앙신문의 과잉 점유를 방지하는 제도 개혁** 지방분권을 실천하는 전제 조건으로 건강한 지역언론의 발달이 필수적임은 이미 지적했다. 그러나 현실에서는 지역신문이 난립해 있다. 지역신문의 건강과 지방분권의 정착을 위해 정부는 지역신문의 인허가와 관련한 적절한 개혁을 실시해야 한다. 일부 중앙지들은 지방 정책에 대해 매우 큰 불만을 드러내고 균형발전 정책을 집요하게 무너뜨리려고 한다. 자신들을 나락에 빠뜨리는 그런 중앙지들을 지역민들은 아무런 거부감 없이 열심히 구독하고 있고, 지역신문들은 난립되어 있으니 건강한 지역신문이 자라날 가능성이 있는가?

지방분권 시대에 중앙지가 지역신문 시장을 독점하는 현상을 방치해도 좋은 것인지 의문이다. 방치해서 안 된다면, 중앙지의 지방 점유율 상한선 설정도 불가능하지는 않을 것으로 보인다. 일부 중앙지들이 벌이는 불공정 거래 행위들에는 엄격하게 법을 적용해서 지방지가 지역혁신 체계에서 건강한 기능을 할 수 있는 가능성을 열어주어야 한다.

방송망을 독점하는 라인을 허용해서는 안 된다

요즘 경제학에서는 네트워크에 대한 밀도 높은 연구가 이루어지고 있다. 왜냐하면 세상이 온통 네트워크로 연결되어 있기 때문이다. 이 분야의 가장 최근의 연구결과는 이렇다.

- 방송 분야의 네트워크를 독점해서 시청자들에게 끼치는 폐해는 기존 제조업의 독점의 폐해보다 훨씬 더 크다. 제조업은 자기 제품 하나만 독점하지만, 방송망은 여러 개의 라인을 독점하기 때문이다.

- 기존의 망에다 다른 방송을 실으면 방송에서 얻어지는 이익은 기존의 망 제공자에게 송두리째 넘어간다. 예를 들어 미국의 지역전화 사업자들이 다

른 지역에 전화선을 연결하려면 전국의 전화 업자를 통과해야만 했다. 그 결과는 지역전화 업자들의 궤멸이었다. 인터넷 브라우저 넷스케이프는 참으로 좋은 프로그램이라고 하지만 인터넷을 실어주는 프로그램이 윈도우 95였기 때문에 넷스케이프는 윈도우 95에서 제공하는 익스플로러에 완전히 참패했다. 이로 인해 세계의 정보는 마이크로소프트사가 장악하고 있으며 미국 정부에서는 수년째 독점 금지로 제제를 가할 정도로 그 파워 또한 정부가 무시하지 못할 만큼 성장했다.

- 위성방송과 중앙공중파가 합작해 방송 프로그램을 팔게 되면 지역방송 프로그램이 외면당해 지역방송은 붕괴된다. 혹자는 위성 동시 재중개로 지역방송의 시청률이 떨어지는 것은 어쩔 수 없다고 생각하기도 한다. 그러나 시청률이 떨어지는 것이 아니라 지역방송 자체가 채산성 악화를 견디지 못하고 없어진다는 것을 명확히 직시해야 한다. 그렇게 되면 지역민은 어디 가서 지역의 문제를 이야기하겠는가. 더욱 무서운 것은 지역방송이 붕괴해 지역 중계망이 사라지면 지금의 공중파방송은 위성방송을 통해서만 지역에 방송을 보낼 수 있다. 중앙방송도 결국은 무너진다는 말이다.

- 장거리 전화회사에 지역전화 라인 서비스를 허용하려면, 반드시 지역전화 라인에도 장거리 라인을 허용해야 한다. 마찬가지로 케이블사에 전화나 인터넷망을 허용하려면 전화선에도 케이블선과 인터넷망을 허용해야 한다. 위성 중계에 지상파를 실으려면 지역방송 망에도 위성 중계망에 걸맞은 망을 허용해줄 뿐만 아니라 기술적으로도 지원해주어야 한다. 오히려 정부는 지역방송 시간대에 서울에서는 서울 지역 방송을 내보내도록 통제해야 한다. 경쟁의 꽃은 공정한 경쟁에서 피어난다. 서울 시민들도 서울만을 대상으로 한 심층 분석 프로그램을 원할 텐데 서울에는 서울 지역의 프

로그램이 없다. 서울에서도 서울의 프로그램을 만들어야 하고 그 프로그램
은 지역방송 시간대에 방송해야 한다. 서울 도봉구의 소식을 부산 사람이,
광주 사람이 알아서 무엇 하겠는가.

지역언론에 주어진 과제

지역발전을 위해 일해야 지역언론이 산다

지역은 지역언론의 터전이다. 지역언론이 지역의 발전을 위해 온갖 노력을
다할 때 쇠잔해가는 지방도 지역민의 관심을 얻어 발전의 실마리를 찾게
될 것이다. 지역언론도 지역민이 지역에 관심을 갖게 하라. 지역발전은 지
역민의 관심이 있어야 가능하기 때문이다. 지역민의 관심 유발에는 지역언
론의 역할이 매우 크다. 지역이 발전해야 지역언론도 발전한다. 그러므로
지역언론은 관심을 지역언론 자체에서 지역으로 돌려라. 그래야 지역민이
감동해 지역언론에도, 지역에도 관심을 가지지 않겠는가.

서로 다른 지역의 방송과 신문끼리 연대를 활성화하라

지역 공통의 관심사를 발굴해 함께 취재하고 프로그램을 만들어 공동으로
방송하라. 이를테면 지방분권, 균형발전과 관련한 지방 공통의 관심사를
함께 다루면 경비를 줄이면서도 파급력을 높일 수 있다.

지역민에게 필요한 정보를 제공하라

지역방송이 시청률에 집착해 오락 프로그램에 관심을 가지는 경우가 가끔

있다. 오락 프로그램은 중앙방송이 줄 수 없는 지역만의 꺼리가 있을 때에만 제공하라. 지역방송의 오락 프로그램이 중앙방송의 오락 프로그램의 재미를 따라가기란 벅찬 일이다. 왜 그런 힘든 일을 하는가. 지역민들이 필요로 하면서도 좋아하는 프로그램이면 금상첨화다. 그것은 먼저 지역 일에 대한 세세한 정보 분석부터 돼야 한다. 이상기(2009)는 시사 프로그램과 정보 프로그램이 가장 선호된다고 한다.[52] 지역방송의 선호도 조사에서 지역민은 지역 일을 단순 보도하지 않고 상세히 취재해 분석하는 시사 프로그램을 좋아한다.

지역의 여론을 형성하라

지역의 문제를 해결하기 위한 지역 여론의 형성 공간으로서 지역언론은 살아 있어야 한다. 지방분권화를 위해서는 지역의 의견 반영이 매우 필요하고, 이의 결집에 지역언론이 매우 유력한 수단이다. 취재를 해서 보도해도 지역민들이 이에 접근할 수 없다면 지역 여론 형성에 큰 어려움이 있을 것이다.

생활 언론이 되라

앞서 이야기했듯 지역언론은 지역민들에게 생활과 직결된 소식을 가장 빠르게 전하고 지역 문제를 해결하기 위한 참여 방법과 수단을 끊임없이 제공해주는 생활 언론으로 살아 있어야 한다.

비판을 넘어 참여하고 지역에 대한 책임을 지라

지역언론은 지역혁신 체계에 동참하는 주체다. 지역언론 스스로를 위해서가 아니라 지역을 위해 지역언론이 살아 있어야 한다. 지역의 중요한 문제

를 드러내어 이슈화하고 그 해결책을 찾아내어 지역의 미래를 만들어가는
주체가 되어야 한다. 그리고 지역의 미래 모습에 책임을 져야 한다.

지역언론 혁신 체계를 만들어 자정 기능을 수행하라

지역혁신 체계는 지역언론의 혁신 체계로 승화되어야 한다. 언론 관련 주
체들로 언론 혁신 체계를 만들어 그 혁신 체계에서 지역언론의 문제점에
대한 해결책을 모색해 실천했을 때 그 해결책에 힘이 실리는 것이다. 지역
신문 난립을 스스로 해결해 지역이 느끼는 부담을 스스로 해결하라. 지역
의 언론이 중앙의 문제에 몰입하는 문제점을 스스로 지적하고 규제해 지방
분권 시대에 대비하라.

지역방송을 위해 방송분권을 주장하자

방송분권이란 방송에 대한 정책 권한을 지역의 관계자들에게 이전하는 것
이라고 생각한다. 지역방송이 중앙의 결정에 놀아나지 않아도 되는 시스템
을 만들어야 한다고 보기 때문이다. 중앙의 방송위원회는 지역의 사정을
전혀 반영하지 않는다. 현재의 방송위원회에 지역방송에 영향을 미칠 수
있는 여지를 그대로 두고서는 지역방송의 미래는 보장받을 수 없다. 앞으
로 지역방송에 타격을 주는 정책이 나올 때 방송위원들을 일일이 설득해
우리의 뜻을 관철시킬 수는 없으나 그를 위해서는 매번 죽을힘을 다해 투
쟁해야 할지 모른다.

타 지역에 우리 지역을 홍보해 달라

지금은 브랜드 이미지 시대이다. 그리고 개방의 시대이다. 지역 혼자서는

살지 못한다는 이야기이다. 비교우위에 따라 지역별로 주고받아야 한다는
것이다. 지역 간 방송 연대도 가능하지 않나? 지역의 문제를 발굴하고 대
안을 제시하길 바란다.

방송통신위원회 위원 구성에서의 입지 확보

방송위원을 추천하는 구조를 바꾸어야 한다는 뜻이다. 지역의 대표로 인정
받을 수 있는 조직에서 방송위원을 추천하도록 방송법을 바꾸어야 한다.
그러지 못하고 지역 인사를 추천해야 한다는 정도의 개정으로는 지역의 목
소리를 반영할 수 없다.

지역방송에 영향을 끼치는 정책을 다루는 지역방송위원회 따로 구성

방송통신위원회와 연결고리를 설치해 지역방송 정책과 중앙방송 정책의
일관성이 유지되도록 한다.

방송통신위원회 내에 지역방송 분과 설치

이 방법은 위의 안에 비하면 추천하기 어려우나 지역의 어려운 사정을 고
려해 조금이라도 나아질 수 있다는 점에서 제안한다.

06

지방분권이
지역경제에
미치는
영향

지방분권은
지역을 활성화하는가

분권화는 지역경제를 활성화했는가

파울라, 케드라오고, 예(Paula, Quedraogo, Ye, 2001)에 따르면 일률적으로 답할 수는 없고 지방자치기관 중에서 성과가 좋은 기관만이 지역의 빈곤을 감소시킨다고 한다. 특히 소득 불평등을 해소하고 전체적인 성장을 달성해 건실한 지역기관은 생산성이라는 효율과 균등 성장이라는 사회적 가치를 동시에 달성할 수 있다고 역설한다.

반드시 긍정적인 결과만 있는 것은 아니다. 장과 쩌우(Zhang, Zou, 1996)는 중국의 지방분권화의 효과를 분석하기 위해 1970년대 후반부터 시작된 재정분권화가 경제성장에 끼친 영향을 살펴보았다. 이들의 연구에 따르면 재정분권은 경제성장에 도움을 주지 않은 것으로 나타났다. 약간 당황스럽지만 그 원인을 분석한 결과를 보면 수긍이 간다. 중국은 아직 사회간접자본(SOC)의 효과가 지방경제 정책의 효과보다 큰 상황이다. 중국은 아직 고속도로, 철도, 발전소, 전화, 에너지산업 같은 기간산업이 완비되지 않았다. SOC 투자가 갖추어진 다음에는 지방분권적 정책이 경제발전에 영향을 줄 것이라고 짐작해볼 수 있다.

또 한 편의 연구는 우리에게 더 희망적인 이야기를 전해준다. 에스타체와 신바(Estache, Sinba, 1995)는 분권화를 하면 공공 인프라 지출이 늘어난다고 보고하고 있다. 그렇게 되면 장과 쩌우의 결과처럼 지방경제가 활성화될 수 있다. 분권화에 대한 연구는 기업 분권화로 이어진다. 기업도 분권화를 하면 생산성이 올라간다는 이야기이다. 하기야 그 이야기의 원류는 애덤 스미스의 분업론까지 거슬러 올라갈 수 있겠다. 실제로 쉬(Xu, 1996)에 따르면 중국 기업이 분권화하는 과정에서 하부 기업이 생산에 대한 의사 결정권을 행사하고, 인사 문제나 임금의 결정권도 가지고, 계약을 책임지게 한 결과 기업의 생산성이 상승했다.

분권화와 지역경제 성장에 대한 분석을 위해 분석의 범위를 세계로 확장시킨 연구가 있다. 샨카와 샨(Schankar, Shah, 2001)은 분권화가 지역 간 소득 격차를 줄일 수 있는가를 알아보는 야심 찬 연구를 했다. 그 답은 무엇이었을까? 나라마다 다르다는 것이 답이었다. 먼저 분권화로 지역 차가 오히려 커진 나라는 베트남, 중국, 인도네시아, 러시아, 필리핀, 브라질, 스리랑카, 인도, 루마니아 등이었다. 이렇게 많은 나라가 분권화로 격차가 커지다니 조금 걱정된다. 연구자들의 이야기를 계속 읽어보니 이들 나라에서는 분권화를 하면서도 중앙정부의 간섭을 여전히 받고 있었다는 것이다. 이들 국가에서 분권화 이후 지역 차가 더욱 커진 것은 완전한 분권화를 하지 않은 탓이지 분권화 탓은 아니라는 말이다.

지방분권화 이후 지역 간 격차가 없어진 나라들은 멕시코, 캐나다이다. 지역 차가 축소된 나라들은 태국, 우즈베키스탄, 칠레, 파키스탄, 미국 등인데, 연구지들에 따르면 이들 국가에서는 분권화와 동시에 규제와 간섭이 완벽하게 제거되었다. 지역적 특성보다는 완벽한 분권화가 성공의 이유라는 것이다.

지방분권이 지역경제에 마이너스 영향을 준다는 연구가 또 하나 있다. 프레이크만과 요시포프(Freinkman, Yossifov, 1998)의 연구가 그것이다. 그들의 연구 역시 계속 읽어보면 분권화는 경제에 긍정적 영향을 준다는 결론을 얻을 수 있다. 이들의 분석에 의하면 분권화와 성장 간의 관계가 실증적으로 마이너스로 나오는 경우가 많은 이유는 다음과 같다. 첫째, 지방자치단체가 일을 잘 못해 지출의 배합을 잘 못하는 경우가 있다. 이는 지방자치단체장이 임명직일 때가 많았는데, 이 임명직 단체장들은 지방의 선호를 잘 반영하지 않는다. 둘째, 말만 지방분권화를 했지 실제로 중앙정부의 간섭이 많은 경우이다. 셋째, 앞에서 언급했듯 경제발전 초기 단계에서는 전국적인 SOC 지출의 경제적 효과가 더 크기 때문에 SOC 투자가 낮은 상태에서 지방분권은 효과가 없는 것으로 오해될 수 있다는 것이다.

프레이크만과 요시포프는 이외에도 분권화가 재정 불균형, 부채 누적을 가져올 것이라고 염려했는데, 실증적 연구 결과에서는 전혀 그렇지 않음을 보여주었다. 특히 허터와 샤(Huhter, Shah, 1998)는 그런 염려를 가볍게 날렸다. 프레이크만과 요시포프는 분권화의 재정 성과에 대한 최종적 영향은 투명성, 책임성, 예측 가능성 등과 같은 정부 상호 간의 재정적 관계 시스템의 특성에 의존한다고 부르짖는다. 투명성이 없으면 분권화는 오히려 예산 적자를 가져올 수 있다는 것이다. 이런 이야기는 샤(1998)의 연구에서도 찾아볼 수 있다. 지방분권화는 결코 재정에 위협을 주지 않으며 오히려 거시 경제적 성과를 향상시킨다는 것이다. 물론 이때 투명성이 보장되어야 한다고 역설한다. 그렇다고 투명하기만 하다고 다 좋은 것은 아니다. 이를테면 규모가 너무 크면 파산이 어렵고 긴급 구조 자금이 들어가야 한다는 점에서 볼 때 아무리 투명하고 책임성 등이 보장되어도 곤란하다(David

Wildasin E, 1998).

　이 정도면 지방분권화의 경제 효과에 대한 긍정성은 확연히 드러났다고 볼 수 있다. 그렇다면 왜 지방분권화가 지역경제에 긍정적 영향을 줄까? 그 과정이야 누가 알겠냐만 이렇게 추론해볼 수는 있을 것 같다.

　파커(Parker, 1995)의 이야기를 들어보자. 지방분권화는 주민의 참여를 증대시키고, 나라의 자원 이동이 좀 더 쉽도록 하고, 자치단체의 제도적 역량을 증대시킬 뿐만 아니라 책임성과 투명성을 증대시킨다. 그 결과로 지방분권화는 지역사회의 요구를 잘 반영해 정치적 안정과 충분한 재정을 보장해주어 지역경제를 활성화한다.

기타 사항을 점검해보자

지방분권은 낭비를 줄이고 부패를 불식시킨다. 권한이 있는 곳에 돈과 사람이 따라가게 마련이다. 그 때문에 중앙 부서와 행정수도도 지방으로 옮기라고 주장했던 것이다. 지방에서 일어나는 대규모 사업은 좀 과격하게 표현하면 대부분 중앙의 지원을 받기 위해 이루어진다. '공유지의 비극'이 일어나는 것이다. 여러 명이 돈을 모아서 음식을 시키다 보면 점점 더 비싼 음식을 시키게 되어 모은 돈이 쉬 바닥 나버리는 것을 경험한 적이 있을 것이다. 이와 마찬가지로 국세로 거두어 돈을 중앙에 모아 놓으니까, 각 지역에서 서로 비싼 음식을 시키듯 돈을 많이 타내려고 안달이 난다. 한 예로 요즘 각 지방에 지하철을 놓고 있다. 만약 지방이 분권화되었다면, 그래서 지방의 돈만 가지고 지하철사업을 진행해야 했다면 과연 지하철을 놓겠다는 발상을 했겠는가? 피스먼과 가티(Fisman, Gatti, 1999)가 언급했듯 지방분권은 부패를 줄이므로 그만큼 지역경제에 보탬이 될 것이다.

.2.

지방분권과
지역기업의 관계

지역기업과 지역사회의 관계[53]

지역에서 기업이 존재하는 의미

기업은 왜 존재하는가? 복잡한 거래 관계의 비용을 줄이기 위해서다. 구매하고 판매하고 사람을 고용하는 데는 아주 많은 거래 계약이 필요하고 비용이 들어간다. 물자나 피고용인이 부서에서 부서로 이동해갈 때마다 계약을 하고 비용을 치르지 않기 위해, 다시 말해 거래비용을 줄이기 위해 기업을 만들고 기업 내부의 물자 이동 명령서, 피고용인의 이동 명령서를 통해 기업이 돌아간다. 이건 코즈라는 학자가 말한 기업의 존재 이유다. 이런 기업의 일반적 목표는 이윤 극대화다. 기업이란 생산 활동을 통해 얻어지는 이윤을 극대화해 소유주, 즉 주주를 만족시키는 존재라는 것이다. 이 소유주는 앞서 말한 물자와 피고용인의 이동을 명령하는 존재다. 기업의 소유주는 기업의 거래비용을 최소화하기 위해 기업이라는 조직을 만들고, 물자와 피고용인을 이동시킴으로써 이윤을 극대화한다. 그러므로 기업의 소유주가 기업의 존재를 위해 물자와 피고용인의 이동을 명령하는 것은 지극히 정당한 일이다. 이렇듯 기업의 행방은 소유주의 결정에 따르는 것이다.

나는 기업 소유주의 범위에 대해 조금 달리 생각한다. 예를 들어, 유럽에서 각종 건물이 포함된 아름다운 풍경이 자주 목격되는 이유는 건물을 지을 때 건물의 색깔과 모양, 크기 등이 주변과 어울리도록 지역사회, 구체적으로는 관청이 미리 규제를 하기 때문이다. 건물 소유주로서의 권리가 지역사회에 일부 양도되어 있는 것이다. 유럽이 아니더라도 높은 건물을 지을 때는 주변의 다른 사람들의 조망권이나 일조권을 침해하지 않아야 한다. 그 외에도 학교 주변에는 불건전한 시설이 들어 설 수 없고, 주택가에는 소음 시설이 규제된다. 이런 예들은 모두 기업의 소유권 일부를 지역사회가 가지고 있다는 것을 말해준다.

그렇다면 기업이 위치한 지역사회는 기업에 물자와 피고용인의 이동 혹은 구성과 관련해 요구할 권리가 있다. 지역사회가 지역에 기업을 받아들이는 이유는 지역민의 고용과 생산 유발 효과를 기대하기 때문이다. 따라서 지역에 기업을 유치할 때는 이 두 가지를 가장 먼저 고려해야 한다. 그러나 지역사회조차 이런 고려를 하지 않는다. 그저 덩치 큰 대기업이고 첨단 산업이면 고용 효과나 생산 유발 효과를 따져보지도 않고 환영한다. 국가가 국가의 필요에 의해 고용과 생산 유발 효과가 없는 기업을 지역에 위치시킬 때에는 그 기회비용을 지역사회에 충분히 보상해주어야지 지금처럼 어느 지역에 기업을 유치시켜 주었다고 생색을 내서는 안 된다고 생각한다.

지역기업은 지역 자립을 통한 지방분권을 위해 존재해야 한다

지방도 사람이 사는 곳이다. 지방의 권리를 지방에 돌려주는 지방분권화는 너무도 절실한 지방의 과제다. 하지만 중앙정부에 자발적인 지방분권화 조치를 기대하는 것은 연목구어(緣木求魚)다. 아마 그런 일은 없을 것이다. 지방분권은 사람답게 생활하기 위한 가장 기초적인 권리이기에 반드시 쟁취해야 하지만, 현실적으로는 쉽지 않다. 그러나 힘겹지만 우리 손으로 지역 경제를 부흥시켜야 한다.

분권화된 경제란 스스로 지역 인력을 고용하고, 지역의 기업을 살려내며, 지방 금융 시스템으로 지역 내 기업의 금융 문제를 비롯한 각종 경영 문제를 해결해주는 경제를 말한다. 지역의 기업은 약자다. 분권화에 걸맞게 경영해나갈 환경이 충분하지 않다. 세계시장에 대한 접근성, 각종 정보, 유사 기업끼리 주고받는 학습 효과, 그리고 금융 서비스 면에서 중앙의 기업에 비해 열악한 처지에 있다. 그럼에도 불구하고 지역의 기업은 스스로 열악함을 극복하고 지역경제에 도움이 되어야 한다. 지방은행은 이런 기업의 금융조건을 개선해 지역경제 기반을 튼튼하게 하고 경제적 지방분권의 초석을 다져야 한다.

지역사회도 지역기업에 대해 가져야 할 자세가 있다

지역사회에는 지역기업이 공동체를 위해 건전하게 자라도록 보호하고 감독해야 할 의무가 있다. 지역의 기업이 지역사회가 요구하는 기준에 합당하게 경영되는가를 늘 감시해야 하며, 지역에 필요한 기업이 도태되지 않도록 보호해주어야 한다. 만일 지역의 기업이 지역사회의 기준에 합당치 않은 경영을 하면 퇴출시켜야 한다. 뿐만 아니라 지역에 필요한 기업이 잘 자랄 수 있도록 저변 환경을 풍성하게 해주어야 하며 필요에 따라서는 판매운동, 정부 지원 촉구 등의 기업살리기운동을 벌이기도 하고, 지방정부로 하여금 지역 개발 자금을 조성케 해 경영 손실의 일부를 보전해주도록 촉구하기도 하고, 기업 지원 제도가 실질적으로 이루어지도록 감시하고, 아이디어를 제공해주기도 해야 한다.

미생물이 없다면 지구상의 생물체 환경이 적절하게 유지되지 않는 것처럼 지역경제에서도 경제 미생물체인 소규모 점포들이 충분히 자라나야 한다. 우리 지역의 경제 미생물체인 소규모 업체가 자라기 위해서는 지역의 중소기업이 보호되어야 한다. 지역기업의 생산 연관 효과와 고용 효과가 더 크기 때문이다. 지역사회는 이런 점을 인식해 지역기업을 보호하는 데 앞장 서야 할 것이다.

어떻게 지역기업을 통해 지방분권을 달성할까?

정부가 권력 행사를 포기해야 한다

정부가 지방분권을 좋아하지 않는다는 말은 권력 행사의 묘미를 포기하지 않는다는 것이다. 정부는 그런 묘미를 포기해야 한다. 예를 들면 정부가 어느 단체에 컴퓨터를 구입해준다고 할 때, 정부가 직접 구매해서 지급하지 않고 기업이 기증하면 이에 대해 조세를 감면해주는 방법을 쓰면 민간 기업의 참여가 높아지지 않을까.

네트워크 구축을 통한 발전 전략을 이용한다

지역의 자생적 발전을 위해서는 대학, 기업, 자치단체, 지역사회 간의 긴밀한 네트워크 구축이 필요하다. 이들을 서로 엮어주는 매개 역할을 만드는 것이 지역발전 전략의 초점이다.

지방자치단체가 주도해야 한다

지방자치단체가 주도해 지역별로 다양한 정책들이 수립되어야 한다. 예를 들어, 특정 지역은 제조업 위주의 정책보다는 지역 실정에 알맞고 고용 효과와 경제성장이 높은 서비스산업 등을 육성할 필요가 있다.

내발형과 외부 의존형 산업 육성이 적절히 조화되어야 한다

지역주민들의 창의와 노력으로 지역의 핵심 역량을 최대한 활용해 주체적으로 산업을 진흥시키고 지역의 존립 기반을 강화하는 노력이 우선되어야 한다. 또 외부로부터 기업을 유치하고, 유치된 기업이 지역주민으로서의 역할을 할 수 있도록 도와주며, 지방 중소기업과의 연관성을 높여 지역 산업을 활성화함과 동시에 지방 중소기업의 기술 수준을 높이는 방향으로 나아가야 한다.

도시 규모별로 전략을 달리해야 한다

경제 규모가 작은 소도시에서는 비교우위가 있는 특정 분야를 특화해 지방 산업을 육성하고, 대도시에는 업종을 다각화해 도시화의 경제 이익을 누리도록 해야 한다. 단순히 지역경제 규모의 확대에 치중하기보다는 상호 보완과 연계가 가능한 산업이나 기업군을 육성하는 지역적 전문화 및 특화 전략이 필요하다.

지방 중소기업 지원 방안을 모색한다

이 방안은 주로 신용대출의 확대, 지원기금의 조성 및 관리의 효율화, 세제 감면 및 지원제도 개선, 중소기업 전담 금융기관의 역할 제고, 직접 금융에 의한 자금 조달 촉진 등으로 요약되지만, 여기에 지방의 기업들이 클러스터를 형성해 기술과 정보를 공유하고, 상호 통제하고, 서로의 피드백을 통해 내발적 지역발전을 이룬다는 정신을 추가하면 좋겠다. 기업의 경쟁력은 가격, 품질, 그리고 브랜드 명성으로 결정되며, 질서에 의한 통제와 기술력 향상을 통해서 길러진다. 지역마다 기술혁신 방안이 마련되지만 사업들이 중복되거나 방만하게 운영되고 있어 자원이 낭비되고 있다. 이 사업들을 통합 운영하는 방안을 마련해야 한다.

중소기업의 정보화 능력을 향상시켜야 한다

정보화란 기업 내부의 업무 처리에 정보화를 적용하는 것과 기업 외부와의 관계를 정보화하는 것으로 나눌 수 있다. 현재 지방에 있는 중소기업의 역량과 정보화에 대한 인식 수준으로 보면 중소기업 자체적으로 정보화를 추진하기에는 어려움이 많다. 그러므로 기업 정보화에 대한 기술과 자금 지원 방안을 고심해야 하고 기업의 정보화 마인드를 높이는 노력도 병행해야 한다. 현재는 정보화 추진 기금이 특정 사업 단위를 중심으로 배분되고 있어서 지방으로의 배분율이 매우 낮다. 따라서 기금 배분 단위를 바꾸는 방안을 고려해야 한다. 이외에도 효율적인 인력 충원, 개별법 개정을 통한 지방의 규제 완화, 지방정부에 대한 규제 기능 부여 등을 고려하면 좋겠다.

지역에서 지방은행의 중요성

지역의 고용에 도움이 되어야 한다

지역경제의 분권화를 위해서는 지역의 고용을 지금보다 현저하게 늘려야 하고 지역기업의 활동성을 올려놓아야 한다. 2002년 기준으로 광주은행의 323개 점포에서 근무하는 직원 1702명 중 96%인 1634명이 광주 전남 출신이다. 다른 시중은행이 지역 인재를 이렇게 고용하겠는가? 기업이 지역사회에 기여해야 하는 가장 시급하고 중요한 부분은 높은 고용이다. 지방은행은 이를 담당할 최적의 적임자다.

지역기업 대출 비율이 높아야 한다

주은행의 지역기업 대출 비율은 2001년 기준으로 65.6%로, 48.2%인 시중은행에 비해 17%포인트 남짓 더 높았다. 지방은행의 존재 이유를 말해주고 있다.

지역경제를 위해서는 지역기업에 대한 감시가 필요하다

지역사회는 지역기업, 지방 금융기관, 지방자치단체, 그리고 지역민으로 구성되어 있고, 이들은 서로 유기적인 관계를 가진다. 이들에게는 준소유주로서 지역기업의 경영을 감시할 권리가 있다. 먼저 은행이 그런 감시 기능을 해야 한다. 은행이 기업을 감시하는 데는 해당 기업에 대한 정보의 축적이 중요한 역할을 한다. 정보를 축적하는 데에는 장기적인 거래 관계가 필수적이다. 물론 은행이 감시에 필요한 정보를 축적할 필요를 느끼도록 해당 기업은 상대적 중요성이 있어야 한다. 그런데 지역기업의 상대적 중요성이 지방은행에서 더 크지 시중 은행에서 더 크겠는가?

은행은 지역기업 경영의 한 축으로서의 역할을 담당해야 한다

앞에서 지역사회의 은행은 지역기업에 대해 경영자로서의 자격을 가진다고 언급했다. 지역기업의 경영권을 지역사회의 일원이 아닌 중앙의 시중 은행이 행사하게 되면 당연히 부작용이 나타난다. 지역의 입장에서 일을 하는 것이 아니라, 한 은행의 입장에서 일을 하기 때문이다. 어차피 은행에 지역기업 경영의 한 축을 맡겨야 한다면, 지역사회의 일원인 지방은행에 맡기는 것이 합당하다. 지역의 금융기관은 만약 지역기업에 어려움에 처하게 되면 최종 대부자로서의 역할을 다해야 한다. 삼성경제연구소의 자료[54]를 보면, 구조조정 이후 은행 경영전략의 가장 큰 변화는 외형 위주 경영에서 수익성 위주 경영으로 바뀐 것이라고 한다. 물론 수익성, 건전성, 안전성 등이 매우 중요한 지표지만, 지방분권 측면에서 중요한 지표는 지역사회 기여도다. 만일 경영권에서 지역사회를 완전히 배제한 시중 은행이 시방은행을 대체하면, 지역사회는 단순히 지역에 진출한 금융기관의 영업의 장 이상의 의미는 찾지 못할 것이다.

지역의 금융기관이 장기적으로 지역사회에 바람직한 기업을 일시적인 재무 상태의 악화 때문에 잃어버린다면 지역사회에 커다란 손실을 줄 것이다. 반면에 지역사회에 해를 입힐 기업을 살려낸다면 이 또한 지역사회에 큰 해악을 끼칠 것이다. 따라서 어떤 기업을 소멸시키거나 살려내는가를 결정하는 데는 정량(定量)적 분석 이외에 고도의 정성(定性)적 분석이 필요하다. 정성적 판단에는 은행과 기업 간의 오랜 거래가 도움이 된다. 이런 작업에는 지방은행이 적당하다는 데 모두 공감할 것이다. 만약 최종 대부를 결정하는 상황이라면 지역사회 전체의 움직임이 필요하다. 이를테면 시청이나 도청에서 조성한 개발자금이 지방은행을 통해서 지원될 수 있어야 할 것이다.

지방은행은 준공공은행의 성격을 가져야 한다

지방은행이 지역사회의 최종 대부자로서의 기능을 다하려면, 지방은행에 공공적 성격을 부여해야 한다. 지역개발 자금을 총괄 관리하는 지방금고의 성격을 부여해야 한다는 것이다. 광역시청과 도청, 그리고 시군청의 자금을 관리할 뿐만 아니라 공공기관에서 지역개발 자금을 조성해 지역기업에 대한 최종 대부자의 기능을 하도록 해야 한다.

이를테면 지방은행을 시도은행으로 전환할 수도 있다. 물론 이는 지방분권이 잘 이루어진 다음이라면 더욱 현실적인 방안이다. 지방은행은 지방정부의 보조를 받고 균형개발자금의 운영기관으로서 시중 은행보다 훨씬 낮은 금리로 지역기업을 도와줄 수 있을 것이다. 다만 미국 LA에서 지역개발은행(Los Angeles Community Development Bank, LACDB)이 시와 민간에 의해 합작으로 설립되었으나 지역사회의 요구를 충분히 담지 못해 결국 규모를 반으로 줄였다는 소식[55] 등을 들으면 염려가 되기도 한다. 이를 타산지석으로 삼아 충분히 검토한 후에 시도해야 할 것이다.

지방은행은 정보센터 기능을 해야 한다

앞에서 코즈의 말을 빌려 기업의 존재 이유를 정의했다. 기업은 거래비용을 줄이기 위해 탄생한 조직이라는 것이다. 이제 은행은 지역기업의 거래비용을 줄이는 일에 나서야 한다. 기업의 거래비용은 다음과 같이 물자와 인력을 조달하고 배분하는 과정에서 발생한다. 어떤 방식으로 생산할 것인가? 어디에 가면 우리 기업에 필요한 물자와 정보가 있나? 판매는 어떻게 할 것인가? 사업의 계획과 집행은 어떻게 하나? 필요한 인력은 어떻게 구하고 양성할 것인가? 등등에 관련된 모든 정보를 수집하고 습득하는 데 드는 비용이다. 이제 기업들의 이런 일을 지방은행이 도와주어야 한다. 물론 그런 과정 역시 수익 창출 모델의 일부가 될 것이다.

지방은행에 특혜를 주어야 한다

은행은 지역의 경제를 건전하게 활성화하는 방향으로 유도해가야 한다. 지방은행이 이런 일을 하도록 하기 위해서는 역설적으로 지방은행에 특혜를 주어야 한다. 지방은행에 혜택을 주면, 살아남는 것 자체가 이익이므로 지방은행은 정량적, 정성적 방법을 충분히 사용해 기업대출을 신중하고 건전하게 해 반드시 살아남으려 할 것이다. 그리고 자신이 대출해준 기업이 부실해지지 않도록 감시와 경영 지도를 성실히 할 것이다. 그 결과 지방은행은 건전하고 유망한 기업을 식별해낼 수 있게 된다.

지방은행은 지역기업의 주식을 보유해야 한다

지방은행이 지역기업을 감시하려면 그에 합당한 권한을 가져야 할 것이다. 그러므로 지방은행은 지역사회와 상의해 지역에 상주한 전략적 기업의 주식을 보유한다. 이를 바탕으로 기업의 경영을 감시하고 적대적 인수합병(M&A)과 같은 외부 기업의 지역기업 공격에도 대비해야 한다. 이런 과정을 통해 앞서 언급했던 지역기업의 최종 대부자로서의 기능을 다해야 할 것이다.

고용 인원을 늘리고 점포 수를 늘려 지역경제에 도움을 주어야 한다

경영 합리화를 주장해야 할 시점에서 무슨 이야기인가 의아해할 수도 있지만, 기업의 이윤은 여러 가지로 사용할 수 있다. 이를테면 투자로 사용할 수도 있고 배당으로 사용할 수도 있다. 그와 똑같은 비중으로 고용을 늘리는 데 사용할 수도 있고 점포 수를 늘리는 데 사용할 수도 있다. 조금도 이상한 일이 아니다. 이것은 경영 철학의 문제다. 지역사회에서 기업의 경영 철학은 지역민의 고용과 생산 효과에 있어야 한다. 지역사회의 질적 상승을 위해서 지방은행 또한 고용을 늘려 실업자를 줄이고 점포 수를 늘려 소비자들의 편의를 도모해주어야 한다.

·3·
지역의 비전:
광주·전남

광주 전남의 비전을 어떻게 짜야 하나

모두들 지역 특색을 고려해야 한다고 하는데…

지역의 특색을 살린 경제발전 전략을 짜라는 이야기는 이제 매우 진부한 요구가 되었다. 물론 아직도 돈만 가져오면 최고라는 인식이 일부 남아 있지만 그래도 사회적 담론의 수준이 많이 변한 것은 사실이다. 최근 자주 거론되는 지역혁신이라는 말도 결국 지역의 특색을 찾고 가꾸는 일이다. 이제 우리의 특색을 진지하게 찾을 때다.

그럼 광주의 특색은 무엇일까? 먼저 경제가 열악하다는 부정적인 말부터 튀어나온다. 그럼 왜 광주 경제는 열악할까? 왜 광주는 재정 자립도가 형편없고 은행이 대출해줄 기업을 찾기가 마땅치 않다고 할 정도로 경제가 피폐해졌을까? 여기서 광주 경제의 특징을 꼼꼼히 한번 짚어보자.

첫째, 광주는 농촌의 배후 도시로 생겨났다. 광주를 둘러싼 전남은 전국 최대의 농촌 지역이다. 광주는 이 농촌의 소득이 소비되고 농촌의 인력이 교육되면서 형성되었다. 하지만 농촌의 소득과 인구가 격감하고 있는데 광주 경제가 무슨 수로 버티겠는가.

둘째, 소비도시 광주의 주요 산업은 유통업이다. 지금 광주의 유통업에는 커다란 변화가 일고 있다. 하나는 외부 자본의 대거 진입이다. 이 때문에 지역의 풀뿌리 유통업이 붕괴하고 각종 납품 업체들이 어려움을 겪고 있다.

셋째, 인터넷과 홈쇼핑을 통한 상품 구매가 급속히 확산되고 있다. 이러한 유통업의 변화는 소비도시 광주의 유통업 침체를 가속화하고 있다.

넷째, 많은 사람이 광주를 문화예술의 도시라고 하는데, 아직 한국 문화예술의 생산 수준이 그 질이나 양에 있어서 한 지역경제의 중요한 비중을 차지할 만한 형편에 이르지 못했다. 이것 또한 광주의 비극적 특색이다. 어쨌든 광주의 문화 여건이 어떤가는 상관없이 모두들 광주의 문화예술 수준을 높이 평가해주니, 문화예술에서 돌파구를 찾을 수 있을지도 모른다.

광주의 특성에 맞는 경제 운용 방향을 찾자

광주 경제의 방향은 앞서 말한 광주 경제의 특징에 맞추어 설계되어야 한다. 광주 경제의 이 같은 특징은 광주의 산업구조의 특징이자 광주 경제가 왜 어려운가에 대한 설명이다. 어느 지역의 경제가 어렵다는 말은 그 지역에 공급되어 있는 재화를 수요가 따라가지 못한다는 의미다. 물건이 안 팔리면 그렇게 된다. 경제가 어려울 때의 구조조정이란 안 팔리는 물건의 공급을 줄이고 잘 팔리는 새로운 물건의 공급을 늘리는 조정을 말한다. 새로운 물건의 공급으로 새로운 수요가 창출되면 지역경제의 어려움은 사라진다. 그러므로 광주 경제를 구조 조정할 경우 기본방향을 다음과 같이 설정해야 한다. 첫째, 지금까지의 산업구조에 대해 반성한다. 둘째, 새로이 설정한 사업이 광주 경제의 특징에 맞아야 한다. 셋째, 새로이 설정한 산업이 광주가 가진 지원의 제약에 비추어 가능성이 있어야 한다. 이러한 관점에서 광주 경제의 방향을 찾아보자.

광주는 전남을 배후로 한 도시임을 이용해야 한다

광주의 발전 전략은 모두 전남의 발전 전략과 연계되어야 한다. 전남의 특색을 이용해야 한다는 말이다. 전남은 농업 생산 지역이고 자연환경이 잘 보전된 지역이며 바다로 진출해갈 수 있는 지역이다. 전남 농업의 부흥, 관광산업의 정착, 바닷길 구축이 광주와 전남이 함께 수립해야 하는 비전의 방향이다. 광주의 교통 정책도 전남과 연관되어야 한다. 이를테면 광주에서 바다로 나가는 시역까지의 빠르고 넓은 길을 만들어 광주를 해양도시화하는 것은 어떨까? 광주에 지하철을 만들기 전에 광주와 목포, 광주와 여수, 광주와 영광을 연결하는 일이 더 급하지 않았을까? 다음에 광주와 화순, 광주와 나주, 광주와 장성 등지를 연결하는 것도 최소한 광주 지하철보다는 앞서야 하지 않을까?

그렇다면 광주는 전남의 소득 증대를 위해 어떤 전략을 세우고 있을까? 아마 별다른 전략이 없을 것이다. 그러나 광주 경제가 침체된 원인 가운데는 전남의 침체도 포함된다는 사실을 인식한다면 적어도 전남 경제를 걱정하는 움직임이라도 있어야 한다. 농산물 개방에 속수무책이라고 방관만 하다가는 미래의 희망을 찾을 수 없다. 찾으면 왜 할 일이 없겠는가. 해외 시장에서 찾아다닐 때 전남 농산물의 수출 가능성을 타진하는 일이 쉽겠는가, 전남 출신들을 상대로 고향의 농산물을 사줄 수 있는 시스템을 민들어 제공하는 것이 쉽겠는가? 우리가 고향의 농산물을 사주면 농산물이 개방된다 해도 그만큼 농산물 수입을 줄일 수 있어 농민을 살릴 수 있지 않겠는가? 정책의 목표가 진정으로 광주 시민과 전남 도민을 향해 있다면 정책이야 얼마든지 찾을 수 있다.

광주가 소비도시임을 이용해야 한다

사람들은 소비도시라는 말을 좋아하지 않는다. 그래서일까? 많은 사람은 광주를 생산도시로 바꾸어야 한다고 생각한다. 소비도시는 타 지역의 사람들이 몰려와 벌이는 소비행동으로 지탱되는 도시를 말한다. 이를 테면 홍콩과 같은 곳이다. 홍콩에 무슨 생산이 있나? 물론 있기는 하다. 그러나 그것은 우리가 생각하는 재화의 생산이 아니라 서비스의 생산이다.

서비스는 그것을 소비하기 위해서 사람들이 직접 현지로 가야 한다는 특징이 있다. 다른 곳에서는 느낄 수 없는 쇼핑의 즐거움을 주어야 소비도시는 성공한다. 광주는 그런 도시를 만들어야 하고 푸른 숲의 생태환경을 조성하면서 부를 창출해내야 한다. 인터넷이나 홈쇼핑을 통한 소비가 점점 늘어나는 시대에는 서비스산업의 발전이 중요한 전략임을 알아야 한다.

서비스산업을 발전시키기 위해 무엇이 필요할까? 많은 돈일까? 아니면 소비도시에 대한 저항감을 누그러뜨리는 일일까? 우리의 가치관에 대한 심각한 고민일까? 여기저기에 도박장을 짓겠다는 구상이 자치단체들로부터 나오는데 이는 어떻게 생각해야 할까? 기왕에 하려면 라스베이거스보다 더 크게 하면 어떨까? 이런 고민을 해야 할 만큼 광주는 심각한 경제난에 빠져 있는 걸까? 이런 저런 온갖 생각들을 해보아야 한다.

광주는 산업구조의 기득권을 버려야 산다

지금까지 이 세상에 존재했던 생물체 중에서 99%가 멸종했다고 한다. 세상에 영원한 것은 없다. 언제나 옛것은 가고 새것이 오는 법이고, IMF 시절에도 생각 있는 기업은 신규 직원을 채용했다. 새로운 준비를 하려면 적합한 분야의 직원을 뽑아야 하는 것이다. 집안이 아무리 어렵다 해도 자식의 출산을 멈추고서야 집안이 온전할 리 있겠는가?

경제가 어려운 것은 기존의 산업구조로는 안 된다는 신호다. 새 산업이 나와야 한다. 누가 새 산업을 만드나? 그야 기업인이다. 산업의 격동기에 기업인의 판단은 한 지역의 운명을 좌우할 만큼 중요하다. 사회의 필요에 부응해 태어나는 새싹 기업들이 없으면 지역은 소생하지 않는다. 새싹은 옛것의 변형과 발전을 통해 자라난다. 기존 산업구조의 기득권을 버려야 한다. 기존 산업구조의 기득권을 버리려면 우리 사회의 지원 문화를 타율에서 자율로 바꾸어야 한다. 시청, 도청, 은행의 지원 방식도 다양화해야 한다. 자금을 직접 지원해주는 방식뿐 아니라 기업활동에 필요한 일들을 지원해주어야 한다. 동료 기업들이 협력할 수 있는 장을 만들어주어야 하고, 기업들이 필요로 하는 기술, 정보 등의 서비스를 제공해주어야 한다.

효율적인 투자가 필요하다

중앙에서 받아오는 자금이 아니라도 지방재정의 효율적인 사용은 매우 중요하다. 효율적인 투자로 경제를 살려야 한다. 설마 그럴 리야 없겠지만 한건주의식 투자로 민심을 얻어보려는 생각을 해서는 안 된다. 지금 광주의 5개 자치구, 전남의 17개 군 단위 자치구가 지방세 수입만으로는 공무원들의 인건비도 해결하지 못하는 열악한 상태에 있다. 지역의 언론 보도를 보면, 지방자치단체의 재정지출이 방만하고 불합리하게 운영된다는 지적이 심심치 않다. 선심성·행사성 예산지출이 증가하고, 불요불급하거나 비효율적인 대형 사업을 무리하게 추진하는 경우가 점점 많아진다는 것이다. 무슨 무슨 회관 건립과 지방축제가 지방민의 삶의 질 향상에 그렇게 도움이 되는 걸까?

이제는 경제논리에 입각한 지방예산 투입이 절실한 때다. 우선순위에 따라 투자를 하고, 비용 절감을 위해서 각종 이벤트나 시설 건립을 공동으로 하면 어떨까?

광주 비전의 큰 방향을 잡아야 한다

사람이 우선이다

비전은 사람이 만드는 것이다. 그러니 광주의 올바른 비전을 위해서는 광주에 새 사람이 필요하다. 사람은 내부에서 기르기도 하고 외부에서 영입하기도 한다. 사람을 안에서 기르려면 잘 육성된 광주의 대학이 필요하다. 지방대학과 광주를 연결하는 방법에 대해서 진지하게 고민해야 한다. 대학의 연구 프로그램이 지역에서 필요로 하는 것이어야 하고 그 필요에 따라 사람이 와야 한다. 연구 프로그램의 개발과 산업의 필요와 자금이 연결되어야 한다.

광주의 비전을 세우는 일은 사람의 몫이다. 관련 전문가가 필요하다는 말이다. 문화도시가 광주의 전략이라면 문화전문가로 하여금 광주 문화의 비전을 세우게 해야 한다.

광주 비전의 터전은 밖에 있다

지역이 중요해진다는 말은 한국 전체로 세계와 승부할 수는 없다는 말이다. 지역의 특수한 경쟁력만이 세계로 진출할 수 있으며 효율을 추구할 수 있다. 소비도시 광주의 비전을 광주 시민의 소비에서 찾을 수는 없다. 타 지역의 시민이 타 국가의 국민이 광주에서 소비할 수 있는 비전이 아니면 광주 경제의 대책은 나올 수 없다.

광주와 전남은 반드시 연결되어야 한다

연결의 중요성이 강조되고 있다. 연결되지 않은 경제는 성공하지 못한다. 연결되지 않은 채 나를 보강할 수 없고, 틈새를 발견할 수 없으며, 세상의 변화에 맞추어 몸을 변화시킬 수 없기 때문이다. 내가 어디 있는 줄도 모르고 나 홀로 무작정 갈 수는 없다.

광주 지역혁신의 장애물을 제거해야 한다

지역혁신의 장애물을 찾아야 한다. 그래서 장애물을 없애야 한다. 자기 자신의 출세가 아니라 지역민을 위해 가슴 아파하고 걱정하는 지도자를 단체장으로 뽑아야 한다. 진정으로 지역민을 위해 일하는 공무원을 사랑하는 분위기가 만들어져야 한다. 어쩔 수 없이 차악을 선택해야 하는 정치 구조도 바뀌어야 한다.

문화예술도시를 광주의 비전으로 삼으려면

문화예술도시의 조건

문화도시라는 이름으로 여기저기서 제안되는 내용을 살펴보니 문화와 예술공연의 활성화를 위해서는 이러저러해야 한다는 내용들이다. 도대체 문화도시란 무엇일까? 어느 도시인들 문화가 없겠는가? 그럼에도 왜 광주를 문화도시라 하는가? 양적인 이유일까? 아니면 특별한 질적인 이유일까? 일반인이 생각하는 문화예술도시란 로마나 파리 정도인 것은 아닐까? 아마도 문화도시가 되려면 다음의 조건 중 하나는 충족시켜야 한다.

첫째, 광주가 자체의 역사만으로 상품성이 있어야 한다. 현대의 5 · 18을 제외하고 광주에서 타 도시를 압도할 만한 역사성을 발견하기는 힘들다. 광주의 상품성을 5 · 18과 관련짓지 않을 수 없다.

둘째, 예술 활동은 기본적으로 소비 지향적이다. 그러므로 문화예술을 소비할 수 있는 저변이 탄탄해야 한다. 그 저변이란 문화와 예술을 사랑하는 대중을 의미하기도 하지만, 문화예술 활동을 지원해주는 자본가의 폭을 말하기도 한다. 지금 논의되고 있는 광주의 문화도시화 방안에는 이 저변 확대 대책이 들어 있지 않다. 중앙정부의 지원만으로 문화와 예술이 창달되지는 않는다. 대중을 문화 소비자로 만들고 문화예술의 지원자가 많이 출현하도록 하는 방책이 긴요하다.

셋째, 문화와 예술은 광주의 생산과 연결되어야 한다. 문화예술의 역할은 광주의 이미지를, 광주의 제품을 세계인의 보편성에 어우러지게 하는 것이다. 이를 테면 지역적 특색이 강조되는 시대라고 해도 세계 사람들이 전혀 동감하지 않는 광주만의 감성으로 만든 제품은 팔리지 않는다. 문화예술 제품이든, 아니면 문화예술 이미지가 이용된 제품이든 세계인의 감성과 어울리는 문화예술의 창조가 우선이다.

광주가 문화도시로, 문화수도로 성장하기 위해서는 이상의 조건을 충족시켜야 한다. 따라서 광주의 문화도시 계획은 이런 조건을 충족시키기 위해 짜여야 할 것이다.

문화예술의 경제학적인 검토

문화와 예술을 한 지역의 생계와 연결시키려면 그것이 결코 신선놀음으로 끝나서는 안 된다. 그것의 경제학적 특징이 파악되어야 한 지역의 생계를 이야기할 수 있지 않을까.

첫째, 문화와 예술은 특별한 기호의 영역에 속하므로 그 수요는 가격에 의해 크게 영향을 받지 않는다. 그러므로 가격 정책보다는 대중의 선호를 문화예술 지향적으로 만드는, 특히 광주 문화와 예술의 특성 지향적으로 만드는 기획이 필요하다.

둘째, 문화예술은 생산에 있어서 규모의 경제가 나타난다. 일단 생산된 문화와 예술은 이용자가 많을수록 생산단가가 하락한다. 대중의 저변 확대가 필요하다는 이야기다.

셋째, 문화와 예술의 영역에서는 승자 독식 현상이 보편적으로 일어난다. 이렇게 독점이 발생하면 문화예술의 생명인 다양성이 소멸된다. 이미 요즘의 대중예술은 승자 독식이 보편화되었다. 다양성은 포기된 것이다. 어떻게 문화와 예술에 종사한다는 사람들이 다양성 회복에 대한 고민은 하지 않고 독점으로만 치닫는가? 이미 중앙의 대중예술이 승자 독식을 하는 사회에서 우리는 살고 있다. 광주는 그러한 승자 독식의 사회를 극복하고 문화도시로 자리매김을 해야 하는데, 소수의 다양성에 대한 가능성을 검토하지 않고는 그것이 불가능하다.

넷째, 최근 들어 소득 격차는 날로 심해진다. 심해지는 소득 격차는 문화의 대중 저변 확대에 커다란 장애 요인이다. 문화에 대한 지원은 저소득층

의 바람이 아닐 수 있다. 차라리 쌀을 원하지 않겠는가. 따라서 광주 문화
도시안의 성공 여부는 정부의 소득 격차에 대한 인식이 어떠한가에 크게
의존한다.

다섯째, 문화예술은 철저하게 자발적인 결과물이다. 광주에서 자발적으
로 문화예술을 창달시키기 위해 필요한 여건은 무엇인가? 그럴 여건은 있
는가? 없다면 만들 가능성은 있는가? 만들려면 어떻게 해야 하는가? 여건
은 대중, 기부자들, 수많은 예술가 등이다. 문화에 관심이 많은 광주시민은
어느 정도일까? 타 지역에서 광주의 문화에 관심이 많은 시민은 얼마나 될
까? 예술가들은 충분한가? 아마 많지는 않을 것이다. 저변 확대를 위해서
는 어떻게 해야 하나? 관심을 확대시키는 기획이 우선이다. 소득의 증대도
필요하다. 예술가들에게 그들이 놀 판을 만들어주어야 한다.

여섯째, 문화는 자본재다. 문화는 직접 생산품이 되기도 하지만 생명이
긴 문화는 그 사회의 자본재로 쓰인다. 문화가 상품에 이용되는 것이다. 호
남의 판소리가 현대 오페라에 이용된다. 이를테면 춘향전의 내용을 오페라
에 맞게 각색하는 것이다. 호남의 유명한 산수화들이 각종 디자인에 이용
된다. 이름 있는 정자의 설계와 이름 그대로 휴식공간을 만들어 판다. 우리
의 장롱을 세계인의 취향에 맞게 변형해 세계로 수출한다. 담뱃대를 파이
프에 연결해본다. 무등산의 모습을 건축 디자인에 응용한다. 한없이 많지
않은가?

문화예술도시안

문화예술도시에 대한 한계에도 불구하고 문화예술은 많은 장점을 가지고
있다. 한번 형성된 문화예술은 두고두고 후세의 유산이 되고, 광주 지역의

품위를 높이며, 소비자와 기업을 불러와 경제에 도움을 주고 넘치는 예술성은 지역의 창의성을 높이는 데 기여한다. 문화예술의 장점을 생각하면서 광주가 문화예술도시로 되기 위한 몇 가지 안을 생각해본다.

첫째, 문화예술도시안은 관광과 연결되어야 한다. 왜일까? 문화예술은 소비를 창출한다. 소비도시 광주는 문화예술로 소비자를 불러 모아 물건을 팔아야 한다. 광주에서만 팔 수 있는 것을 생각해본다. 그것은 음식, 숙박업, 그리고 볼거리다. 이게 관광의 3요소쯤 되는 게 아닐까?

둘째, 문화예술은 기업을 불러 모은다. 이 점에 착안한 정책이 필요하다. 문화와 예술의 존재는 기업들로 하여금 지역에 대한 이미지를 좋게 가지게 한다. 그리고 지역에 유치된 기업들은 자신의 이미지 때문에 예술을 지원하는 게 상례다.

셋째, 문화예술에 대한 국가의 지원은 지원받은 지역이 그로 인해 해외 관광객이나 해외 기업 유치가 가능할 때 그 의미가 더욱 빛난다.

넷째, 정부의 문화 지원금은 그 용도를 지정하면 안 된다. 문화와 예술은 창의성이 생명이고 또 지역의 특성을 오랫동안 관찰해서 반영해야 하기 때문이다.

다섯째, 문화산업은 집적되어야 정착이 가능하다. 어느 지역에나 조금씩 산재하는 산업으로는 승부를 걸 수 없다. 광주에 집적될 수 있는 문화산업은 무엇일까? 영화촬영 산업? 만화 산업? 방송 프로그램 제작 산업? 지금은 알 수 없다. 그런 산업을 찾아 지원을 요청해야 한다는 것이다.

3

균형발전의 위기를 돌파할
새로운 모색

세계적으로나 국가적으로나 균형발전은 뜨거운 감자다. 균형발전에 대한 찬반 여부를 놓고 논란이 뜨겁고, 균형발전 방법론도 그 못지않게 논쟁에 휩싸였다. 그러나 논쟁의 결과는 차치하고, 균형발전에 대한 반대론자라 해도 대체로 균형발전 그 자체를 드러내놓고 반대하지는 못한다. 균형발전의 당위성은 그 만큼의 무게를 가진다.

그렇지만 균형발전은 그 당위성에도 불구하고 실천 및 달성이 쉽지 않다. 우리나라도 예외는 아니다. 이명박 정부는 균형발전을 아예 정책 비전에서 폐기했고, 지방은 균형발전에 대한 희망을 굳건히 하지 못한다. 그럼이 상황에서 발전 격차가 있는 국가나 지역이 세월이 가면 서로 비슷해진다는 '수렴가설'을 믿고 지방발전을 기다려야 할까? 이 세상에 발표된 기술은 모두에게 개방되어 결국 각 국가의 발전이 수렴한다는 가설은 이미 폐기되었다고 보아야 한다.

이제 빈익빈 부익부 현상의 심화는 보편적이다. 불균형 상태를 유지하려는 기득권 세력의 저항, 균형을 회복해야 하는 측의 미약한 세력화와 노력 부족 등이 그 이유다. 특히 이명박 정부 들어 균형발전 정신은 심각하게 훼손되었다. 수도권 규제가 거의 철폐되었고, 행정도시는 폐기의 위험을 가까스로 넘겼으며, 혁신도시는 최소한의 절차만 진행 중이다. 정부의 강력한 의지와 애정이 뒷받침되지 않은 정책으로 균형발전의 희망을 보기란 어렵지 않을까.

관점을 지방으로 바꾸어도 묘책에 대한 상상력을 발휘하기가 어렵다. 이미 지역 사업들은 중앙정부의 시혜에 의존하게 되어, 지방자치라는 말이 무색하게 되었다.[56] 이 상황에서 지방에 대한 각종 사회적 요구는 점점 증대하고 있다. 지역 비전을 제대로 세우고 지역을 특색 있게 발전시켜 지역 스스로 자립하라는 요구가 거세지고 있는 것이다. 그러나 지역의 산업이 특색만 있으면 저절로 정착해 자라날 수 있을까? 비수도권을 수도권과 동일한 차원으로 보는 정책 아래에서 특색 있는 산업이 지방에 정착할 수 있을까?

또 요즘은 '창조'라는 개념이 넓게 퍼졌다. 그러다 보니 창조적인 사람들이 넘치는 지역을 만들면 지역발전이 순조로울 것이므로 이들을 불러올 묘책을 세우라는 압력도 만만찮다. 그러나 창조적인 사람들이 지역발전을 주도하게 되면, 지방은 긴장해야 한다. 그들 모두가 지방을 잘 이해하고 있는 건 아니기 때문이다.

이런 상황을 염두에 두면, 지방발전을 위한 과제는 다음 세 가지로 정리할 수 있을 것이다. 첫째, 정부에 요구할 정책의 비전과 방향을 검토해야 한다. 어떤 근거로 무엇을 요구할까를 고민해야 한다. 둘째, 수도권 규제 완화 등 현 정부의 정책 아래에서 지방이 취할 최선의 대책을 마련해야 한다. 셋째, 지방 스스로의 발전 비전도 신중하게 검토해야 한다. 창조 경제를 비전으로 하고 싶거나 해야 한다면 과연 우리 지역이 그런 인재들이 살고 싶어 하는 곳인지, 아니면 살고 싶은 곳으로 만들 가능성은 있는지, 어떤 준비를 해야 모두가 살고 싶어 하는 곳이 될 수 있는지를 검토해야 한다.

01

이명박 정부의

균형발전 정책

해체 시도

이명박 정부의
지역발전 정책의 기조

표류하는 이명박 정부의 균형발전 정책

이명박 정부 들어 새로 만든 정책에서는 경쟁이 난무하고, 기존 정책은 무
관심 속에 버려졌다. 이명박 정부가 내놓은 정책의 핵심은 광역경제권 정책
이다. 이를 플랫폼 삼아 口자형 초광역경제권으로 확장한다. 혁신도시 정책
등의 기존 정책은 보완하겠다고 한다. 광역경제권 구상의 의도는 규모의 경
제를 추구하고, 수도권과 비수도권의 위상을 동일하게 보겠다는 것이다. 이
명박 정부의 수도권 정책은 곧 규제 완화 정책이다. 규제 완화의 정도도 파
격적이어서 향후 국가의 모습이 우려스럽다. 수도권 정책에는 수도권의 질
적 발전, 수도권 규제 완화가 비수도권에 안길 파괴력에 대해서는 고민한
흔적이 없다. 수도권 규제가 수도권 문제의 모든 것이라는 인식을 하고 있
음에 틀림없다.

이렇게 해서 수도권 정책은 지역발전 정책과 완전히 분리되었다. 비수
도권의 인적·물적 자원의 토대 위에서 오늘에 이른 수도권에 대한 정책을
구상하면서 수도권과 비수도권 간의 밀접한 관련성을 외면했다. 상식을 너
무 비켜갔다. 그리고 현 정부는 혁신도시 등의 기존 정책을 보완하겠다는
데, 보완은 없고 형식적인 절차가 진행 중이다. 이전 기관의 본사 매각 및

혁신도시 내 토지 매입 등 실질적인 조치를 촉진할 아무런 의지가 없다.

뿐만 아니라 현 정부는 참여정부가 중앙집권적 정책을 구사했다고 강도 높게 비난하면서도, 지방의 자율 발전에 역행하는 정책을 서슴없이 시행하려 한다. 이를테면 미디어법 개정을 통해 대기업의 지역언론 지배를 방조하고, 민영 미디어렙의 도입을 통해 지역방송의 경영수지를 현저히 압박하고 있다. 이렇게 되면 지역 자율 발전의 중요한 역할을 수행하는 지역언론은 궤멸하고 오로지 중앙의 시각에서, 중앙을 위한 보조자로서의 역할을 강요받게 될 것이다.

이명박 정부의 정책은 경쟁 우선이며, 특정 지역 및 특정 부문에 유리하게 편향적으로 작동하고 있다. 뿐만 아니라 정책 주체인 국가, 정책 목표, 정책 수단 그리고 정책으로 해결해야 할 문제점 등을 오해하는 바람에 정책 혼선이 나타나고 있다. 수도권을 비수도권과 별개의 지역으로 간주하는 시각은 비수도권에 결정적인 타격을 주고 있다. 그래서 지방은 행여 참여정부 때 심어놓은 정책이 사라질까 노심초사하고 있고, 정부는 원칙론적인 발언을 무표정하게 하고 있다. 국가는 국민을 안심시키는 것이 본분인데, 왜 이렇게 지방민을 불안하게 할까. 이명박 정부의 정책 기조는 지역 정책에 큰 영향을 미쳐 향후 지역의 처지를 매우 불안하게 하고 있다.

정책 가치관[57)]

균형보다 상생

이명박 정부는 균형의 단점만을 부각하고 당연한 보편적 가치인 상생을 균형의 단점 치유책으로 제시하고 있다. 여기서 사용하는 상생은 수도권 규제 완화를 통해 지방화 정책에 대한 '수도권 반발 없애기'의 의도를 가진 용어로 판단된다. 그러나 수도권과 비수도권과의 상생은 수도권에 대한 질적 개선과 지방의 여건 마련을 통해 수도권과 지방이 상호 보완할 때만 가능하다. 그 같은 상생을 위해 균형발전이 필요하다. 균형의 장점을 외면한 정책은 타당성이 부족하다. 결국 균형이 전제되지 않은 상생은 불가능한 것이다.

혁신보다 경쟁

혁신보다 경쟁을 우선시함은 혁신이라는 용어에 대한 거부감의 결과로 보인다. 이는 혁신 정책을 지방 우대 정책으로만 판단했거나 참여정부의 용어로 치부한 결과다. 그리고 지방에 특별한 배려를 하지 않겠다는 의미일 개연성이 높다. 이는 경쟁력 있는 수도권을 배려하겠다는 의지의 표출이며, 다른 지방의 혁신에 대해 중앙정부가 특별히 관심을 두지 않겠다는 뜻도 포함된 것 같다. 이는 양적 팽창주의가 가져온 한국 경제의 파국을 애써 외면하는 것이며, 고도성장 이후 생산성 감소를 극복하기 위해서는 '혁신'이 가장 중요하다는 이치를 모르는 소치다. 여기서 경쟁 만능주의의 시각이 읽힌다.

분산보다 분권

분권은 민주주의의 매우 중요한 수단이다. 민주주의는 자치를 통해 이루어지고, 자치는 분권을 통해 가능하기 때문이다. 그러나 분권은 그 자체가 목적이 될 수 없다. 이는 민주주의를 향한 수단이다. 그리고 분산은 분권을 가능케 하는 정책임을 알아야 한다. 분산 정책은 분권을 부정하지 않는다. 다만 지역 간 극심한 격차가 분권의 시행을 가로막고 있는 현실을 타개하기 위해 분산 정책이 필요하다.

현 정부가 분산보다 분권을 강조하는 것은 지방에 특별한 배려를 하지 않겠다는 매우 강력한 신호이다. 분권과 분산은 어느 것을 취하고 버리는 성격의 개념이 아니며, 시기 조정을 통해 두 개념이 궁극적으로 실현되도록 만들어야 한다. 분산의 폄하는 중앙 집중의 폐해를 시정하는 데 있어서 분산 정책이 필수불가결함을 알지 못하는 처사다. 중앙 집중의 폐해가 심각했던 나라 가운데 분산 정책 없이 선진국으로 진입한 나라는 없다는 사실을 외면해서는 안 된다.

이명박 정부의 정책 편향

절대우위론적 선택과 집중

어느 정부를 막론하고 대체로 정부는 절대우위론적인 선택을 선호하지만, 이명박 정부는 그런 경향이 더욱 강하다. 절대우위론적 선택이란 국토를 몇 개의 공간으로 구분하고, 국가의 자원을 가장 생산성이 높다고 여겨지는 공간에 배분하는 것이다. 그러나 절대우위론적 선택은 경제학에서 오래전에 기각되었다. 이런 선택을 따르면 승자와 패자가 지역별로 구분되는 현상이 발생한다. 경제학이 권고하는 선택은 '특정 산업을 어느 지역으로 배치할 것인가'가 아니라 '미리 주어진 예산으로 각 지역마다 어떤 산업을 선택할 것인가'를 결정하는 비교우위론적 선택이다.

평균 생산성 원칙에 몰입

생산성 중시 사상이 단순화되면서 평균적으로 생산성이 높은 곳에 자원을 배분하려는 유혹에 빠지고 있다. 한 단위 더 투자할 때 늘어나는 효과, 즉 한계 생산성을 비교하지 않고 총생산을 총투입으로 나눈 평균 생산성을 기준으로 삼으려 한다는 것이다. 수도권과 지방의 투자 한계 생산성을 비교해 지방의 한계 생산성이 높으면 지방에 투자해야 한다. 한계 생산성 균등의 법칙에 따라야 한다는 말이다. 지금 수도권에 대한 투자 효과는 수도권에 국한되어 있어 한계 생산성이 낮아지고 있다.

대기업 위주의 경제 정책

이명박 정부는 대기업으로 지역발전을 견인한다는 생각을 하는 것 같다. 대기업이 지방에 투자하고 수직적으로 연결된 지방의 중소기업이 대기업에 부품을 납품하는 구도를 염두에 둔 듯 보인다. 그러나 세계는 지금 소품종 대량생산에서 다품종 소량 생산 시대로, 이성에서 감성의 시대로 이동하고 있다. 세계인의 감성에 호소하려면, 지역마다 지역의 특성에 부합하는 다양한 품목과 그것을 생산하는 첨단 기술, 네트워크 그리고 자금력이 필요하다. 그래서 참여정부에서는 클러스터를 통한 지방 중소기업 육성 정책을 강조했다.

중앙집권적 정책

이명박 정부는 참여정부의 중앙집권적 정책을 습관적으로 비판함에도 불구하고, 자신들은 중앙집권적 정책에 몰입해 있다. 효율과 성장을 최우선시해 실적을 빠른 시간 내에 국민들에게 보여주고자 하는 유혹에 빠져 있기 때문이다. 그렇게 되면 이명박 정부가 강조하는 각 지역의 특성을 고려한 아기자기한 정책들은 사장되고 몇 가지 대형 사업 위주로 진행될 가능성이 농후하다. 이런 대형 사업들이 중앙집권적, 절대우위론적으로 지역에 배분되면 국가균형발전은 요원하게 된다. 각종 도시 건설 정책이 그렇고, 지방의 사업을 중앙 부처에서 만들어 지자체끼리 경쟁하게 한다는 것 등도 이에 포함된다.

지역발전의 주체는 당연히 지역이다. 지역 사람들이 함께 모여 비전을 세우고 발전 수단을 선택해야 한다. 따라서 중앙정부 주도의 흔적을 발견하고 이를 나무라는 것은 당연한 일이고, 이를 새겨들어야 한다. 그렇다고 중앙정부의 일이 없지는 않다. 어린아이는 자라면서 부모와 주변 사람들의 보살핌을 받고 그들을 따라하며 말을 배우고, 공동체 질서를 터득하고, 지혜와 지식을 배워 성인이 된다. 어른은 아이의 모범이 되어 지혜와 사랑으로 아이를 교육시켜야 한다. 그게 어른의 사명이고 그래야 사회가 대대손손 이어간다. 중앙정부도 지방을 보살펴야 한다. 지방 재정에 도움을 주고, 전문가도 파견하며, 정책 수립의 지혜를 제공하는 등의 노력을 통해 지방의 자립을 도와야 한다.

지방의 자립을 돕는 방법은 여러 가지다. 중앙정부가 주도할 수도 있다. 사람이 크게 병이 들어 수술이 필요한데, 링거 하나 꽂아주지 않고 수술도 없이 환자 스스로 운동이나 건강식품 섭취 등을 통해 병을 극복하라고 할 수는 없지 않은가. 지방이 중병으로 죽어가는데, 공공기관 지방 이전과 혁신도시 건설, 행정중심 복합도시 건설이라는 링거 하나 꽂아줄 수 없다는 말인가. 그리고 국토를 수술해야 한다면 중앙정부가 의사처럼 수술을 해야지, 환자인 지방이 수술을 해야 한다는 말인가.

자립적 노력으로 건강을 회복하는 것은 일단 수술을 하고 난 뒤의 일이다. 혁신도시 기업도시 건설 정책은 중앙정부가 기획만 했을 뿐 그곳에 내용을 채우는 일은 해당 지자체와 지방민들의 몫이다. 정부는 혁신도시, 기업도시 건설이라는 수술을 했고, 지역은 그곳에 내용을 채우는 재활운동을 하는 것이다.

참여정부에서 지자체가 정부에 신청하는 정책의 기본 정신은 지방이 사업을 개발하도록 하는 데 있었다. 대부분의 사업이 그런 성격이었다. 다만 어떤 사업은 국가적으로 한둘만 두어야 하는 경우가 있었다. 그런 경우에는 사업 하나를 두고 지역 간 경쟁을 통해 선정할 수밖에 없다. 그때에도 국가가 일방적으로 결정하지 않고 지방의 신청을 받는 등 지방의 의견을 묻고 지역의 특성을 감안했다. 중앙정부 주도를 염려하는 이명박 정부의 충정은 이해하지만, 그 염려가 과하지 않나 싶다.

정책적 오해

국가의 역할에 대한 오해

이명박 정부는 국가와 기업의 역할을 동일시하고 있다. 서로 다른 원리에 의해 운영되는 국가와 기업을 동일시하면 파국이 닥치는 것은 당연하다.

국가의 역할을 대내와 대외로 나누어보자. 국가는 국내에서 심판의 역할을 한다. 운동경기에서 기업이 선수라면, 국가는 심판이다. 국가는 모든 경제주체가 각자 자기 역할을 하도록 독점을 금지하는 교통정리를 해야 한다. 기업과 사람의 경쟁이 낳은 독점은 사회에 심각한 피해를 준다. 그래서 각 국가는 독점을 금지하는 법을 만들어 규제한다. 그렇게 하는 것이 사회의 이익에 부합하기 때문이다.

대외적으로 국가는 국내 주체들을 이끄는 일종의 감독 노릇을 한다. 스포츠 경기의 감독은 지금 잘하는 선수가 있더라도 새로운 선수를 키워 미래를 준비한다. 지금 가장 잘하고 있는 운동선수가 앞으로도 영원히 잘할 수는 없기 때문이다. 국가도 마찬가지다. 자금 잘되고 있는 분야가 천년만년 보장되지는 않는다. 앞으로는 어느 분야가 미래의 주역이 될지 확실히 알 수 없는 일이다. 그래서 운동경기 감독이 주전 선수 말고 다른 선수들에게도 기회를 주면서 훈련시키듯, 정부도 부족한 분야에 골고루 기회를 주어야 하는 것이다. 국가는 비록 지방이 지금 어둠에 묻혀 있지만 앞으로 어떻게 활용할 수 있는지, 어떻게 활용되어야 하는지, 또 지방의 활용을 위해 무엇을 준비해야 하는지를 연구하고 실천해서 미래를 준비해야 한다. 그게 국가의 할 일이다.

반면에 기업은 경쟁에서 이겨 독점에 성공하는 것을 목표로 하는 존재다. 그래서 각 부문별로 이겨 세상의 자원을 독점하기 위해 노력한다. 기업에 독점의 폐해를 들어 경쟁을 탓할 수 없고, 지금 어두운 분야에 관심을 가지라 강요할 수는 없는 것도 이 때문이다. 결국 기업은 독점을 추구하고 국가는 그 독점을 막고 다양한 분야에 자원을 배분해 국가의 생산성을 높여야 하는 것이다.

이명박 정부는 지금 경쟁에서 이기고 있는 분야와 지역에 자원을 집중하려고 한다. 정부가 앞장서서 독점을 장려하는 것이다. 국가와 기업은 일하는 목적이 서로 다름을 외면한, 있을 수 없는 일이다.

정책의 최우선 목표가 양적 성장

국가를 경쟁의 단위로 오해하면, 독점을 노리는 기업이 외형 성장에 관심을 두어 매출 증대에 노력하듯 국가도 양적 성장을 최우선 목표로 할 수 있다. 이렇게 현재 이기고 있는 분야에만 관심을 가진다. 한정된 자원을 생산성이 가장 높다고 여겨지는 분야와 지역에 투자해야 양적 성장을 극대화할 수 있다고 믿기 때문이다. 그래서 생산성이 높다고 여겨지는 수도권, 그나마 경쟁력이 있다고 여겨지는 수도권의 주요 대학 등에만 집중 투자가 이루어질 것이다. 현재 빛을 보지 못하는 산업, 비수도권, 지방대학은 수난의 시대가 기다리고 있다.

정책 수단에 대한 무지

이명박 정부는 균형발전 정책이 국가의 양적 성장에 도움이 되지 않는다고 오해하고 있다. 균형발전 정책의 핵심이 과거의 성장 방식을 혁신해 질적 개선을 이루자는 데 있음을 알지 못하거나 외면하기 때문이다. 이는 균형발전 정책을 수도권 규제를 강화하는 양적 퇴보 정책으로만 인식해, 균형발전 정책이 수도권의 질적 개선을 위해 노력해온 것을 무시하고 있는 것이다. 공공기관 지방 이전 등의 정책 역시 수도권에서 양적으로 빼가는 것으로만 인식해, 공공기관 이전 후 부지를 질적 개선해 수도권이 누리게 될 편익에 대해서는 외면하고 있다.

이렇게 양적 성장에 치중하다 보면 강자 보호주의로 흐르고, 강점을 강화할 때와 약점을 보완할 때를 알지 못한다. 국가는 지방의 약점을 보완해야 한다. 지방도 국가의 일부분이기 때문에, 서울이 아무리 발전해도 지방이 취약하면 국가가 초일류로 나갈 수 없다. 다른 선진국들은 강한 지역을 수십 개씩 가지고 있으면서 세계시장을 잠식해가는데, 우리는 오로지 서울 하나만 그럴듯하고 다른 지방은 궤멸한다면 우리나라 전체의 파이는 줄어드는 것이다.

정책에서 '극대화'와 '최적화'의 적용 단위를 오해

국가와 개별 주체는 행동 원칙이 서로 다르다. 그런데 이명박 정부는 국가와 개별 주체를 동일시하고 있다. 잘못된 판단이다. 각 개별 주체는 자기 나름대로 극대화를 하며 살아간다. 기업은 이윤 극대화를 추구한다. 이를 위해 신상품을 개발하고, 매출을 늘리고, 비용을 줄이며, 가끔 이미지 개선을 위해 사회공헌도 한다. 반면에 개인은 효용 극대화를 추구한다. 물건을 구입해야 만족이 생기므로 소득을 올리기 위해 자신의 생산성을 높일 교육에 투자하고, 주어진 소득 내에서 꼭 필요한 물건을 소비하며 살아간다.

개인이든 기업이든 모든 개별 주체가 자유롭게 창의성을 발휘하면서 경쟁할 때 사회의 이익은 증대된다. 그러나 주체들의 개별 행동이 사회 전체의 바람직한 모습을 보장하지는 않는다. 이를테면, 어떤 기업이 이윤을 높이기 위해 아파트를 500층쯤 올려버리면 그 아파트 주민이 초래하는 혼잡으로 사회에는 비용이 발생하면서 사회적 이익은 오히려 감소한다. 마찬가지로 수도권에 기업 입지의 완전한 자유를 부여하면, 수도권은 극심한 혼잡에 시달릴 것이다. 그래서 정부는 개별 주체들의 경제행위에 적절한 규제를 가해야 한다. 수도권 규제도 그래서 필요한 것이다.

결국 정부는 국가에 대해, 사회 전체의 바람직한 모습을 달성하기 위해 극대화가 아닌 최적화의 원칙을 적용해야 한다. 이를 위해 개별 주체들의 극대화 행위가 때로는 장려되고 때로는 제한되기도 한다. 개별적 극대화가 전체적 극대화를 보장하지 않기 때문에 국가를 최적의 상태로 만들기 위해서는 불가피한 일이다. 강한 곳만 골라 지원해서 그곳의 극대화를 돕는 것은 사회 전체의 최적화에 도움이 되지 않는다. 그럼에도 이명박 정부는 특정 집단의 개인들과 기업에 대한 극대화 원칙을 적용하고 있다.

한국 경제가 어려워진 원인에 대한 오해

이명박 정부는 수도권 규제 때문에 한국 경제가 도약하지 못하고 있다고 판단한다. 수도권 규제는 생산성 높은 수도권 내 공장의 확장을 막아 기업을 해외로 내쫓는다고 보고 있다. 그러나 이는 사실과 다르다. 수도권 내의 토지도 풍부하고 공장총량제에서 허가한 면적도 모두 사용하지 못하고 있다. 우리나라가 고도성장을 하던 바로 그 시절에 수도권 규제는 가장 강력했다.

한국 경제가 어려워진 가장 큰 원인은 수도권 규제가 아니다. 만일 한국 경제가 어렵다면 그것은 국가 혁신의 실패, 금융 혁신의 실패, 기업 경영 혁신의 실패 등 때문이다. 그러나 이명박 정부는 애꿎은 수도권 규제로 책임을 전가하고 시대착오적으로 규제 혁파나 주장하고 있다. 1997년 우리나라가 IMF 구제금융을 받게 된 직접적인 도화선은 재벌 기업들이 해외 자금을 자유롭게 할 수 있도록 금융 규제를 전격 해제한 때문이었고, 현재 진행 중인 세계 경제 위기의 핵심 원인도 금융 감독 실패임을 망각해서는 안 된다.

또한 경제가 어렵다는 것은 우리 제품의 경쟁력이 없어 안 팔린다는 말이다. 제품이 경쟁력 부족으로 잘 팔리지 않으면 기업이 어려워진다. 제품이 안 팔리는 이유는 가격이 너무 비싸거나, 품질이 낮거나, 유행이 지났거나, 필요 없는 물건이거나, 디자인이 마음에 들지 않거나, 소비자의 감성을 충족시키지 못하기 때문이다. 정부가 수도권 규제 및 기타 규제를 풀고, 강자 보호주의 정책을 쓰면서 지방을 외면한다고 해서 안 팔리는 물건이 갑자기 팔릴까.

수도권에 대한 시각[58]

수도권을 다른 광역권과 대등한 권역으로 본다

이명박 정부는 수도권을 다른 광역권과 대등한 권역으로 보고 있다. 그래서 수도권을 경쟁력 강화를 위해 육성해야 하는 권역으로 여겨 경쟁력에 장애가 되는 규제는 철폐해야 한다고 판단한다. 우리나라의 수도권은 지방의 자원을 이용해 발전했다는 점에서 지방에 커다란 부채를 져왔다. 뿐만 아니라 스스로 과밀의 폐해를 입고 있고, 지방에는 일정의 피해를 주는 특수한 지위에 있다. 따라서 수도권은 수도권 관리 정책을 통해 과밀의 폐해를 해소해야 하고, 균형발전 정책에 기여해 지방의 과소 문제를 주도적으로 해결해야 하는 의무를 지고 있다.

수도권을 단지 수도권 내 시도 연합체로 본다

수도권을 단지 서울, 인천, 경기라는 시도의 연합체로 보고 있다. 수도권은 단순히 수도권 내 시도의 연합체이므로 지방의 발전에 대한 의무감 없이 성장을 위해서 최선을 다하면 된다는 것이다. 이런 시각에서는 지방분권을 매우 강조한다. 수도권을 스스로 발전시킬 테니 간섭하지 말라는 것이다. 현 정부는 이 시각을 따르고 있기 때문에 수도권 정비 계획 및 국가균형발전 정책의 축소로 정책이 경도되어 있다. 그러나 수도권은 다른 광역권과는 엄연히 다른 특수한 위상을 가지고 있으므로, 수도권 규제나 수도권 관리를 균형발전과 연계해 추진해야 한다.

수도권 규제 여부가 비수도권의 발전과 무관하다고 본다

현 정부는 수도권을 규제하면 규제 대상이 되는 기업이나 기관이 해외로 이전한다고 믿는다. 그래서 수도권 규제는 비수도권의 발전과는 무관하다고 본다. 그러나 기업이 해외로 이전하는 핵심적인 이유는 수도권 규제가 아니다. 대한상공회의소(2003)의 조사에 따르면, 기업이 중국으로 진출하기를 원하는 이유는 고임금(66.1%), 대립적 노사관계(10.3%) 등 중국에 비해 열악한 국내 경영 여건 때문이었다. 대한상의의 또 다른 자료(2006)를 보면, 앞으로 공장을 신설하거나 증설할 때 이전 대상 지역을 수도권 내로 한다는 의견이 37.2%, 해외 34.9%, 지방 23.3%로, 국내가 압도적으로 높았다. 기업의 이전 예상 지역이 해외가 될 것이라는 말은 과장된 편견임을 알 수 있다.

.2.
정책 기조가 탄생시킨
정책

지역발전 정책[59]

(수도권 규제 철폐, 혁신도시, 미디어 관련은 앞장 참조)

〈광역경제권〉

선도 프로젝트의 빈곤 및 부적절

선도 프로젝트의 핵심은 개발용지 확대다. 그러나 지금 비수도권의 문제는 개발용지의 부족에 있지 않다. 수도권 규제 완화 정책에 골몰해 수도권의 용지공급에 경도되다 보니 비수도권에도 같은 논리를 적용하는 관성이 작용했다고 생각된다.

비수도권의 문제는 온갖 여건이 열악한 데서 오는, 희망의 부재에 있다. 아직은 강력한 중앙집권 국가인 우리나라에서 비수도권의 희망은 중앙정부의 의지에서 시작된다. 비수도권을 국토의 중요한 부분으로 생각하고 국내외적으로 비수도권의 연결성을 높여 비수도권의 가치를 높이고자 하는 중앙정부의 의지 부족이 비수도권 문제의 핵심이다.

물건이 안 팔려 어려운 기업에 공장부지만 공급해주면 기업의 문제가 사라질까? 비수도권에서 기업을 운영하는 것이 불편하기 짝이 없는데 공장용지만 공급해주면 기업경영이 원활해질까? 국가의 새로운 출발을 지방에서 시작하고자 하는 의지가 중앙정부에 없는데 개발용지만 공급하면 비수도권의 희망이 생길까? 수도권의 규제를 해제한다는 소식만으로 비수도권의 기업이 빠져 나가고 있는 현실에서, 개발용지가 문제의 핵심일 수 없다.

비수도권의 규제 해제도 현 정부가 추진하는 선도 프로젝트의 중요 과제다. 이명박 정부는 비수도권에도 규제를 완화하면 기업의 수익이 개선되고 투자가 확산될 것으로 생각하는 듯하다. 그러나 이명박 정부의 비수도권 규제 완화 정책은 수도권 규제 완화를 위한 포석으로 보인다.

다른 한편으로는 규모의 경제를 추구하겠다는 의지도 읽힌다. 그러나 규모의 경제를 추구하겠다는 것은 시대착오적 발상이다. 아기자기한 물건이 세계 시민의 감성을 자극해야 팔리는 다품종 소량 생산 시대에 규모의 경제를 추구하는 것은 적절치 않다.

마지막으로 선도 프로젝트의 대부분이 기존 사업을 모아놓고 다시 정리한 것들이어서 걱정스럽기 그지없다. 희망은 새로운 세계의 추구에서 만들어지는 법인데, 새로운 사업이 극히 부족한 지역 정책을 가지고 어떻게 지역의 희망을 찾으란 말인가.

광역경제권 계획은 광역경제권에 선도 산업을 몇 개씩 분배하는 것으로 되어 있다. 광역경제권 계획에서 핵심 문제점 중 하나는 수도권은 이미 광역경제권으로서의 기능을 하고 있으나 비수도권은 그렇지 못하다는 것이다.[60] 따라서 광역경제권 정책은 비수도권이 광역경제권을 형성하는 데 두어야 한다. 비수도권이 수도권에 휩쓸리지 않는 강력한 광역경제권을 형성할 수 있도록 정책의 초점이 수정되어야 한다. 산업 몇 개를 각 권역에 배분한다고 존재하지 않은 광역경제권이 형성될 수는 없다. 더구나 이명박 정부의 정책은 현재 상태를 기준으로 배분하고 있어 새로운 경제권을 형성해 미래의 비전을 실천하겠다는 의지는 보이지 않는다.

지방대학 정책의 빈곤과 부적절

이명박 정부는 소수의 지방대학에 집중 지원하고자 한다. 그러나 지역의 인재는 각 대학에 다양하게 포진해 있다. 다양한 인재가 지역발전에 참여하도록 하는 기제를 만들어야 한다. 인재를 활용할 다양한 방안을 제시하는 것이 인재 참여를 촉진하는 길이다. 현 정부의 정책은 인재 육성의 측면에서는 실패했다. 그리고 현 정책은 소수의 거점 대학을 제외한 나머지 대학은 지역에 협력하지 말라는 메시지를 전달하고 있다. 인재의 사장을 초래하는 정책이다. 오히려 지원을 다양하게 분화시켜 지방대학이 지역발전에 동참하도록 유인해야 한다.

지역발전의 기반이 되는 정책의 빈곤

이명박 정부는 산업단지를 공급하는 것이 지역발전의 기반이라고 본다. 그러나 균형발전에 대한 정부의 확고한 의지가 지역발전의 선결 조건이다. 본질은 외면하고 변죽만 울리고 있는 셈이다. 이명박 정부는 또 지역발전 기반 정책으로 규제 완화를 제시하는데, 규제 완화는 지역발전의 기반일 수 없다. 규제가 지역발전의 핵심 애로요인이 아니기 때문이다.

〈지방소득세/소비세 신설 예상〉

순지방 재정 감소할 신설

지방 독자 재정 확충 방안으로 일부 세원을 국세에서 지방세로 이전, 지방 소득세·소비세를 신설하는 방안을 검토 중에 있다. 지방소득세, 지방소비세는 국세인 소득세의 10%와 법인세의 10%를 주민세란 이름으로 징수하므로, 지자체에서 징수하는 소득세할(割) 주민세나 법인세할(割) 주민세와 같은 성격을 갖는다. 그러나 소득세할(割) 주민세나 법인세할(割) 주민세 세수의 지역적 불균형이 매우 심각한 실정이다. 따라서 지역 간에 적절한 분배 기준이 있어야 비수도권의 지방재정에 대한 타격을 줄일 수 있다.

국세인 소득세를 지방소득세로 이전할 경우 1가구당 재정 증가액은 서울의 경우 다른 비수도권 광역단체의 4~5배에 이를 것으로 추산된다. 이는 그만큼의 총액을 1가구당 금액이 동일하게 되도록 하면서 교부금으로 지자체에 부과했을 경우에 비해 비수도권이 심각한 차별을 당하게 됨을 의미한다.[61]

한편 9·1 감세안은 지방재정의 대폭 감소를 예고하고 있다. 9·1 감세안의 지방재정 감소와 지방소득세 신설 등으로 증가할 지방 재정을 합산해 보면, 1가구당 순지방 재정이 서울과 경기도의 경우에만 증가할 뿐이고, 비수도권의 경우 모두 감소할 것이다. 수도권과 비수도권에 닥칠 재정 불균형을 해소할 대책을 강구 중이라는 여당 측 인사의 언급이 있었지만 실제로 불균형을 해소할 수 있을지는 그간 지방을 대하는 태도에 비추어볼 때 확신할 수 없다.

·3·
현 정책 이후의
우려

비수도권의 미래

앞으로 비수도권은 수도권에 비해 불리한 상황이 전개될 것이다. 절대우위적 선택과 집중 원칙을 적용하면 비수도권, 특히 낙후 지역은 치명타를 입는다. 비수도권은 이제 수도권과 동등한 경제권역으로 강제적인 독립을 하게 되어 수도권으로의 자원 이동을 바라볼 수밖에 없게 된다.

예산의 순증 없이 과거 사업을 재탕하는 지방 정책은 지역 내 자원의 재구성에 불과해 새 희망을 주기 어렵다. 만약 지방소득이 감소해 역내 소비가 극도로 위축되면 지역경제는 장기 침체 국면에 들어 갈 것으로 보인다. 이렇게 되면 독자적인 경제권역 수립에 어려움이 생긴다. 이제 지방은 정부가 인위적으로 선정한 산업에 이끌려 갈 것이다. 수도권 규제가 철폐되면 기업도 수도권으로 이동할 것이므로 신산업 창출을 통한 지역의 자립은 요원하게 된다.

수도권의 규제 철폐로 지역대학과 지역발전의 선순환을 기대할 수 없다. 지역대학의 인적자원을 대부분 사장시키는 지역 정책으로 이제 비수도권은 있는 인적자원도 활용하지 못하게 되어 향후 발전이 어려워질 것이다. 특히 정책이 거점 대학 중심이 되면서 지역에 활용되지 못하는 지역

대학은 심각한 어려움에 처할 것이다. 그리고 지역대학은 앞으로 거의 모든 분야에서 수도권 대학과 동등한 경쟁에 내몰려 어려움에 처하게 될 것이다.

수도권의 미래

머잖아 수도권의 과밀로 인한 한계 생산성을 체감할 것이다. 이미 체감하고 있는지도 모른다. 앞으로는 구산업 대신 신산업을 심어 생산성 향상에 나서야 하는데, 공장부지가 늘어남으로써 생산성 낮은 구산업이 버티게 되어 생산성이 낮아질 것이다. 이에 따라 삶의 질도 하락한다. 수도권은 앞으로 벌어질 토목 사업 등의 공급 정책으로 질적 개선의 가능성을 잃게 된다. 수도권 규제 해제가 가져올 수도권 과밀 증대는 결국 수도권 시민의 피해로 귀착된다. 수도권이 앞으로 더욱 팽창하면 수도권에 비효율이 발생한다. 그 비효율은 경쟁 원칙으로 인해 어느 특정 지역에 집중되어 수도권 내 격차도 심화될 우려가 있다.

국가 전체의 미래

지방의 활용도가 낮아져 발생하는 지방 자원의 사장으로 국가 전체의 생산성이 하락한다. 승자 독식의 경쟁 구조 때문에 지방마다 자신에게 적합한 생산활동을 하기가 어려워 국가 전체의 생산성이 떨어지는 것이다. 특히 수도권 위주의 정책은 비수도권과 수도권의 지독한 양극화를 발생시킨다. 소비 성향이 높은 저소득층, 특히 비수도권 주민의 소득이 낮아져 장기적으로 소비가 침체될 우려도 있다. 다양하고 아기자기한 재화를 생산해내는 지방의 활용도가 낮아지니, 향후 다양한 해외 수요에 적응하기가 어려워진다. 피라미드를 만들 정도로 강력했으나 최상위층이 모든 것을 가지는 바람에 길고 긴 정체의 길을 간 이집트의 사례로 볼 때 향후 번영을 장담할 수 없다.

국민 통합이 어려워지는 것도 큰 문제이다. 이명박 정부는 정책으로 수도권의 손을 들어주었다. 이 때문에 더욱 강해진 수도권과 약자면서도 외면당한 성난 지방과의 대립이 우려된다.

02

새 균형발전 정책을 위한 성찰

진보 진영의
비판과 자성

균형발전 정책은 개발주의다?

대개 진보 진영은 개발주의를 비판한다. 왜 그럴까? 기존 사회의 흐름은 개발을 지향하지만 그 흐름을 멈추는 것이 곧 삶의 터전을 재디자인하는 변화이기 때문이다. 한편으로는 그 개발의 이익이 일반 시민에게 돌아가지 않기 때문이기도 하다. 진보 진영은 균형발전 정책에서 개발의 냄새를 맡는다. 행정중심복합도시, 혁신도시, 기업도시와 각종 경제특구의 건설현장에서의 환경파괴를 우려한다. 물론 이런 비판은 사실에 기반을 두고 있다. 지방화를 지지하는 지방의 NGO들도 새로운 도시 건설이라는 토목사업이 지속 가능한 지역발전책이라는 것을 받아들이는 데 애를 먹었다.

참여정부의 국가균형발전 정책은 이를 상생의 게임으로 해석했다. 과밀이 포화 상태에 이른 수도권에 뭔가를 새롭게 건설하면 이건 아예 인간의 생태계를 파괴하는 행위가 된다. 그러나 상대적으로 비어 있는 지방에 새로운 것을 건설하면 수도권에서처럼 환경파괴가 심각하지 않다. 지방에서 이루어지는 건설은 오히려 지역발전의 새 주춧돌이 될 수도 있다. 사람이 살려면 집을 지어야 하고, 집을 지으려면 주춧돌이 필요하다. 지역이 존재하려면, 지역 발전을 해야 하고, 지역의 발전에 새로운 도시가 필요하다면 도시를 건설해야 한다. 여기서 발생하는 환경문제는 환경 차원에서 극복해야 할 과제다. 새로운 도시 건설에서 진정으로 중요한 것은 수요자나 시민을 위한 건설인가의 여부이지 건설 그 자체는 아니다.

조심스러운 말이기는 하지만, 지방 스스로 온갖 책임의 족쇄를 옭아맬 필요는 없다. 환경파괴의 대부분을 책임져야 할 선진국들이 새삼스럽게 환경보호, 지속 가능한 발전 운운하면서 개도국들에게 환경보호의 멍에를 씌우는 현실을 직시해야 한다. 마찬가지로 개발주의의 잔칫상이었던 수도권은 환경문제에서 물러나 있는데, 오히려 지방에서 반개발주의의 기치를 높이 드는 셈이다. 지방 스스로에는 개발주의의 죄를 뒤집어씌우면서 수도권에는 면죄부를 주고 있으니, 다소 어이없는 일이다.

지역거버넌스가 작동하지 않는 등 정책이 성공적으로 운영되지 않았다

지방화를 강조한 참여정부 초기부터 지방 토호를 염려하는 목소리가 높았다. 당시만 해도 지방이 풀뿌리 민주주의에 익숙하지 않았고, 지자체가 여러 계층의 의견을 수렴하는 전통이 없는 상태였다. 그래서 앞으로 지역발전의 비전을 세워 나간다면 그것은 바로 지역 토호들에게 지역을 맡기는 셈이라는 염려였다. 그런 까닭에 참여정부는 집권 기간 내내 지역거버넌스 기구인 지역혁신협의회의 정착을 위해 노력했다. 그러나 이 협의회는 혁신의 대상인 지역 토호들을 배제하는 데 실패해 사업의 방향을 잡지 못하고 일도 하지 못하는 형식적 기구로 전락해 중앙집권에 대한 향수만 불러일으켰다.

지역 거버넌스는 참여정부에서 매우 중요하게 여긴 시스템이었기에 이런 비판은 매우 아프고 귀담아들을 가치가 있다. 하지만 한편으로는 지역 토호들을 배제한 모임체로 지역을 진정으로 바꿀 수 있을까하는 의구심이 들었다. 만약 토호가 문제라면 그들을 바꾸어야 하지 않을까? 그들을 설득하려면 같이 모여서 의논해야 하지 않을까? 물론 그 전제 조건으로 거버넌스 구조가 건강해 토호의 전횡을 용인하지 않아야 한다.

거버넌스의 실제 효과에 대한 논쟁은 그 기준이나 기대치의 수준에 따라 달라질 수 있을 것이다. 그럼에도 국가균형발전 정책이 강조한 지역거버넌스의 개념은 지역에 하나의 충격을 가져왔다고 믿는다. 각 분야의 사람들이 모여서 지역 비전을 만들고, 지자체나 단체장은 그 비전을 실천할 정책을 만들고, 지방의회는 그 정책이 비전에 맞게 잘 수행되는지를 감시하고, 시민들은 NGO를 구심점으로 해 이런 과정을 재점검한다는 각자의 역할 분담에 대해 모두들 똑똑히 인식하는 계기가 되었을 것이다.

수도권과 지방의 대립을 극복하지 못했다

수도권의 정치인들은 신행정수도 건설, 공공기관 지방 이전 및 혁신도시 건설 등의 지방분산 정책에 강력한 대오를 형성해 반대했다. 반면 자신들의 이익을 관철하는 수도권 규제 완화는 과도하게 요구했다. 그 결과 신행정수도는 위헌 판결이 났고 수도권 규제는 완화되었다. 이명박 정부는 대부분의 수도권 규제를 완화해 수도권 규제의 의미를 무색하게 했다.

국민은 균형발전 정책을 90% 이상 지지했는데, 왜 이런 일이 벌어졌을까? 왜 헌법재판소는 그런 국민의 지지에 반하는 판결을 내렸을까? 왜 수도권의 규제를 완화했을까? 이는 지방화에 대한 국민의 지지의 강도가 높게 인식되지 않았기 때문이다. 신행정수도 건설은 충청권만의 잔치로 인식되었고, 수도권 규제 완화는 주로 수도권 인접 지역에서 격렬하게 저항해 역시 그들만의 요구로 폄하되었다. 어떻게 해야 지방화 정책에 대한 국민의 지지 수준을 높이고 수도권의 반대를 약화시킬 수 있었을까? 지방민들 자신부터 신행정수도 건설과 수도권 규제의 효과를 굳게 믿었어야 했다. 자신만의 이익의 굴레에서 벗어났어야 했다.

수도권과 지방의 상생을 이야기하는 사람이 많지만, 협상 테이블에서 양보는 원래 힘이 강한 측이 하는 법이다. 강자가 양보할 때는 자기가 죽을 만큼 하지 않는다. 반면, 약자가 어쩔 수없이 힘에 밀려 양보할 때는 자기 생존의 수준을 넘어서는 경우도 있다. 힘에 밀려 하는 양보는 마음속으로 승복하지 않으니 진정한 양보라 볼 수 없다. 결국 상생의 첩경은 힘센 측의 양보에 있다. 강자인 수도권이 약자인 지방에 양보를 해야 상생의 길이 열린다.

균형발전 정책이 정권 재창출에 도움이 되지 못했다

참여정부는 역대 어느 정부보다 균형발전 정책을 강력하게 추진했지만 2007년 대선에서 정권 재창출에 실패했다. 호남을 제외하고는 지방을 위해 일한 정부를 지방은 다시 선택하지 않았다. 많은 사람은 '경제' 담론이 표를 갈랐다고 본다. 하지만 만일 그게 사실이라면 지방경제에 모두걸기를 한 정부를 버렸겠는가. 행정수도 부지였던 연기군 보궐선거에서 당시 여당을 버렸겠는가. 아직까지 우리 국민의 선거 기준은 결코 '경제'가 아니라 '지역색 정치'다. 지방을 위하는 균형발전 정책은 아직 우리나라의 지역주의를 치료하지 못했다.

과연 균형발전 정책이 지방민들의 고통을 외면한 적이 있었을까? 개혁의 수준이 미흡했을까? 하여간 균형발전 정책이 그들의 지역 색을 덮을 만큼의 감동은 주지 못했나 보다. 지방민들이 균형발전 정책의 효과에 의구심을 가지고 있다는 생각도 든다. 균형발전 정책을 효율을 무시하고 억지로 자기 지역에 투자하는 정책쯤으로 생각하고 있을지도 모른다. 만일 그렇다면 균형발전 정책에서 깊은 감동을 끌어내기란 어려운 일이다. 지방민들이 확신을 가지도록 정책을 다듬어야 할 시점이다.

균형발전 정책과 지역주의

1997년 대선에서 김대중 후보가 당선되면서 영남과 호남이 대립하는 지역주의가 우리 사회 균열의 정점에서 내려왔다고 본다. 그 뒤 우리 사회의 균열 지점은 영남과 호남 사이가 아닌 중앙과 지방 사이가 되었다. 지방민들은 어느 지역에서 살든 중앙에 비해 열악한 자신들의 삶의 현주소를 인식하고 지방 차별이라는 균열 지점을 발견한 것이다. 이런 상황에서 지방분권운동이라는 시민운동은 지방민의 처지를 깨닫게 하는 데 큰 역할을 했고, 2002년 노무현 민주당 후보가 영호남 지역 색을 극복하고 호남 이외의 지방에서 과거보다 높은 지지를 얻어 대통령에 당선되었다. 5년 후 2007년 대선 이후 영남의 지방민은 가장 보수적이며 한나라당의 핵심 지지층이 되었다.

그렇다면 과연 지방 차별이 엷어진 걸까? 참여정부의 지방화 정책으로 지방 차별 의식이 엷어지고 중앙 대 지방의 균열은 이제 보수와 진보의 균열로 바뀐 걸까? 영남은 모두 보수 진영이고 호남은 모두 진보 진영일까? 결국 아직 보수와 진보가 대결하는 장은 오지 않았다. 역사는 퇴행해 다시 영호남 대결의 장으로 돌아갔다. 보수와 진보의 장이 마련되어야 지역주의가 사라진다는 생각이다.

.2.
정책 방향을 정립하는 정책

다극 체제 구축으로 균형발전 강력 추진

한국은 이미 서울 일극 체제로 고착되었다. 서울을 지향하는 것이 대세다. 서울을 모델로 삼는 근대화의 태풍에 휩쓸리고 있다. 그러나 다양성의 상실은 곧 죽음을 의미한다. 국가도 다양성을 상실하면 국가의 기능을 유지할 수 없다. 제이콥스(Jacobs, 1984)도 언급했듯 국가가 발전하고 번영하기 위해서는 충분한 수의 도시가 있어야 한다. 더구나 세계의 경쟁 단위는 국가가 아니라 지역과 기업이다. 한 국가 안에 세계적으로 경쟁력 있는 도시나 지역이 많을수록 경쟁 단위가 많은 셈이다. 그러니 세계와 견줄 수많은 지방도시의 육성이 필요하다.

그래서 서울에 굳이 있을 필요가 없는 시설들을 지방으로 이전해야 한다. 이를테면 서울의 주요 대학들이 이전 대상이 될 수 있다. 지방에서는 인재와 인재가 만들어내는 지식, 기술을 축적하는 것이다. 인재의 보고가 대학이니 대학의 지방 이전은 지방 부흥에 매우 중요한 과제다.

현재 건설 중인 각 지역의 혁신도시와 행정도시의 원안대로 추진해가는 것도 대한민국 다극 체제 구축에 큰 도움이 될 것이다. 이 도시들이 순조롭게 만들어지도록 전국적인 관심이 필요하다.

원심력 강화

한 국가의 수도권 집중도는 구심력과 원심력에 의해 결정된다. 생산자로서
의 사람과 기업은 남과 재산을 나누기 싫어해 서로를 밀어내므로 사회에는
원심력이 기본적으로 작동한다. 비슷한 종류의 자원들은 심정적으로 남을
밀어내고 가까이하려 들지 않는다. 반면에 소비자로서는 사람이나 사업체
의 군집을 좋아한다. 편리하기 때문이다. 그래서 소비자들에게는 기본적으
로 구심력이 작동한다. 생산자들도 군집에서 정보와 기술을 습득할 수 있
게 되면 구심력이 작동하기 시작한다.[62]

한국의 수도권 집중 현상은 서울을 향한 구심력이 지방을 향한 원심력
을 압도하고 있다는 증거다. 구심력의 핵심은 중앙집권이다. 권력을 따라
이동하는 사람과 각종 지방자원이 지속적으로 서울로 이동해왔다. 이렇게
서울 집중이 축적되자 사람과 사람이 부대끼면서 얻는 편익들이 지방자원
을 더욱 끌어들였다. 각종 정보 및 생산기술 습득의 용이함, 시장과의 근접
성, 생활의 편리함 등이 그런 편익들이다.

구심력에 대응하는 원심력의 핵심은 자연히 지방분권이다. 이동하는 권력
을 따라 서울의 자원 일부가 지방으로 이동하고, 지방으로 이동한 권력은 기
존 지방자원의 가치를 발견하게 되어 지방발전의 엔진이 가동될 수 있다. 원
심력을 만드는 또 다른 방법은 원심력이 강하게 작용하는 산업을 육성하는
것이다. 원심력이 강한 산업은 장소가 중요한 요인인 농업과 관광산업이다.
아무리 서울이 매력적이라 해도 논밭과 관광지를 서울로 이동시킬 수는 없
다. 그러므로 지방의 주요 산업은 농업과 관광산업이 될 수밖에 없다. 지방은
이 두 분야의 산업에 획기적으로 투자해야 한다. 비수도권 연합으로 전국을
고려한 규모의 궁리를 해야 성공 가능한 임계치를 넘는 대책이 나올 것이다.

생산 면에서의 특징인 규모의 경제나 제품 운송비에 따라, 그리고 소비 면에서의 특징인 지방 소비자를 겨냥한 것인지, 해외 소비자를 겨냥한 것인지에 따라 원심력과 구심력의 작용이 달라진다. 지방 소비자를 겨냥하는 경우, 제품 운송비가 높고 규모의 경제가 적용되지 않는 제조 업종이 지방에서도 살아남을 수 있어 원심력이 작용한다. 제품 운송비가 높으면 지역 소비자 근처에 공장이 있어야 운송비를 낮출 수 있고, 지역 시장의 경우 규모가 크지 않기 때문이다. 반면, 해외 소비자를 지향하는 경우에는 규모의 경제나 제품 운송비가 낮아야 할 것이므로 공항이나 항만 주변에 위치하려는 힘이 작용한다. 지역 산업 선정 및 육성 정책, 그리고 공항 및 항만 계획 수립에 참고해야 할 사항이다.[63]

자율이냐 타율이냐: 내생적 성장에만 기댈 수 없다

솔로(Solow, 1956) 성장 모델에서 기술 변화를 성장의 관건으로 다룬 이후 기술 변화를 어떻게 이루어낼 것인지에 관심이 모아졌다. 그러나 솔로 모델의 기술진보는 외부에서 결정된 것이다. 외부에서 새로운 기술이 유입되지 않으면 성장은 이루어지지 않는다. 여기서 국가 간의 성장률 격차가 점차 줄어든다는, 현실에서 성립하지 않는 솔로의 수렴가설을 해명하는 내생적 성장 이론이 등장한다. 내생적 성장 이론은 기술 진보가 국제무역, 물적 자본 및 인적 자본에 대한 투자, 연구개발 등에 의해 일어난다고 한다. 자본 축적이 높은 곳에서는 기업 상호 간 학습효과를 통해 생산 과정에서 새로운 지식을 얻게 된다. 이에 따라 더 효율적인 기계를 만들어낼 수 있어서 자본의 한계 생산성이 높아진다. 이제 부자 지역의 성장률이 더 높아지는 현실을 설명할 수 있게 되었다.

내생적 성장 이론이 등장하고 세력을 얻자 많은 사람이 이제 지역도 자본 투자와 연구개발 투자로 발전할 수 있다고 믿으며 흥분하기 시작했다. 그러나 나는 내생적 성장 이론이 점점 세력을 얻어갈수록 지방의 앞날이 어두워지는 것을 느낀다. 지방에 내생적 성장을 가져올 양적 규모와 질적 수준을 담보할 만한 투자의 여력이 있는가. 내생적 성장 이론은 분명 수도권의 유리함을 증명한 데 불과하다.

더구나 크루그먼(Krugman, 1994)의 너무도 유명한 동아시아의 물량 투입 가설을 들으면 더욱 절망스럽다. 우리에게는 내생적 성장 이론이 너무 멀리 있다. 그래도 절망만 하고 있을 수는 없다. 기술 진보는 공공재 성격을 가지므로 정부가 개입할 근거가 된다. 국가는 지방의 발전을 위해 대규모 투자를 해야 한다. 특히 인적자본 형성에 도움이 될 대학 투자에 심혈을 기울여야 한다.

매력 있고 존재감이 있는 지방 만들기

지방의 앞날은 순조롭지 않다. 애써 밝은 날을 만들려 해도 그게 쉽지 않다. 지방을 하대하는 뿌리가 너무 깊기 때문이다. 실력이 아닌 외형으로 승부하려는 겉치레 편향의 길고 긴 역사가 이렇게 만들었다.

그래도 우리는 지방을 살기 좋은 곳으로 만들어야 한다. 우리 국토고, 우리와 후손들이 살아가야 할 터전이기 때문이다. 그 성공을 위한 지방의 슬로건은 '매력 있는 지방'이 되어야 한다. 우리 모두와 세계인에게 말이다. 그래서 '존재감 있는 지방'이 되어야 한다. 역시 우리 모두와 세계인에게 말이다. 그래서 경쟁력을 지원 기준으로 삼는 중앙정부에도 '무시할 수 없는 지방'이 되어야 한다.

그러나 대체로 '현 상태에서 열심히 노력해' 지역을 발전시키고자 하는
사람이 많다. 성공하기 어려운 노력이다. 제품이 나쁜데 홍보한다고 팔리
며, 노래 실력이 없는데 매달린다고 가수가 되겠는가. 기업이 중요하다고
하니 기업 유치를 해야겠다고 생각하고, 일자리가 중요하다고 하니 일자리
창출 정책을 만들고, 자영업자가 중요하다고 하니 자영업자 살리기 대책을
성급히 만든다. 그보다는 지역이라는 상품의 매력을 높이는 게 먼저다. 매
력 있는 지역이 되면 기업이 들어오고, 일자리가 만들어지며, 자영업자들
의 물건이 팔린다. 제품 개선을 병행하면서 홍보를 해야 판매가 늘어나는
것처럼, 지역도 스스로의 매력을 갖추면서 지역발전을 위해 노력해야 한
다. 새를 오게 하려면 먼저 나무를 심어야 하지 않겠는가.

매력 있는 지방을 만들려면 다양한 지방을 만들어야 한다. 서울을 바라
보고 부러워하고 흉내 내어서는 서울을 이기는 강한 지방을 만들 수 없다.
완전한 슬로우시티를 지향하는 곳, 뉴욕의 한 타운을 가져다 놓은 곳, 세계
의 주요 도시들과 네트워크를 이루는 곳 등으로 지방을 다양화하자. 그리
고 그런 과제를 달성해낼 수 있는 인재를 양성하자.

투자 유치는 신중해야 한다

투자는 어떤 효과가 있을까? 일찍이 경제성장을 연구하는 학자들은 과연
투자가 경제성장에 도움이 되는가를 두고 고심을 했다. 투자의 효과를 부
정하는 솔로 모델에서는 저축과 투자의 증가로 성장률이 일시적으로 늘어
날 수는 있지만 이내 원상 복귀한다. 이 모델에서 투자는 대개 기계설비를
늘리는 형태로 나타난다. 투자를 하지 않으면 기계설비가 늘어나지 않는
다. 기계가 부족하면 노동력 투하가 늘어나서 생산이 증가한다. 그리고 투

자로 기계의 양이 증가하면 기계의 '한계 생산성 체감 법칙' 이 나타난다. 이래저래 투자는 성장의 핵심이 아니다. 이 모델은 기계 투자 대신 기술 변화가 성장의 핵심이라고 한다.

한편 솔로 모델은 소득 수준이 낮은 국가는 성장률이 높다는 수렴가설을 주장한다. 성장에 저축과 투자가 아닌 소득 수준이 중요한 결정 요소로 작용한다는 것이다. 자본량이 클수록 그 증가율이 낮을 것이기 때문이다. 수렴가설이 맞는다면 비수도권도 머잖아 수도권을 따라잡을 것이니 희소식이다. 그러나 현실에서는 수렴 현상이 나타나지 않았다. 우리의 수도권 집중도 날로 심화되고 있다. 그러자 로머(Romer, 1986) 등은 어떤 조건이 갖추어지면 수렴 현상이 나타난다는 조건부 수렴가설을 주장했다. 그 조건을 갖추는 데 투자가 중요한 역할을 한다면 투자를 통해 지역의 성장을 이루어낼 수 있다.

그러나 투자를 위한 투자는 효과를 낼 수 없다. 성장의 조건을 만들어낼 수 없기 때문이다. 워시(Warsh, 2006)에 의하면 성장의 조건이란 결국 인적자본의 형성 여부다. 만일 투자로 인적자본을 형성하지 못하고 여전히 기계 투자만을 일삼는다면, 투자는 성장에 도움을 주지 않는다는 솔로의 가설은 유지되는 셈이다. 결국 투자는 만병통치약이 아니며, 기술 변화나 인적자본 형성과 연결되는 투자가 중요하다는 것이다. 그리고 투자 업종을 선정하는 데 있어서도 제조업 중에서 운송비가 낮고 규모의 경제가 적용되지 않는 업종을 선정해 유치하는 등의 세심한 배려가 필요하다.

특화에 모든 것을 걸 수는 없다

지역발전에서는 비교우위에 입각해 '각 지역이 가장 잘할 수 있는 일을 선택해서 집중적으로 투자하라' 는 표현이 금과옥조처럼 여겨진다. 특화 분야에만 전력투구하는 전략이 타당한지에 대해서도 검토해야겠지만, 설령 특화 전략이 타당하다고 해도 과연 한국의 비수도권 지역이 특화 발전 전략을 수행할 만한지도 살펴보아야 한다.

우선 각 지역들이 자기 지역에 어떤 분야가 최적인가를 알아낼 능력이 충분할까? 경제학에서 말하는 '매몰 비용'은 지금까지 들어간 비용을 아까워하지 말고 미래의 효과를 생각해서 버릴 것은 과감히 버리고 취할 것은 취하라는 교훈을 준다. 그러나 각 지역의 특화 분야는 단기간에 결정할 수 없다. 무엇보다 지금까지 지역에서 매몰 비용을 대하는 태도를 보면 능력에 의심이 간다. 대부분의 지역들은 전략산업을 결정할 때 과거에 해오던 것을 선택한다. 지금까지의 투자가 아깝다고 생각하거나 그간 축적된 투자의 성과가 이제는 나타나리라고 믿기 때문일 것이다. 그간 지방의 전략산업은 대개 시일이 촉박하게 결정된 점이 없지 않다. 이런 현실에서 기왕의 투자를 각 지역 특화 분야의 핵심 요소로 당연시하는 것은 적절치 않다.

워시는 특화 분야를 올바로 찾았다고 해도 특화에는 고정 비용이 많이 소요되므로 일정 규모 이상의 투자가 가능한지도 중요한 고려 대상이라고 주장했다. 그리고 지역을 부양할 만큼의 규모 유지가 가능한가도 검토해야 한다. 그 분야의 시장성이 충분하지 않다면 특화 분야가 한 지역의 부흥을 책임질 수는 없다.

특화는 지역의 장점을 활용하는 매우 중요한 전략이다. 한 분야를 특화한다고 해서 다른 분야를 전혀 도외시 하는 것은 아니다. 특화 분야의 색깔을 입혀서 다른 분야의 발전을 이루어내야 한다. 이를테면 문화예술이 광주의 특화 분야라면 광주의 제조업 제품은 디자인이라는 예술의 색깔을 입힐 수 있다는 말이다. 그렇게 된다면 특화와 일반화를 모두 이루어낼 수 있다.

·3·

지역발전의
조건을 갖추는 차원에서의 대책

어떤 조건을 갖추어야 사람이 몰려올까

경제학에서 인구는 부의 형성과 증가에 결정적인 요소다. 솔로 모델은 장기 성장률이 인구 증가율을 벗어날 수 없음을 논증하고 있고, 플로리다(Florida, 2008)는 "어떤 측정에 의하건 인구 증가는 개인의 혁신과 부를 증가시킨다"고 주장할 정도다.[64]

과연 어떤 조건이 충족되어야 사람이 몰려올까? 사람들은 무엇을 기대하며 살까? 무엇보다 일자리가 가장 먼저 떠오른다. 그럼 사람들이 생각하고 기대하는 일자리란 무엇일까? 일자리는 어떻게 생길까? 일자리와 사람 중 어느 것이 먼저일까? 왜 남이 만든 일자리에만 취직하려 할까?

많은 사람은 일자리가 있어야 사람들이 온다고 믿는다. 하지만 일자리는 사람들이 함께 부대끼고 살면서 서로에게 필요한 것을 생산하는 과정에서 자연스럽게 생겨났다. 분명 일자리보다 사람이 먼저다. 또한 많은 사람은 일자리 얻기란 곧 취직이라고 믿는다. 그러나 일자리는 원래 자기가 만들었다. 그렇다면 일자리보다 먼저 사람이 있어야 하는 것이다.

논의가 다시 원점, 즉 '어떻게 하면 사람을 불러올 수 있는가'로 돌아왔다. 그렇다면 다음 문제는 이상향, 즉 살기 좋은 곳이어서 매력적인 곳을 만드는 것이다. 살기 좋은 곳은 먼저 인간의 자녀 양육 본능을 충족시키는 훌륭한 교육 여건을 갖추어야 한다. 그 다음으로 본인들이 살아가기에 흡족하도록 쾌적성, 안전성, 국내외로의 손쉬운 접근성, 공동체 정신 등이 갖추어져야 한다. 마지막으로 남들에게 그 지역에 사는 것에 대해 자랑할 만한 지역 브랜드 가치가 있어야 한다.

하지만 살기 좋은 곳이라는 이미지만으로 획기적인 지역 만들기를 추동할 만한 사람들을 유인할 수 있을까. 혁신에 성공했다고 알려진 지역에는 사람들이 왜 몰려들었을까. 플로리다(2008)는 "실리콘밸리는 야망과 호기심이 있고 개방적인 사람들을 끌어들였기 때문에 성공했다"고 말했다. 과학기술의 전문성보다 태도가 더 중요했다는 말이다. 이제 과제는 바람직한 태도를 가진 사람들을 유인할 방법이 무엇인가로 좁혀졌다. 그들의 아이디어에 적극적으로 호응하는 제도를 만들자. 그들의 호기심을 자극하고 풀어주는 정책을 만들자. 모두에게 너그러운 분위기를 만들어가자.

지역의 도시들은 임계 수준 이상의 인구를 유지해야 한다

대체로 도시는 인구 규모가 클수록 인구 증가가 더 높다. 이덕희(2008)에 따르면 서울에 가까울수록 인구 증가 규모가 크다. 지역 인구의 순조로운 증가를 위해서는 일정 수준의 임계 규모를 넘어야 하고, 서울에서 멀리 있을수록 임계 규모는 커진다. 그렇다면 서울에서 떨어진 지역일수록 더 강력한 인구 유인책이 필요하다.

어떤 기업이나 사람이 수도권과 비수도권 중 어느 곳으로 갈 것인가를 결정하는 데 있어서 중요한 고려 요인은 그곳에서 이용하게 될 네트워크의 매력이다. 기업으로서는 그 지역에 다른 기업이 많이 있으면 좋다. 대학이

나 연구소 등이 자기 분야의 연구자들을 많이 보유하고 있으면 좋다. 정평이 난 기구에 전문가들이 모여 기술을 상호 교류하고 있으면 좋다. 행정기관이 지역 기술의 상호 교류에 관심이 많고 제도적으로 도와주고 있으면 좋다. 그리고 기업, 대학, 연구소, 행정기관 등이 매우 유기적으로 연결되어 있으면 더욱 좋다. 사람들도 마찬가지다. 내가 일하는 기업이 이상과 같은 네트워크를 잘 이용할 수 있으면 좋다.

기업이 입지를 결정할 때 고려하는 또 다른 요인은, 그곳의 지리적 비용 요인인 토지 가격, 운송 비용, 외부와의 접근성 등이다. 그리고 자기 제품의 규모의 경제성 여부다. 다음으로 자기 제품에 대한 지역 소비자들의 구매 패턴이다. 소비 행위는 자신의 구매 취향뿐 아니라 다른 사람들의 구매에도 영향을 받는다. 이런 성향이 높으면 기업은 직접 현지로 들어가기를 원한다. 규모가 작은 지역 소비자들은 주변의 큰 지역으로 이동해 구매를 하기도 한다. 이런 성향이 크다면 기업은 굳이 들어오기를 원하지 않는다.

이덕희(2008)에 따르면 일단 큰 지역의 성장이 작은 지역의 성장을 능가하면 작은 지역은 큰 지역을 따라잡지 못한다. 작은 지역이 큰 지역을 능가해 성장하기 위해서는 네트워크의 성장 속도가 빨라야 한다. 물론 소규모 지역이 대규모 지역을 능가하기는 쉽지 않다. 그렇기 때문에 시민, 대학, 각종 연구소, 기업, 공공기관 등의 거버넌스 네트워크를 긴밀히 연결하는 데 최선의 노력을 기울여야 한다. 자기 지역으로 부족하면 주변 지역으로 확대해서 연결해야 한다. 무엇보다 네트워크 활성화에 도움이 되는 교통망 확보를 최우선 과제로 설정해야 한다.

협력 성장의 틀을 갖추어야 한다

비수도권이 수도권에 의존해서는 발전할 수 없다. 수도권 집중도가 강화되어온 과거의 경험은 비수도권이 수도권을 향해 갖는 희망을 포기하게 만들었다. 수도권이 비수도권에 갖는 연관 관계가 낮은 것도 그 이유다. 한국은행(2007)의 자료에 따르면 수도권은 타 지역에 대한 의존도가 낮아 수도권에 대한 투자가 내부에서만 맴돌고 있다. 타 지역에서 중간재를 구입하는 정도를 나타내는 후방 연관성과 타 지역에 중간재를 판매하는 정도를 나타내는 전방 연관성을 보면, 수도권은 타 지역에 대한 의존도가 낮은 산업구조를 보이고, 경북권과 충청권, 강원권은 타 지역에 대한 의존도가 높은 산업구조를 보이고 있다.

〈그림 22: 타 지역 수요 의존도와 생산 유발률로 본 지역경제의 구조〉

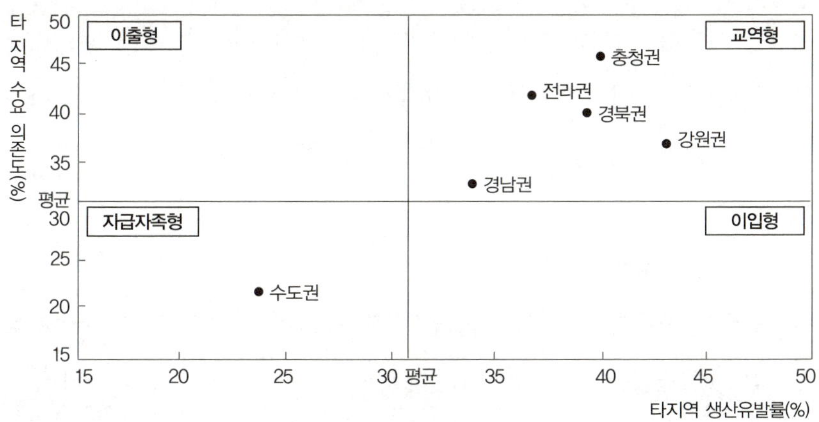

주: 타 지역 수요 의존도(%) = 특정 지역의 생산액 중에서 타 지역의 최종 수요에 의해서 유발된 생산액 비중
타 지역 생산 유발액 = 특정 지역의 최종 수요에 의해서 유발된 생산액 중에서 타 지역에 유발된 생산액 비중

미국에서도 낙후된 도시가 부유한 도시와 교역을 활발하게 하면 결국 발전 과정이 중단되었다는 제이콥스(1984)의 연구를 눈여겨보아야 한다. 제이콥스는 각 지방은 자기와 유사하거나 자신의 부족함을 채워줄 국내외의

다른 지역과 교류하는 것이 좋다고 한다. 자신과 유사한 국내외 지역과의 연계 발전망을 갖추어 서로를 통해 사업의 경험을 늘려가는 것이 좋다. 제이콥스의 권고가 아니더라도 비수도권은 수도권이 아닌 세계로 눈을 돌려야 한다. 우리와 유사한 수준의 지역과 교류해 시장을 확장하고 생산기술의 교류를 증대하고, 전혀 다른 지역과는 서로 부족한 점을 메워준다.

결국 비수도권의 성장 전략은 수도권이 아닌 국내외 다른 지역과의 협력을 이루는 것이다. 유럽연합(EU)이나 북미자유무역협정(NAFTA) 등이 주변 지역끼리의 면적 협력(cooperation within the area) 형태라면, 우리는 지역과 지역의 점을 선으로 연결하는 선 협력(cooperation along the line) 형태를 취한다. 이렇게 구축된 네트워크에 정부의 지원과 각 지역의 노력을 더해 협력 성장을 이룬다. 이러한 협력 성장 시대에 대비해 국가에서는 도로, 철도, 항공, 해운 등 국내외의 교통망을 대대적으로 정비해야 한다. 그리고 자치단체나 정부의 각종 정책 및 지도를 협력 성장에 맞게 개선해가야 한다.

국제화의 틀을 갖추어야 한다

비수도권은 현재 중앙정부와 수도권으로부터 외면당하고 있다. 한국은행(2007)의 자료를 보면 수도권에 대한 투자는 비수도권으로 흘러가지 않으며, 지방에 대한 투자의 과실은 수도권으로 강력하게 흡인되고 있다. 이런 상황에서 지방이 살아남을 돌파구는 자연스럽게 국제화로 귀결된다. 지방민들이 국제화를 통해 소득을 얻으며 살아남아야 하고, 지방 기업들이 세계시장을 개척할 수 있어야 한다. 세계의 기업과 기술 그리고 능력을 가진 외국인들이 지방에 정착하고 그 기술과 능력이 전파되어야 한다.

과연 이 일이 가능할까? 가능하기 위해서는 무엇이 필요할까? 먼저 세계인을 담는 그릇이 필요하다. 국제적인 활동을 하는 세계인들을 수용할 호텔 및 주거 시설, 교통 편의 시설 등을 잘 갖추어야 하고, 지역과 세계를 연결하는 시설이 필요하다. 지역과 허브 공항을 잇는 지선 항공이 원활해야 한다. 현재와 같이 인천국제공항에서 지역까지 10여 시간씩 소요되는 상태는 시정해야 한다. 인천공항에서 바로 소형 국내선으로 환승해 손실 시간을 줄여주어야 한다. 또는 지방 국제공항을 적절한 위치로 통폐합하거나 신설해 각 지방을 소형 국내선으로 연결한다. 그리고 우리에게 지식과 기술을 전파해줄 세계인들에게 일감이 있도록 지역 클러스터화가 충실해져야 한다.

새로운 산업이 쉽게 들어설 수 있어야 한다

경제가 어려워지면 늘 새로운 상품이 돌파구 구실을 해왔다. 신상품이 나와야 새로운 수요가 창출되고 상품이 팔리며 경제가 좋아진다. 성장은 사실상 신상품에 의해서만 이루어진다고 해도 과언이 아니다. 신상품은 다른 재화가 일정 기간 경쟁할 수 없는 재화가 되어 일시적 독점을 통해 시장을 확보한다. 세계의 쇠퇴 사례는 모두 신상품을 개발하지 못한 후유증이다. 지금 치열하게 경쟁하는 세계의 유수 기업들을 보라. 그들은 지금 품질 경쟁이 아니라 신상품 개발 경쟁을 하고 있다. 애플사 같은 세계적인 회사도 최근 스마트폰으로 어려움을 돌파하지 않았는가. 세계의 선진 경제는 신상품 개발 경쟁에서 지면 모든 것을 잃고 마는 전쟁판이다.

　신상품을 만들어내려면 고정비용이 많이 소요된다. 규모가 필요하다는 말이다. 신산업은 더욱 그러하다. 지역 차원에서 할 수 있는 일은 기업이 신산업에 투자하도록 지역의 국내외 네트워크를 지원하고, 인재와 기술이 협력하는 클러스터 형성을 지원하고, 정책적 배려를 하는 것 등이다.

지방의 의지가 충만해야 한다

권투가 인기 스포츠 종목이던 시절, 헝그리 정신이라는 말이 종종 회자되었다. 가난한 복서가 배고픔을 견디며 이를 악물고 노력해 챔피언이 되었다는 이야기는 늘 우리에게 감동과 희망을 주었다. 배부르면 게을러지고 배고프면 부지런해지는 인간의 속성은 경제학에도 가끔 등장한다. 워시(2006)는 덴마크 경제학자 이스터 보스럽(Easter Boserup)이 기술발전의 원동력을 인구 부족에서 찾았던 연구 결과를 소개하고 있다. 인구가 부족해서 생산을 제대로 할 수 없자 배고픈 인간들이 기술발전에 매진한 것일 테다. 기술이 없어 배고픈 사람은 기술을 연마해 발전을 꾀하는 법이다.

지방은 농경시대에는 풍요의 지역이었다. 하지만 이제 산업시대를 맞아 빈곤의 지역이 되었다. 지방은 농경시대에는 잘 어울리는 적소였으나, 산업시대에는 어울리지 못하는 변종이 되었다. 크루그먼(1996)은 생물은 어떤 유전자가 변하면 변종이 되고, 그 변종이 살아남으려면 다른 유전자들이 어떻게 변하느냐에 달렸다고 했다. 변종이 되어버린 우리의 지방이 살아남으려면, 지방 주변의 모든 주체가 지방이 살아남도록 변해야 한다. 정부, 대기업, 수도권 시민, 출향민, 해외 동포, 다른 지방 사람들 등이 모두 변해야 지방은 살아남는다.

이 모든 변화보다 더 중요한 것은 지방사회의 변화다. 지역 클러스터가 연구하고, 지자체가 만들고, 정부가 지원하고, 기업이 들어와서 지역을 만들어가는 세상이 온다면 그 세상도 일종의 변종이다. 이 변종이 살아남으려면 지역의 다른 주체들이 변종을 살려내려 노력해야 한다. 그것이 바로 지방의 의지다.

·4·
지역발전의
수단

지역 자원의 최대 활용

내생적 성장에 따르면 지역의 부는 지역 자원들의 유기적 결합으로 얻어진 새로운 혁신에서 창출된다. 이를 두고 플로리다(2008)는 "경제적 부는 새로운 발견이 기존의 자원으로부터 형성될 때 창조된다"고 했다. 수도권에 비해 자원의 열세에 있는 비수도권에는 반갑지 않은 말이다.

서울은 지역 정체성이 약한 반면 지방은 강하다. 지역 자원들을 격동시킬 수가 있다. 아직은 클러스터의 운영 경험이 일천하다. 어느 지역이 클러스터를 활성화하느냐에 승부가 달렸다. 드러나지 않고 숨어 있는 지역 인재, 기업, 기술 등을 최대한 이끌어내야 한다. 이 자원들이 반드시 최고의 수준일 필요는 없다. 워너펠트(Wernerfelt, 1984)는 우리에게 용기를 준다. 미약하지만 우리의 자원을 기반으로 지역에 꼭 필요한 새로운 자원을 창출해낼 수 있다. 지역 인재, 지역 기술, 지역기업 등을 양성할 수 있는 것이다. 우리에게 부족한 것을 채워가는 약점 보완책을 꾸준히 밀고 나간다면 전반적으로 튼튼한 지역을 만들 수 있다.

지방대학 육성

지역의 대학과 지역사회는 동상이몽을 한다. 지역사회는 지역대학의 연구 성과가 지역에 환원되기를 기대하고, 지역의 대학은 지역사회의 도움을 얻어 대학 발전을 꾀하려 한다. 그러나 지역대학의 훌륭한 성과물이 반드시 지역을 발전시키지는 않는다. 지역사회에 관련 클러스터가 정착되어 있는 등 지역 자체의 준비가 되어 있지 않으면, 지역대학의 연구 성과는 지역과 아무런 관련이 없다. 플로리다(2005)에 따르면, 실리콘밸리는 스탠포드대학이 만들어내지 않았다. 실리콘밸리는 대학의 연구 성과가 아니라 지역사회의 노력으로 성공했다. 지역사회는 벤처기업 창업을 돕는 편익 시설, 벤처 자본, 그리고 살기 좋은 환경을 구축해 기업들에 제공했다. 지역사회의 그런 노력에 기업들과 대학이 반응한 것이 실리콘밸리다. 지역대학으로 하여금 지역사회에 기여하라고 아무리 목소리를 높인들 지역사회의 이런 노력이 없으면 소용없는 일이다.

반면 지역사회가 아무리 지역대학을 지원하려고 해도 지역대학의 성과가 지역사회와 무관하면, 지역사회의 지역대학에 대한 관심은 사라진다. 지역사회에 필요한 기술이 무엇인지 탐색하고 연구해 지역사회에 그 성과물을 제공해야 한다. 그리고 지역발전을 위한 요소 중 지역사회에 가장 부족한 것은 인재다. 인재가 있고 세계의 인재가 오가며, 스스로 인재를 양성하는 곳이 대학이다. 대학은 지역사회의 인재에 대한 목마름을 해결해주어야 한다. 따라서 지역대학의 노력은 인재 제공을 위한 역량 강화로 초점을 모아야 한다.

올바른 방향의 기업 유치

지역을 발전시킬 대책을 생각하다 보면, 사람들은 조급증에 빠진다. 기업이 지역발전에 중요하다고 모두들 주장하니, 지자체는 기업을 유치해야겠다고 생각하고 기업 유치 정책을 만들어낸다. 우리 지역으로 오라는 말 한 마디에 기업들이 덜커덕 들어올 리 없다. 그런 기업이라면 이제 더 이상 자력으로는 살아갈 능력이 없어 지자체의 지원이나 받아 연명해보자는 생각을 가지고 있을 텐데, 지역발전에 도움이 될 리 없다.

제대로 된 기업을 불러들이자면 그들에게 구미가 당기는 혜택을 주어야 한다. 자원은 한정적이다. 유치하려는 기업에 혜택을 주면 기존 지역기업은 차별당할 수밖에 없다. 만일 기업이 유치 대상이 될 만큼 지역발전에 중요한 역할을 한다면, 기존 기업은 지역발전에 기여를 해온 셈이다. 혜택으로 구성된 기업 유치 정책은 신상필벌을 잘못 적용하고 있다.

물론 기업을 억지로 유치할 수는 없다. 기업으로서는 지역에 매력이 있어야 들어온다. 기업이 지역에서 비전을 찾도록 지역의 매력을 높이는 방향으로 기업 전략을 세워야 한다. 그렇다면 기업이 느낄 만한 매력이란 무엇일까? 이 글 곳곳에서 제기하고 있는 창조적 인재, 성과물 좋은 대학, 의욕 있는 지자체, 지역 기업을 사랑하는 시민 등이다. 몇 가지는 지역에 불리하고 몇 가지는 지역에 유리하다. 불리한 점은 극복하고 유리한 점은 적극 활용하자.

지역형 기업 육성

기업 유치 이데올로기가 널리 퍼지면 기업의 옥석을 가리는 행위는 사치가 된다. 제이콥스(1984)는 다른 지역에서 사들이는 제품을 대체할 제품을 생산해낼 능력이 있는 기업이 유치 대상이라고 말한다. 아무 기업이나 유치해서는 지역의 부담이 된다는 것이다. 기업이나 기관의 지역 이전을 반대하는 보수적인 입장에 무게를 둔 것으로 보이나, 기업 유치에 신중을 기하라는 메시지는 타당하다고 생각된다.

지역의 기업이 생존하려면 다른 지역 기업의 제품을 대체하는 수준을 넘어 세계시장에 진출이 가능한 제품을 만들어내야 한다. 일본 교토 기업들의 독특한 경영 방식에서 이에 대한 교훈을 얻을 수 있다. 교토의 기업 환경은 광주와 비슷하다. 대기업은 찾아볼 수 없고, 인구도 150만 명으로 광주와 유사하다. 일본의 수도가 도쿄로 이전된 후 지역 황폐화에 대한 두려움은 중앙집권 사회에서, 중앙권력에서 늘 소외된 광주의 두려움과 비슷하다. 도쿄에 질 수 없다는 교토의 자존심은 군사독재에 항거해온 광주의 자존심과 유사하다. 이런 교토에는 독특한 경영 방식으로 일구어낸 세계적인 기업들이 즐비하다.

치히로(Chihiro, 2002)와 나는(2008d) 교토 기업들의 특별한 점을 소개했다. 클러스터적 특징이 그 첫째다. 좋은 물건 만들기 전통을 이어가는 장인들에게는 투철한 지역 클러스터 중시 정신이 있다. 선배 기업이 후배 기업을 키우는 전통이 강력하며, 지역대학 연구실에서 개발된 기술의 사업화가 매우 활발하다. 둘째 특징은 대기업에 의존하지 않는 수평적 분업 구조다. 시마즈제작소라는 작은 회사의 평사원이 노벨상을 받는 수준이다. 이에 반해 우리 지방에서는 대부분의 유력 중소기업이 대기업의 하청 기업이고, 지역 고용이나 부가가치를 몇몇 대기업에 크게 의존하고 있다. 지역경제의 운명을 지역 대기업의 부침에 맡겨놓고 있다. 과연 잘하고 있는 걸까? 교토와 광주가 서로 다른 특징이 있기에 광주에서도 교토식 경영이 타당하리라는 보장은 없지만, 우리가 과연 대기업에 연연하는 행태에 대해 진지한 검토를 해보았는지 궁금하다.

지역 제품의 저변 확대

제이콥스(1984)는 각 지역이 저마다의 제품을 만들어내는 경험을 가져야 한다고 강조한다. 다른 지역 제품을 물리치고 자기 지역 제품을 지역에 공급하는 경험을 가져야 향후 극심한 세계 경쟁에서 살아남을 수 있다고 말한다. 특화에 대해 문제를 제기하고 있는 것이다.

최종 제품뿐만 아니라 부품 산업도 매우 중요하다. 부품 기업은 다른 기업들에 필요한 부속품을 만들어 지역 내 다른 기업들이 손쉽게 부속품을 조달하도록 도와준다. 지역 기업의 생존은 지역 내 다른 기업의 생존에 영향을 미치는 것이다. 그러므로 지역은 다양한 생산능력을 가져야 한다. 그 능력은 생산 경험으로부터 다져지고 고등화되는 것이다. 그로부터 일자리가 생겨나고 지역 자본이 만들어져 비로소 경쟁력이 있는 지역으로 발전해간다.

이런 차원에서 지역 내수는 지역 기업의 발전에 매우 중요한 역할을 한다. 그래서 지역주민은 지역 제품 정착에 적극 협조해야 한다. 더구나 세계 경제가 극심한 경쟁에 휩싸이고 간헐적으로 나타나는 경제 위기는 공포감을 줄 만큼 파괴적인 경우가 많아지자, 각 나라마다 수입을 막아 위기를 돌파하려 한다. 각 나라마다 내수의 중요성이 증대하고 있다는 것이다. 나라든 지역이든 끝까지 버틸 수 있는지의 여부는 그 나라나 지역의 내수가 얼마나 튼튼한가로 판가름 난다. 지역 제품 구매 운동이 필요한 이유다.

국가균형발전공사 설립

지역을 대상으로 하는 정책의 문제점은 대략 세 가지다.

첫째, 체계적이지 못하다. 보다 정확히 말하면, 체계를 갖추기가 참 힘들다. 담당 부처가 사업의 성격, 주체 그리고 객체에 따라 각각 결정된다. 그러다 보니 사업에 따라서는 여러 개 부처에서 동일한 일을 담당하기도 한다. 사령탑이 여러 곳이어서 일이 뒤엉키고 중복되는 일이 허다하다. 그러므로 중앙 부처의 지역 정책 담당 부서는 한곳으로 통합하고 다른 부처는 업무 협력의 수준으로 결합해야 한다. 국가균형발전위원회(현 지역발전위원회)는 그런 이유로 탄생했다. 또한 선출직 지방자치단체장들마다 지역 정책에서 자기 흔적을 남기고자 하므로 지역 사업의 연속성이 흔들린다. 체계적이지 않은 지역 정책에서 장기 비전과 효과를 기대하기 힘들다.

둘째, 지역 사이의 경쟁과 모방이 자원의 낭비를 낳는다. 자치단체장들은 임기 내에 가시적 업적을 내야 하므로 다른 지역의 성공 사례를 성급하게 모방한다. 국가 전체를 아우르는 지역 정책을 기획하는 곳이 필요하다.

셋째, 사업의 주체가 일의 추진에 소극적이다. 중앙기구 지방사무소들은 대개 중앙 사업의 전달 역할을 한다. 지자체 업무가 아닌 중앙정부 업무를 위임 처리하는 경우도 마찬가지여서 지자체는 사업을 전달하고 대행하는 수준의 일만 수행한다. 찾아오는 사람들의 업무만 처리해주는 수준에 그친다. 그래서 분권화 개혁이 필요한 것이다. 분권화 개혁의 중요한 메시지는 업무의 주인을 만들어주는 것이다. 업무의 주인을 만들어주는 방법에는 권한 이양도 있지만 이윤 동기 부여도 있다.

이상에서 지적한 지역 사업과 지방자치의 부작용을 해소하는 방안은 국가적인 공공성과 이윤성을 결합하는 지역 정책 수립 기관인 국가균형발전공사(가칭)의 설립이다. 지역을 디자인하는 업무를 수입원으로 하는 공적 회사의 설립이 필요하다는 것이다. 지역 정책을 담당하는 정부기관(현 지역발전위원회)은 지역 정책의 방향, 목표, 정책 수단, 중앙정부 부처 간 업무 조율, 예산 등을 담당하고, 국가균형발전공사는 그에 따라 각 지역을 체계적으로 검토해 지역 정책을 수립하고 지자체별로 적합한 정책을 수립해준다. 지자체의 정책 수립은 국가균형발전공사의 수입원이 된다.

·5·
향후 중점을 두어야 할 과제

방향: 균형발전 정책의 항상성 제고

그동안 우리나라의 지방화 정책은 항상성이 부족했다. 대통령의 문제의식에 따라 지방화를 추진하다가 문제의식이 식으면 지방화는 흐지부지되었다. 정책은 항상성이 보장되어야 그 효과를 기대할 수 있다. 그런데 지방화 정책은 항상성이 없었으니 지방화가 실천되지 않았던 것이다. 지방화 정책에 항상성이 부족한 이유는 지방화의 낮은 우선순위, 법적 뒷받침의 부족, 그리고 지방화를 전담하는 부처의 부재 등이 있다. 좀 더 구체적으로 살펴보자.

첫째, 지방화 정책이 존재하지만 정부 전체의 정책 우선순위에서 밀린다. 그러다 보니 정책 간 경합이 벌어질 때는 뒤로 밀리거나 애초의 지방화 관련 정책의 핵심이 퇴색된 채 시행된다. 최근 들어 수도권 규제가 자꾸만 해제되는 것도 이런 맥락으로 풀어야 한다. 이처럼 지방화 정책의 후퇴가 가능한 것은 국민들의 지방 폄하 의식 때문에 지방화 후퇴 정책이 별다른 저항을 받지 않을 것이라는 교감이 작용하고 있기 때문이다. 어쩌면 지방민 스스로 지방 폄하에 앞장서는지도 모른다.

둘째, 지방화를 추진할 법적 뒷받침이 부족했다. 법률이 없이 대통령의 명령으로 일을 추진하니 이는 금세 시들해진다. 사람의 관심은 늘 이동하게 마련이니 그렇다.

셋째, 지방화의 낮은 우선순위나 법적 뒷받침 문제를 포함해 지방화의 어려움을 일거에 해결할 수 있는 방안은 지방화를 전담하는 부서를 두는 일이다.

분권 분야

양원제 도입을 통한 균형발전의 제도화

수도권 집중 추세가 이대로 진행되면 수도권 지역 국회의원 수가 비수도권보다 많아질 가능성이 높다. 그렇게 되면 균형발전에 심각한 장애가 된다. 수도권의 지역구 의원이 국회의원의 과반수를 넘을 경우, 국세의 지방세 이양 등 분권과 수도권 규제 완화를 요구하는 목소리는 강화되고, 균형발전을 요구하는 목소리는 대폭 약화되는 상황이 발생할 것으로 예상된다. 수도권 집중은 통제 불가능할 정도로 가속화되고, 지방은 인구 및 산업의 극심한 공동화가 초래되며, 결과적으로 균형발전 정책은 추진할 수 없는 지경에 이르게 될 것이다.

수도권의 인구 순유입(유입 인구-유출 인구)이 2002년을 정점으로 다소 감소하고 있으나, 여전히 매년 약 30만 명 정도가 증가하고 있다. 수도권 인구가 총 인구의 50%를 넘어서는 시점이 당초(2000년 총조사) 2022년에서 2011년(2005년 총조사)으로 10년 이상 앞당겨졌다. 이에 따라 수도권의 정치적 대표권이 지방을 압도하는 상황이 도래하면 18대 국회 후반기(2011년)나 19대 국회 전반기에 국회의원의 지역구 정수 재조정 작업이 진행되고, 이 시기를 전후해 수도권의 지역구 의원이 과반수를 상회할 가능성이 클 것으로 전망된다.[65] 이렇게 되면 앞으로 지방의 입장을 반영한 법률 마련이 더욱 어려워질 것이다. 이에 대비해 현행 단원제 국회를 양원제(상원·하원)로 전환하는 방안을 적극 검토해야 한다. 미국처럼 하원은 인구 비례로 선출하고 상원은 평등 원리로 선출함으로써 인구가 많은 특정 지역이 나머지 지역을 지배하지 못하도록 제도화할 필요가 있다. 이를 통해 지역 간 균형발전과 국민 통합, 국가 전체의 발전 잠재력과 국제 경쟁력을 극대화할 수 있다.

전향적인 분권국가 모델의 설정과 특별 행정기관 지방 이양

실질적인 지방분권의 시대를 열어야 한다. 참여정부 들어 분권국가의 목표를 설정하고 다수의 권한 이양 등을 추진했으나, 질적 전환을 위한 모델은 시범사업에 그치고 있는 실정이다. 분권국가란 다중심 사회이고, 권력 분산 및 자원의 균형적 분배가 이루어진 국가이며, 정부와 지자체 그리고 시민사회와 국민의 자율적 기획과 활동으로 발전하는 국가이다. 분권국가를 만들기 위해서는 제주특별자치도 및 교육자치, 자치경찰제 등과 같은 지방분권 모델의 지속적 추진이 필요하다. 또한 지방자치단체와 기능 중복 등으로 예산 낭비, 과잉 규제가 이루어져 자치 발전을 저해하는 중앙정부 각 부처의 기능은 지방으로의 이전을 적극 추진해야 한다. 중소기업, 식품의약품, 국토관리, 해양, 환경, 노동 등 6개 분야에 대한 참여정부의 이전 결정이 실현되도록 해야 하며, 더 많은 본질적인 특별 지방행정기관을 지방으로 이전해야 한다.

자치경찰제 관련 법률 제/개정안의 국회 통과 필요

지방자치의 종합행정성 제고로 온전한 지방자치를 구현해야 한다. 주민생활과 밀접한 치안 서비스를 자치단체의 권한과 책임하에 자율적으로 처리할 수 있는 집행력을 확보하고, 주민의 기대에 부응하는 진정한 의미의 종합행정을 수행해야 한다. 또한 주민과 함께하는 친근한 자치 경찰상을 정립해야 한다. 이를 위해서 다음 사항이 꼭 필요하다.

- 국가 경찰의 일원 구조로부터 나오는 불가피한 폐해를 제도적으로 개선
- 경찰의 대민 서비스를 질적으로 제고하고, 중앙 경찰의 권력도 분산
- 경찰에 대한 주민의 참여를 확대함으로써 지역주민의 의사를 반영
- 주민 의사와 지역 특성을 고려한 '맞춤형 치안 서비스' 제공 필요
- 책임 있는 지역 치안행정, 지역주민에게 봉사하는 치안행정 추진
- 주민 요구에 맞는 '맞춤형 치안 서비스' 제공 가능
- 체감 치안 개선 및 국가 전체적인 치안 역량 강화

지방분권특별법(한시법)에서 자치경찰제를 국가 의무로 규정(제10조 제3항) 하고, 자치경찰제의 관계 법률 제 · 개정안을 2005년 11월 국회에 제출했으나 정치권의 의견 대립으로 지연되고 있다.

지방자치단체연합회의 법적 위상 강화

세계화 · 지방화 시대에 분권과 균형발전은 국가적 생존 과제다. 참여정부에서는 불균형 해소를 위해 전면적이고 체계적인 정책 수단을 통해 분권과 균형발전의 기틀을 형성했다. 참여정부가 추진해온 정책의 기본 방향과 주요 과제들은 앞으로도 20년, 30년 이상 지속적으로 추진되어야 하는 것들이다. 정치 변동과 정략적 이해관계에 따라 균형발전 정책이 흔들리지 않

기 위해 제도를 강화해야 한다.

이를 위해 지방자치와 중앙 집중식 행정 체계의 괴리를 극복할 제도적 장치를 마련해야 한다. 분권화 시대의 광역자치단체장의 역할은 강화되어야 하나, 국정 수행 과정에서의 참여와 의견 개진 기회는 저하되어 있다. 분권화 시대에 대비해 지방자치단체 대표들의 위상을 현실화해야 한다. 지역 중심의 지방자치를 위해서는 이러한 분야에 대한 주요 정책과 법안의 제정 과정에서 지방자치단체 대표들의 의견이 우선적으로 반영되어야 한다. 또 중앙정부와의 소통을 원활하게 하기 위해 광역자치단체장들을 국무회의에 참여시킬 필요가 있다. 지방4단체 협의회(광역 및 기초자치단체장 협의회, 광역 및 기초의회의장 협의회)에 지방자치와 지방재정 및 지역계획에 관한 행정부 제출 법안과 대통령령 및 부령의 제정에 대한 사전 심의권 부여를 검토하고, 광역자치단체장을 국무회의에 참여시키고 발언권을 부여해야 한다.

균형발전 분야

행정수도로서의 기능 강화

행복도시 건설은 국가균형발전을 선도해 수도권 일극 중심을 다핵형 국토 구조로 전환하는 획기적인 의미를 지니고 있다. 이 계획이 성공하면 행복도시와 대전/대덕-천안 아산-오송 등을 연계하는 새로운 경제권(Golden Triangle)을 충청권에 조성함으로써 수도권에 필적하는 권역으로 거듭나게 될 것이다. 행정중심복합도시를 넘어 행정수도로서의 기능을 강화해야만 균형발전의 핵심인 수도권 블랙홀 현상을 잠재울 수 있다. 향후 청와대를

비롯한 행정부 전체를 이전하고 입법부, 사법부와 헌법기관 등의 이전도
이루어져야 명실상부한 지방화가 앞당겨질 것이다.

공공기관 이전 및 혁신도시 건설 정책의 지속적 추진

공공기관의 지방 이전을 통해 혁신도시를 건설함으로써 지역 특성화를 촉
진하고 지방경제 활성화를 도모해야 한다. 공공기관의 지방 이전과 혁신도
시 건설은 지역경제 활성화와 수도권의 인구 안정화 등에 기여할 것으로
예상되기 때문이다. 공공기관 지방 이전을 통한 혁신도시 건설은 지역발전
의 새로운 성장 동력을 만드는 사업이므로, 현재의 계획에서 축소되어서는
안 되며, 오히려 현재 이전에서 제외된 다른 공공기관까지 지방으로 이전
하는 계획을 적극적으로 수립하고 실천에 옮겨야 한다.

기업도시 건설 정책의 지속적 추진

기업도시는 혁신도시와 함께 지역발전의 성장 동력을 견인할 정책이다. 혁
신도시가 공공 부문이 주도하는 성장 동력이라면, 기업도시는 민간 부문이
주도하는 지역의 성장 동력이다. 민간 기업의 지역 투자를 유도하고 지역
별 특성에 맞는 개발로 지역 산업과 낙후 지역의 발전을 촉진하는 계기로
삼을 수 있다. 기업도시 정책은 기업들이 실질적으로 참여해 현행 계획이
추진될 수 있도록 지원해야 한다. 기업도시 건설 문제를 지자체에 일임하
지 말고, 중앙정부 차원에서 한시적인 전담지원기획단을 마련해 규제 개선
에 앞장서고, 해외 투자와 국내 투자를 유도해야 한다. 전담지원기획단에
는 기업의 요구 사항이 현실적으로 반영될 수 있는 기획과 실천을 하는 역
할을 부여한다.

지역 전략산업의 집중 육성과

국책 연구기관의 특성별 지역 분산 배치

지역의 경제·사회적 여건에 적합한 전략산업을 선정해 집중 지원함으로써 지역혁신 역량을 강화하고 지역경제를 활성화해 국가균형발전을 도모해야 한다. 참여정부 이후 비수도권 제조업의 급속한 성장은 13개 시·도 전략산업의 생산성 향상이 주된 요인이다. 그러므로 국책연구기관(또는 분원)을 지역 전략산업에 맞춰 분산 배치함으로써 효율적인 지역 전략산업의 강화와 중소기업의 역량 증대를 도모해야 한다.

지역 전략산업의 고도화를 위한 후속 대책을 적극 추진하기 위해서도 연구기관의 지역 분산 배치가 필요하다. 지역 진략산업의 육성으로 지역의 산업 경쟁력이 강화되고 있다. 부분적으로 미흡한 분야나 지역이 있지만, 전반적으로 성과가 가시화되고 있다. 시현되고 있는 성과보다 지역에서 산업 경쟁력이 국제 수준으로 뿌리 내리기 위한 실질적인 정책 지원이 필요하다. 그 대안 중 하나로 국책연구기관과 그 분원을 지역 전략산업과 연계해 배치·설립하는 방안을 추진해야 한다.

지역별 산업클러스터 정책의 지속적 추진

지역 활성화도 글로벌 스탠더드에 입각한 발전 전략을 통해 이루어야 한다. 지역이 경제적으로 성장을 추구해야 한다고 해서 요소 투입형 성장 발전의 전략이 적용되어서는 안 된다는 것이다. 지식기반의 혁신 경제로 전환하는 글로벌 경쟁력 시대에 대응한 혁신클러스터를 적극적·지속적으로 육성해야 한다.

혁신클러스터를 통해 지역에 기술 혁신형 중소기업을 육성하는 것이 특히 중요하다. 단순 제조업의 유치를 통한 일자리 창출을 지양하고, 기술력을 갖고 세계 무대에서 경쟁하는 중소기업을 지역에서 육성해 고급 일자리를 창출하는 것을 목표로 한다. 혁신클러스터를 점차 강화해 다른 지역으로 확대하고, 다른 영역으로 확산한다.

지역 투자 계정 도입(균형발전특별회계 제도의 개정)

향후 지역발전의 관건은 민간 기업의 지역 투자를 촉진하는 데 있다. 그러나 부처별로 산재되어 있는 지원 체계로는 민간 기업의 지역 투자를 촉진하기 위한 종합적 전략을 추진하기 어렵다. 산업단지 조성, 관리, R&D 지원 등이 각 부처별로 산재되어 있어 고객인 민간 기업 입장에서는 주기적으로 다른 부서에 행정·재정적 지원을 요청해야 하는 불편이 있다. 국가균형발전특별법에 지역 투자 계정을 신설해 지원에서 평가에 이르기까지 하나의 시스템으로 작동되어야 한다.

기업도시 지원을 위한 정부 예산, 산업단지 등 입지 조성을 위한 정부 예산, 수도권 기업의 지방 이전 시 지원하는 정부 예산 등 민간 기업의 지역 투자를 촉진하기 위한 정부 내 모든 예산을 지역 투자 계정으로 편성해 지원과 평가 체계를 단일화해 관리한다.

지역 경제 산업 협의체의 결성으로 지역혁신과 지역 전략산업 활성화

지역의 인재·기술·산업을 연계 육성하기 위한 다양한 정책과 노력이 광범위하게 전개되고 있다. 그러나 각 영역을 담당하는 주체들이 부문별로 산재되어 있어 상호 연계한 발전을 통해 시너지를 창출하는 체계가 부족하다. 그래서 지역 전략산업을 육성하기 위한 통합적인 협의가 절실한 시점이다. 현재 지자체, 지역혁신협의회, 테크노파크, 혁신클러스터 추진단, 지역산업특화센터, 누리사업단, 산학협력중심대학, 각종 지역연구소 등이 지역 전략산업 육성과 관련해 지역에서 활동하고 있는데, 각기 별도로 기능하고 있어 중복 투자 등도 이루어질 수 있다. 이들 기관들은 각기 다른 역할을 부여받고 설립된 까닭에 지역 전략산업을 육성할 수 있는 틀이 형성되기 어렵다.

그러므로 '지역 경제 산업 협의체'를 구성해 통합적 시너지 창출 체계를 구축해야 한다. 지자체, 지역혁신협의회, 테크노파크, 클러스터 추진단, 누리사업단, 산학협력중심대학 추진단, 지역산업특화센터 등이 참여하는 '지역 경제 산업 협의체'를 구성해 지역 전략산업 발전을 위한 통합적 논의 체계를 구축해야 한다. 이때 중요한 점은 이 협의체가 법적 위상을 확보해야 한다는 것이다. 지역별로 전략산업 육성을 위한 기획과 실행의 권한을 갖는 협의체를 구성해서 자기기획-자기책임성을 높여야 한다. 기획-집행-평가의 권한을 갖고 지역 전략산업을 총괄하는 강화된 협의체의 위상을 갖출 수 있어야 한다.

분권과 균형발전 공통 분야

국가균형원 창설이 필요

분권과 균형발전의 지속성과 연속성을 위해 안정적인 제도적 장치를 강화해야 한다. 국가균형발전 정책은 헌법 이념에 기초하고 법률에 근거한 중앙정부의 강력한 의지와 함께 강력한 조직과 정책을 통해서만 구현이 가능하다.[66] 향후 어떤 정부가 들어서더라도 분권과 균형발전 정책을 더욱 강도 높게, 지속적으로 추진해갈 수 있도록 하기 위해서는 기존의 기구 및 조직의 강화가 필요하다. 국가균형원 또는 국가균형발전부 등의 신설을 위해 부단히 노력해야 한다. 국가균형위원회를 대통령이 의장을 맡는 기구로 설치하고, 부총리급의 국가균형원을 신설해야 한다.

초광역경제권 활성화를 위한 광역지자체 간 행정협의회 활성화

세계화·지방화 시대가 오면서 국가의 경계와 경제의 경계가 매우 불일치하는 현상이 발생하고 있다. 지역의 경제적 자생력을 확충하기 위해 수도권에 버금가고 세계의 주요 지역과 직접 경쟁할 수 있는 적정 규모의 인구와 산업 기반을 갖춘 다수의 초광역경제권은 필요한 실정이다. 다만, 초광역경제권 활성화를 위한 광역지자체 간 유기적인 초광역적 거버넌스 체계의 강화가 전제되어야 한다. 제도적 기반을 형성해 거점·중소도시와 산업집적지의 활성화를 위한 초광역적 SOC 체계를 보완해야 하기 때문이다. 그래서 권역 간 상호 연계와 동반 성장을 추구해야 한다.

16개 시·도로 세분화된 광역 행정 시스템에 대한 재검토가 필요하다. 국민경제 규모에 비해 세분화된 행정구역은 지역의 자립적 발전 및 해외 지역과의 경쟁에서 중요한 장애 요인으로 작용하고 있기 때문이다. 초광역경제권 활성화를 위해 행정구역을 넘어서는 광역자치단체 간 협의 체제 강화도 그 일환이 될 수 있다.

정착되기 시작하는 균형발전 정책

2011년 11월 2일 공공기관 지방 이전의 상징인 한국전력의 신사옥 착공식이 열렸다. 균형발전 정책의 대들보인 공공기관 이전, 혁신도시 건설이 드디어 본격적인 궤도에 진입한 것이다. 이제 지방화 시대의 열매를 맺기 시작하는가. 2003년 6월 공공기관 이전 추진 방침이 발표된 이후 8년 동안 혁신도시 건설과 공공기관 지방 이전을 두고 벌어졌던 우여곡절이 떠오른다. 정부가 바뀌고 혁신도시 정책에 위기가 감돌면서 숱하게 받았던 '혁신도시의 앞날은 어떻게 됩니까' 라는 질문에 예정대로 진행될 것이라는 답을 하면서도 불안하기 짝이 없었다. 이제 착공식을 했다고 하니 노심초사하던 그간의 염려들조차도 정겹게만 느껴진다.

서서히 나타나는 균형발전 정책의 효과

균형발전 정책에서 마련했던 지역인재할당제도 정착되어가면서 지방대학의 인재들이 각종 공공기관의 지역 본부에 속속 채용되고 있다. 공공기관 취업을 열망하는 학생들은 이제 지방대학 진학을 고려하는 것이 바람직한 시대로 진입했다. 막강한 지방 탈출의 원심력에 맞서는 지역 진입의 구심력도 서서히 형성되기 시작했다. 공공기관의 인재들이 대거 지방에 진입하면 대한민국의 인재 분포도는 확연하게 변화하고 클러스터를 형성한 지역 인재들은 자체 발전을 통해 대한민국에 엄청난 변화를 가져올 것이다.

지방도 이제 변화하기 시작했다. 낙후한 현실을 개탄만 하지 않고 자립의 중요성을 깨달아가고 있다. 산업 특성화를 인식하게 되어 지역에서 무엇을 선택할 것인지에 대해 고민하기 시작했다. 지방대학은 이제 지역을 위해 존재해야 함을 알아가고 있다. 지자체들은 지역의 여러 주체들과 함께 지역의 비전을 함께 만들어가야 함을 깨닫고 있다. 지방의 경제적 비중도 점차 상승하고 있고, 연구 개발 능력도 점차 개선되어 혁신 경제를 감당할 준비를 하고 있다. 특히 지방에 기술 혁신형 중소기업 수가 늘어나고 있고[67] 생물산업, 전자산업 등의 미래 산업의 비중이 커지고 있다.[68]

지방에 대한 중앙정부의 적극적 역할은 여전히 필요하다

지방은 지금 미미하나마 깨어나고 있다. 하지만 이제 막 돌을 지난 아이처럼 걸음마를 뗀 것에 불과하다. 어린아이에게 부모의 돌봄이 필요하듯이 지방도 아직은 중앙정부의 돌봄이 필요하다.

지역에 대한 중앙정부의 적극적인 역할을 촉구하며 보낸 지난 10여 년 동안의 주장을 총정리하고 보니 빈약한 주장이 부끄럽기 짝이 없다. 지방자치와 분권을 주장하면서 중앙정부의 적극적 역할을 촉구하는 것은 논리적 상충이라는 지적도 있었다. 한순간을 정태적으로 보면 그렇다. 하지만 온전한 지방자치와 분권을 위해서는 먼저 지역의 자립 여건이 충분히 마련되어야 한다. 극심한 불균형을 시정하지 않은 자치와 분권은 더 심각한 불균형을 초래할 염려가 있다. 그동안 균형발전 촉구에 매진했던 변명이다.

계층 간 불균형 문제로 관심 확대해야

지금까지의 균형발전 정책은 공간을 대상으로 해 만들어지고 집행되었다. 하지만 우리나라의 불균형은 지역 간의 문제에서 계층 간의 문제로 급격히 확대되고 있다. 1%에게 집중되는 소득 양극화의 불균형 현상은 국가의 지속성을 파괴시킬 수 있기에 매우 위험하다. 돈은 가능하면 생산, 소비, 투자 등의 실물 경제로 흘러들어야 한다. 1%에 집중된 돈은 생산보다는 투기를 조장하는 방향으로 흘러 카지노 경제 확산의 주범이 될 뿐 아니라 국가 경제 규모를 급속히 축소시킨다. 계층 간 균형발전이 달성되면 한 나라의 돈은 실물 분야로 건전하게 유입되고 국가경제 규모는 유지되고 확대될 것이다. 이제 우리나라의 지속성을 위해 계층 간 균형 정책이 절실히 필요한 때다. 앞으로 이에 대한 관심을 기울이고자 한다.

＊이 책은 지방분권운동을 하면서 작성하고 발표했던 원고들을 재편집해 쓰였습니다.

책 편집에 사용된 글 목록

공공기관 지방이전과 혁신도시건설에 대한 지방의 입장 2009. 11

혁신도시건설의 배경과 그 성공조건 2008. 5. 28

지방분권과 지역균형발전을 위한 전국회의 정책대토론 '혁신도시 어떻게 할 것인가'

수도권규제철폐 음모를 규탄함, 지방과 수도권의 상생을 위한 대국민토론회(지방분권국

민운동, 2005. 12)

새 균형발전 전략 성찰, 광주발전연구원, 『광주연구』 2010년 3호

국가균형발전 정책의 이념 포지셔닝: 회고와 과제, 지역사회연구, 제20권 1호 게재 예정,

2012년

대수도론의 허구와 대응논리, 대수도론 규탄 토론회(청주) 발제문 2006. 08

지방분권과 균형발전으로 설계한 혁신한국, 2009. 07

지방분권 시대의 지역방송: 스스로의 과제와 육성방안방송균형발전연대 창립식 발제문,

2003. 09

지역방송이 살아야 지역이 산다, 지역방송 기조발제, 2001.11

지방분권과 지역혁신의 차원에서 본 지역언론의 과제, 2007년지역혁신과언론기조발제,

2007. 08

지방분권이 지역을 살린다, 2005. 08

지방분권은 지역경제를 활성화시킬 것인가?, 상공회의소, 2003. 02

국가균형발전 정책의 사명, 2007년 한국경제학회 정책포럼 발표자료, 2008. 06

균형발전의 철학과 전략, 2007. 05

지역경제 활성화를 위한 지방은행의 역할, 2002. 05

자치수권 시대의 이해: 국가균형발전의 지속 가능성 모색, 2009. 06

지방분권시대, 광주 경제의 비전은 어떻게 세워야 하나?, 2003. 05

지역균형발전 정책의 평가와 과제, 지방분권과 국가균형발전 분야 종합토론회

'무너지는 균형발전, 대안은 무엇인가?' 발표자료, 한국미래발전연구원, 2009. 08

세종시 계획에서 행정기능이 제외되면 균형발전의 공든 탑이 무너진다. 2009. 11

참고문헌

건설교통부(2005), 수도권발전대책연구.

교육인적자원부 · 한국교육개발원(2003), 교육통계연보.

교육인적자원부(2004), 지방대학 육성 및 RHRD추진계획.

국가과학기술위원회, 「2001년도 국가연구개발사업 조사 · 분석 · 평가 결과」

국가경쟁력강화위원회, 「국가 경쟁력 강화를 위한 국토 이용의 효율화 방안」, 제8차 회의 자료, 2008. 10. 30

국가균형발전위원회(2004), 「국가균형발전의 비전과 전략」

국가균형발전위원회, 「연계 · 특화 · 협력을 통한 광역경제권 활성화 전략」, 2008. 09. 10

국가균형발전위원회, 「지역발전정책 추진 현황과 과제 -2단계 지역발전정책 추진방향」, 2008. 12. 15

국가균형발전위원회(2008), 『참여정부 국정 리포트(개정판)』, 93~94.

국가균형발전위원회(2008), 『참여정부 국정 리포트(개정판)』, 91~93.

국민경제자문회의(2006), 「동반성장을 위한 새로운 비전과 전략」

국정홍보처(2008), 『참여정부 국정운영백서: 균형발전』

국토연구원자료.

국토해양부자료.

기획예산처자료.

김상일(1988) , 『한민족 의식 전개의 역사』, 지식산업사.

김성수(2001), 「교통 및 기반 시설 파급효과 분석, 수도권 집중의 사회 · 경제적 파급효과 분석 연구」, 77~104쪽.

김영수(2002), 「지역산업의 생산성과 결정요인 분석」, 산업연구원.

김의준(2003), 「우리나라 지역불균형 문제의 이해와 지방분산정책의 효과」, 국가균형발전 정책의 국민경제적 효율성 세미나 발표자료.

김의준 · 이호민 · 박승규(2005), 「수도권 제조업 집적경제분석」, 『국토연구』, 제45권, 41~58쪽.

김학은(2006), 『정합경제이론』, 박영사.

농림부자료.

대통령비서실(2007), 『있는 그대로 대한민국』, 지식공작소, 60

대한상공회의소, 「국내 기업의 중국 진출 현황과 애로조사」, 2003. 10

대한상공회의소 홈페이지(www.korcham.net) 자료.

류장수 외, 「누리사업 성과예측 및 성과분석 모델 개발에 관한 연구」, 2004.

문미성(2001), 「산업집적이 기업의 혁신수행력에 미친 영향」, 『국토계획』 제36권, 제3호, 193~212쪽.

문소상(2005), 「우리 경제의 성장잠재력 약화 원인과 향후 전망」, 『조사통계월보』 9월호, 한국은행.

민경휘(2002), 「경제력의 지역 간 불균형 계속 확대」, 『e-Kiet 산업경제정보』 제103호, 산업연구원.

민경휘 · 유진근(2003), 「국가균형발전 정책의 효율성 검토」, 산업연구원.

민영휘, 김영수(2003), 「지역별 산업집적의 구조와 집적경제 분석」, 산업연구원.

박양호(2003), 「수도권과 지방의 상생발전 방안」, 국토연구원 창립 25주년 기념 국토 정책 심포지엄.

박양호(2006), 「영국 · 일본 · 프랑스 균형발전 정책이 주는 교훈」, 국정브리핑.

박재곤 · 이원빈(2005), 「기업의 지방투자 실태와 활성화 방안」, 산업연구원.

박찬국(2001), 『해체와 창조의 철학 니체』, 동녘.

변창흠, 「수도권 규제완화와 지역균형발전, 한국미래발전연구원」, 2008. 11. 05

성경륭(2002), 「분권과 분산적 발전을 위한 국가개혁」, 지방분권운동 춘천본부 워크숍 자료.

성경륭(2007), 「참여정부의 국가균형발전 정책」, 『국가균형발전 정책의 이론과 실천』, 국가균형발전위원회, 58~109쪽.

성시경, 「2008년 감세정책과 지방재정」, 충북참여자치시민연대, 2008. 12. 01.

이덕희(2008), 『네트워크이코노미』, 동아시아.

이민원(2001), 「은행구조조정 3년간의 평가와 과제」, 삼성경제연구소.

이민원(2001), 「지역방송이 살아야 지역이 산다」, 심포지엄 지방분권과 지역방송 기조 발제문.

이민원(2002), 「지역경제활성화를 위한 지방은행의 역할」, 경남. 광주은행 독자생존세미나 자료집, 광주전남발전연구원. 경남발전연구원.

이민원(2006), 『지방이 블루오션이다』, 문화유람.

이민원(2008a), 「이명박 정부의 지역발전 정책 평가와 과제」, 지역균형발전협의체 자문단.

이민원(2008b), 「이명박 정부의 지역정책과 한국의 미래」, 한국지역사회학회.

이민원(2008a), 「이명박 정부의 지역발전정책과 수도권규제완화」, 경남발전연구원.

이민원(2008b), 광주/전남 경제 회생 구상, 광주 경제 거버넌스 구축 대토론회, 광주경제 살리기운동본부.

이민원(2010), 「왜 균형발전이 절실한가」, 『노무현이 꿈꾼 나라』, 367쪽.

이상호 · 김흥규(1996), 「도시별 집적경제효과의 비교 분석」, 한국지역개발학회지, 제8권, 제1호, 55~70쪽

이재준(2005), 「지속 가능한 지역발전의 정책과제」: 지방의제21전국협의회(지속 가능한 지역발전정책 수립을 위한 지방의제21 토론회).

이희수 외(2003), 「지역인적자원개발 시범지역 운영 성과 분석 및 확대 발전 방안 연구」, 교육인적자원부.

재경부(2005), 「경제 양극화 현황과 정책 과제」.

좌승희(2006), 「한국의 경제발전에 대한 새로운 해석」, 제12차 공동 국제학술대회, 한국경제학회.

중소기업청 자료.

지역발전위원회(구 국가균형발전위원회), 「2008년 이명박 정부 지역발전정책 연차보고서」, 2008. 12.

지방분권국민운동(미발간 준비중), 지방분권백서.

최상철, 「새정부의 지역균형발전 정책과 전략」, 국가균형발전 국회의원연구포럼, 2008. 7. 14.

최장집(2005), 『민주주의 이후 민주주의』, 후마니타스.

통계청 홈페이지 통계자료 등 각 부처 홈페이지 통계자료.

하준경, 「혁신의 선순환 구조 확립: 인적자본 기반 구축」, 『한국경제의 새로운 성장 전략 (함정호 편)』, 지식산업사, 2004.

한국교통연구원(2006), 2005 연구성과 발표회.

한국산업시스템경영학회(2007), 「수도권 규제 완화에 따른 수도권과 비수도권의 상생 방안」, 미출판.

한국은행, 「2003년 지역산업연관표 작성 보고서」, 2007. 08. 21.

한국은행(2005), 「가계와 기업의 성장 양극화 현상」.

한국은행(2006), 「부가가치율 추이가 제주지역의 경제성장에 미치는 영향 및 시사점」, 제주본부 보고서.

행정자치부, 2004년 예산편성기준

허재완(2005), 「수도권 공장 신증설 규제효과에 관한 연구」, 노사정위원회.

Chihiro, Suematsu(2002), *Kyoto Style Management*, Nikkei Publishing.(우경봉 역, 『교토식 경영』, 아라크네, 2008)

David, Wildasin E.(1998), "Externalities and Bailouts: Hard and Soft Budget Constraints in Intergovernmental Fiscal Relations," Policy Research Working Paper 1843, World Bank.

Estache, Antonio and Sarbajit Sinba(1995), "Does Decentralization Increase Spending on Public Infrastructure?", Policy Research Working Paper 1457, World Bank.

Fisman, Raymond and Roberta Gatti(1999), "Decentrlization and Corruption: Evidence Across Countries," World Bank.

Florida, Richard(2005), *Cities and the Creative Class*, 2005.(이원호 · 이종호 · 서민철 역, 『도시와 창조계급』, 푸른길, 2008.)

Florida, Richard(2008), *Who's Your City?*, Random House of Canada.(박기복 · 신지희 역, 『후즈 유어 시티』, 브렌즈, 2010.)

Freinkman, Lev and Plamen Yossifov(1998), "Decentralization in Regional Fiscal Systems in Russia: Trends and Links to Economic Performance, World Bank.

Fusita, Masahisa, Jacques-François Thisse(2002), Economics of Agglomeration, Cambridge University Press.

Henderson, Gregory(1968), *Korea: The Politics of Vortex*, Harvard University Press(박행웅 · 이종삼 역, 『소용돌이의 한국 정치』, 한울아카데미, 2000.).

Huhter, Jeff and Anwar Shah(1998), "Applying a Simple Measure of Good Governance to the Debate of Fiscal Decentralization, Policy Research Paper 1894, World Bank.

J. S. Rubin & G. M. Stankiewitz(2001), The Los Angeles Community Development Bank: The Possible Pitfalls of Public-Private Partnership, Journal of Urban Affairs, vol 23, No 23, pp.133-153

Jacobs, Jane(1984), *Cities and the Wealth of Nations*, Random House(서은경 역, 『도시와 국가의 부』, 나남출판, 2004.)

Krugman, Paul(1994), "The Myth of Asia's Miracle," Foreign Affairs, vol. 73:6(Nov./Dec.) p.62

Krugman, Paul(1996), *The Self Organizing Economy*, Blackwell Publishers.(박정태 역, 『자기조직의 경제』, 부키, 2002.)

OECD 홈페이지(www.oecd.org)

OECD, Competitive Cities in the Global Economy, 2006.

Parker, Andrew N.(1995), "Decentralization: The Way for Rural Development?, Policy Research Paper 1475. World Bank.

Paula, Donnelly-Roark, Karim Quedraogo and Xiao Ye(2001), "Can Local Institutions Reduce Povety?" Word Bank

Rawls, John(1999), *A Theory of Justice*, Havard University Press(황경식 역, 『정의론』, 이학사, 2002, 제2장 14절)

Romer, Paul M, 1986. "Increasing Returns and Long-run Growth," Journal of Political Economy, University of Chicago Press, vol. 94(5), pp.1002-1037, October.

Schelling, T. C.(1978), Micromotives and Macrobehavior, W. W. Norton & Company.

Schankar, Raja and Anwar Shah(2001), "Bridging the Economic Divide within Nations: A Scorecard on the Performance of Regional Development Policies in Reducing Regional Income Disparities", World Bank.

Shah, Anwar(1998) "Fiscal Federalism and Macroeconomic Governance: For Better or For Worse?", World Bank

Solow, Robert(1956), "A Contribution to the Theory of Economic Growth," Quarterly Journal of Economics, vol. 70, pp.701-717.

Todaro, M. P.(1985), Economic Development in the Third World(third edition), Longman.

Warsh, David(2006), *Knowledge and the Wealth of Nations*, W W Norton & Co.(김민주 · 송희령 역, 『지식경제학 미스테리』, 김영사, 2008.)

Wernerfelt, Birger(1984), A Resource-Based View of the Firm, Strategic Management Journal, vol. 5, pp.171-180.

Xu, Lixin Colin(1996), "The Productivity Effects of Decentralized Reforms: An Analysis of the Chinese Industrial Reforms," World Bank.

Zhang, Tao and Heng - fu Zou(1996), Fiscal Decentralizaion, Public Spending, and Economic Growth in China, Policy Research Working Paper 1608, World Bank.

1 『한거레』, 2011년 12월 6일.

2 통계청, 중소기업청.

3 그 메커니즘은 이민원(2006, 68~72쪽)을 참조.

4 이민원(2006), 38~45쪽.

5 국민경제자문회의(2006)도 이와 유사한 이유를 제시하고 있다. 좌승희(2006)는 그 이 유를 균형발전 정책에서 찾는다.

6 대한상공회의소(2007)에서 350개 기업을 대상으로 조사한 자료에 의하면, 우리 기업 이 신사업에 부진한 이유는 신사업 발굴의 어려움(40.2%), 투자자금 조달 차질 (22.0%), 각종 규제(16.3%) 등의 순으로 나타났다. 우리 경제가 어려운 이유는 비전이 없어 신사업을 발굴하지 못하는 데 있지 규제 탓은 아니라는 말이다.

7 통화량 1억 원, 아파트 2채, 수도권 아파트 5000만 원, 지방 아파트 가격 5000만 원이 다. 수도권이나 지방 아파트 모두 재산 가치는 전체의 2분의 1이다. 통화량이 4억 원, 수도권 아파트 3억 원, 지방 아파트 1억 원, 서울 아파트 재산 가치 전체의 4분의 3, 지 방 아파트 재산 가치는 전체의 4분의 1이 되었다. 지방 아파트 소유자 재산이 전체의 2분의 1에서 4분의 1로 줄어들었다. 나머지 4분의 1은 어디로 갔나? 그야 당연히 서울 로 갔다. 가난한 지방의 재산이 저절로 서울로 갔다.

8 대통령비서실(2007),『있는 그대로 대한민국』, 지식공작소, 60쪽.

9 이민원(2006), 123~124쪽.

10 국정홍보처(2008),『참여정부 국정운영백서: 균형발전』; 성경륭(2007),「참여정부의 국가균형발전 정책」,『국가균형발전 정책의 이론과 실천』, 국가균형발전위원회.

11 국정홍보처(2008),『참여정부 국정운영백서: 균형발전』

12 Rawls, John(1999), *A Theory of Justice*, Havard University Press(황경식 역(2003), 이학 사, 제2장 14절)

13 Henderson, Gregory(1968), *Korea The Politics of The Vortex*(박행삼 역(2008), 소용돌 이 한국정치, 한울아카데미)

14 최장집(2005),『민주주의 이후 민주주의』, 후마니타스.

15   각 정책의 대표적 사업만 거론한다. 사업에 관한 정보는 국가균형발전위원회(2004)와 동 위원회 홈페이지 등 내부 자료를 활용했다.

16   정부 출자 공공기관의 수도권 집중도는 93.8%이다. 처음부터 수도권에 입지시킨 것이 잘못이었다. 아무려면 93.8%의 기관의 특성이 모두 수도권에 맞는다고 하지는 못할 것이다.

17   디지털 TV/방송, 차세대 이동통신, 디스플레이, 지능형 홈네트워크, 지능형 로봇, 디지털 콘텐츠/SW솔루션, 미래형 자동차, 차세대 전지, 차세대 반도체, 바이오 신약/장기

18   국가균형발전위원회(2004), 285쪽.

19   국가균형발전위원회 내부 자료.

20   공공기관의 지방 이전과 혁신도시 건설정책은 엄격한 법적 제도적 절차를 여당, 야당, 관련 단체의 합의를 거쳐 만들어졌음을 보이기 위해 이 절을 마련했다.

21   여기서 제시된 문제점들은 현재는 상당 부분 완화되었으나 혁신도시가 제 기능을 하기 위한 제반 여건 구축을 위한 정부 측의 적극적인 노력은 보이지 않는다. 심지어는 해당 지자체조차도 공공기관 임직원들의 조기 정착을 위한 유인책 마련을 위한 조치를 취하지 않고 있는 실정이다.

22   2009년 7월 2일자 국토해양부 보도자료.

23   2009년 8월 3일 평화방송 라디오 〈열린세상, 오늘! 이석우입니다〉.

24   2009년 8월 13일 불교방송 라디오 〈김재원의 아침저널〉.

25   한국전력은 전력 공급 외의 부가적인 수익 사업은 할 수 없다. 그런데 만일 이 개정 법률안이 통과되어 노른자위 땅을 개발하면 해당 부지의 가격은 현시세 약 1조 2000억 원에서 약 5조 원으로 뛰어 오를 것으로 추정되어 막대한 개발이익이 예상된다. 한전 측은 이 개발이익을 놓치고 싶지 않은 것이다. 그러나 전력 공급을 사명으로 하는 공공기관이 개발이익에 관심을 갖는 것은 적절치 않은 처사일 뿐만 아니라 그 같은 개발이익 때문에 국가 사업인 혁신도시 건설에 차질을 주어서는 안 된다.

26   이렇게 합종책은 그 성공이 어렵기 때문에 나는 건전하고 완벽한 지방분권을 합종책의 대안으로 생각한다. 이를 위해서 먼저 전국이 골고루 발전되어 있을 필요가 있어 균형발전을 그리도 애타게 실천코자 한 것이다.

27   2011년 11월 2일 착공했다.

28   지난 5월 10일 부산 문현 혁신도시 청사가 착공했음에도 완공일은 2013년 6월이다.

29   한국 도시학회(2006년 8월) 57%, 국토연구원(2007년 5월) 47%.

30 현행 초중 50%, 고등학교 70% 공급

31 이명박 정부 초기 공기업 개혁을 빌미로 한 민영화 논의가 무성했다. 공기업을 민영화
    하면 이전 대상 기관에서 제외될 가능성이 포착되어 이에 대한 우려를 표현한 것이다.

32 Todaro, M. P.(1985), *Economic Development in the Third World*(third edition),
    Longman.

33 이민원(2008c).

34 박재곤 · 이원빈(2005)은 지방 투자의 애로 요인은 인력 확보가 곤란하고(48.6%), 협력
    업체가 부족한(43.2%) 불리한 투자 환경이며, 이의 개선을 위해 정부가 기반 시설을 확
    충해(28.8%) 줄 것을 기업들이 요구하고 있다고 밝혔다.

35 대한상공회의소 홈페이지(www.korcham.net) 자료.

36 2001년 현재 전체 산업의 사업체 수와 종사자 수는 수도권에 각각 44.8%, 48.9%가 집
    중해 있는 반면, 지식기반 산업은 사업체 수의 61.8%, 종사자 수의 64.5%(통계청,
    2001), 첨단산업체 수의 94.5%가 집중해 있다. 또한 인문 및 사회과학 기술개발업은
    종사자의 86%가, 벤처기업은 2004년 말 기준으로 68.9%가 수도권에 집중해 있으며,
    국내 특허 출원의 75.9%가 수도권에서 이루어지고 있다.

37 이때 공장이나 주택용지로 쓸 수 있는 토지의 양은 일정하다고 가정.

38 토지공급(= 수도권 내 이용 가능 토지 - 공장부지 - 주택용지)에서 수도권 내 이용 가
    능 토지.

39 이 때문에 지방으로부터 이 주머니에서 저 주머니로 주머니만 바꾼 얄팍한 술수라고
    거센 항의를 받았다.

40 이에 따라 2005년 1월 1일부터 지방 양여금(4.4조 원)이 폐지되고 대부분(2.7조원)의
    재원이 교부세, 일부는 균형발전특별회계(0.4조 원)와 국고보조금(1.3조 원)으로 이관
    되었고, 양여금의 교부세 전환을 통해 지방이 중앙정부의 통제 없이 자유롭게 사용할
    수 있는 일반재원(자주재원)이 대폭 확대되었다.

41 토다로(1985)는 한 개의 장을 할애해 이 법칙을 설명하고 있다. 이 법칙은 '토다로 모
    델'로 불리며 이미 선진국 도시 정책의 근간이 되었다. 공급 부족을 이유로 공급을 늘
    리면 그 이상으로 수요가 증가해 오히려 공급 부족을 초래하니 수요 관리 정책을 써
    야 한다는 것이다. 토다로가 설명하는 도시화 과정에서 인구 이동의 과정은 다음과
    같다. 어느 지역의 실업이 심각해 실업 대책을 세움(공급 증가) → 그 지역의 기대소
    득이 증가로 이주 인구 급증(수요 증가) → 그 지역의 실업 증대(혼잡) → 다시 그 지역

의 실업 대책을 세움(추가적 공급 증대) → 앞의 과정 반복.

42   일드프랑스 인구가 전체 프랑스 인구에서 차지하는 비중은 지난 40년간 꾸준히 19%
대를 유지해왔다. 사회적 인구 이동을 살펴보면, 일드프랑스 지역은 유입 인구가 유
출 인구보다 적어서 1999년에서 2004년까지 약 5만 명의 인구가 유출되었다. 그러나
젊은 사람들에게는 여전히 매력적이어서 같은 기간 동안 젊은이의 경우는 유입 인구
가 유출 인구를 앞서고 있다(건교부, 2005, 301-302쪽).

43   국가균형발전위원회, 2004

44   이희수 외(2003)

45   이희수 외(2003)

46   이희수 외(2003)

47   이희수 외(2003)

48   김대중 정부 말기 당시 방송위원회는 지상파 방송을 위성으로 재전송하려는 정책을
마련했다. KBS, MBC, SBS 등 지상파 방송국들이 지상파와 위성 두 채널로 전파를 보
낸다는 말이다. 그렇게 되면 지방에서는 지상파 채널로는 지역방송 시간대에 지역방
송 전파를 시청할 수 있지만, 위성을 통해 오는 채널로는 지역방송 시간대에도 중앙
방송 전파만 시청이 가능하므로 지역방송의 시청이 불가능하다. 이 경우 지방민들이
중앙방송이 나오는 위성채널을 선호하고 지역방송을 외면해 지역방송이 고사하게
될 위기에 직면했다. 지역방송을 시청하지 않아 지역 사정에 어두운 지역민을 상대로
지방자치, 지방분권이 가능하겠는가라는 문제의식으로 이 사태 해결에 나서면서 썼
던 글들을 재편집한 것이다.

49   지방분권 심포지엄: 지방분권과 지역방송, 지방분권추진지역연대(현 지방분권국민
운동), 2001년 11월 17일.

50   이승선, 2010

51   이승선, 2010

52   이상기는 임승호의 연구를 인용해 지역 지상파 지방파 방송에서 3% 이상의 시청률을
기록한 프로그램은 시사 프로그램이 33.6%로 제일 많고, 그다음이 생활정보 프로그
램이었으며, 오락프로그램은 9.3%에 불과하다고 소개했다

53   이민원(2002) 중 일부를 증보한 것이다.

54   삼성경제연구소, 「은행구조조정 3년간의 평가와 과제」, 2001

55   J. S. Rubin & G. M. Stankiewitz(2001), The Los Angeles Community Development

Bank: The Possible Pitfalls of Public-Private Partnership, Journal of Urban Affairs, vol 23, No 23, pp.133-153

56 균형발전 정책이 갖는 함의의 일부가 낙후한 지역에 대한 중앙정부 지원이기 때문에 피할 수 없는 현상이기는 하지만, 중앙정부의 정책 기조는 지역의 자율 존중이어야 하고 지방의 입장은 자립이어야 한다.

57 최상철(2008), 지역발전위원회(2009) 참조. 이 가치관에 대한 논평은 이민원(2008a, 2008b)에서 이미 시도했다. 이 가치관은 국가균형발전 4대 기본방향(지방분권, 특화, 협력/경쟁, 광역 경제권중심)으로 나타났다. 결국 균형, 분산은 사라지고 비수도권과 수도권, 지역과 지역 간의 무한경쟁만이 남았다.

58 수도권을 보는 관점의 분류 기준은 변창흠(2008)에 따랐다.

59 국가균형발전위원회(2008a)의 제2차 국가균형발전위원회 회의 자료 참조. 이후 국가균형발전위원회(2008b)는 2008년 12월 15일 광역 경제권 시책을 보완하는 2단계 지역발전 정책을 발표했는데, 특별히 논평할 만한 새로운 점이 없다.

60 한국은행(2007)에 의하면 이미 수도권의 경제활동은 국내에서 타 지역과의 교류 없이 이루어지고 있어 이미 광역경제권이 형성되어 있음을 유추할 수 있다.

61 구체적인 수치는 성시경(2008)의 추산에 의거했다.

62 이 문단은 Krugman(1996)으로부터 영향을 받아 작성했다.

63 이 문단은 Fusita, Masahisa., Jacques-François Thisse.(2002) 제4장과 Krugman((1996)의 영향을 받아 작성했다.

64 물론 사람의 숫자가 오롯이 성장의 결정적 역할을 하는 것은 아니다. Warsh(2006)는 훈련을 받은 인적 자본이라야 성장의 견인차가 될 수 있다고 한다.

65 17대 국회의원 주소지 분석 결과(전국구 포함) 이미 수도권이 과반수를 상회: 수도권 의석 수 153석(51.2%), 비수도권 146석(48.8%)

66 헌법 123조 2항: 국가는 지역 간의 균형 있는 발전을 위해 지역경제를 육성할 의무를 지닌다.

67 www.innobiz.or.kr/data/data.asp 및 국가균형발전위원회(2008), 『참여정부국정리포트(개정판)』, 91~93.

68 국가경제포털(kosis.kr) 지역경제상황판 및 국가균형발전위원회(2008), 『참여정부 국정리포트(개정판)』, 93~94.

균형이 희망이다

ⓒ 이민원, 2012

초판 1쇄 2012년 1월 4일 찍음
초판 1쇄 2012년 1월 9일 펴냄

지은이 | 이민원
엮은이 | 이환희
펴낸이 | 이태준

인쇄 | 제일프린테크
펴낸곳 | 북카라반
출판 등록 | 제17-332호 2002년 10월 18일
주소 | (121-839) 서울시 마포구 서교동 392-4 삼양빌딩 2층
전화 | 02-486-0385
팩스 | 02-474-1413
www.inmul.co.kr | cntbooks@gmail.com
ISBN 978-89-91945-39-5 03300
값 14,000원

북카라반은 도서출판 문화유람의 브랜드입니다.
이 저작물의 내용을 쓰고자 할 때는 저작자와 문화유람의 허락을 받아야 합니다.
파손된 책은 바꾸어 드립니다.